지금,
멋진 영어 한 줄의
타이밍

Oscar Wilde **2**

지금,
멋진 영어 한 줄의
타이밍

2. Oscar Wilde

초판 1쇄 펴낸 날 | 2019년 2월 28일

지은이 | 이충호
펴낸이 | 홍정우
펴낸곳 | 브레인스토어

책임편집 | 이상은
편집진행 | 이한나
디자인 | 이유정
마케팅 | 이수정

주소 | (04035) 서울특별시 마포구 양화로7안길 31(서교동, 1층)
전화 | (02)3275-2915~7
팩스 | (02)3275-2918
이메일 | brainstore@chol.com
블로그 | https://blog.naver.com/brain_store
페이스북 | http://www.facebook.com/brainstorebooks

등록 | 2007년 11월 30일(제313-2007-000238호)

이 도서의 국립중앙도서관 출판예정도서목록(CIP)은 서지정보유통지원시스템 홈페이지
(http://seoji.nl.go.kr)와 국가자료종합목록시스템(http://www.nl.go.kr/kolisnet)에서 이용
하실 수 있습니다. (CIP제어번호 : CIP2019004385)

열 두 달
멋진 영어
시리즈 ❷

꼬박꼬박
하루 하나씩
오스카 와일드
영어 읽기

지금, 멋진 영어 한 줄의 타이밍

Oscar Wilde 2

이충호 지음

bs
브레인스토어

Prologue

오스카 와일드. 1854년 아일랜드 더블린에서 태어나 1900년 프랑스 파리에서 46세로 생을 마감한 사나이. 나는 그를 사랑한다. 그의 동성애적 성향을 제외하면 기질 면에서 나와 상당히 비슷해서 더 그런지도 모른다. 낭만주의를 중심축으로 삼고 데카당스(decadence)와 탐미주의 사이를 움직이는 시계추처럼 오간 삶이었다. 자신을 신비한 존재로 놓고 탐구하며 자신을 믿고 자신을 사랑했으며 몰락하는 순간까지 끝끝내 자기 자신으로 남았다. 아름다움을 위해서라면 자신의 삶에 인위적인 덧칠도 마다하지 않을 만큼 아름다움을 탐했다. 나도 그렇다. 그의 상징인 '자아', '정체성', '자신감', '자존심', '나르시시즘' 등은 이미 내 주변인들에게 나의 상징이 된 지 오래다.

스물셋, 내가 세상과 일대일로 싸우더라도 이길 수 있다고 자신했던 나이다. 사실 그 당시 내 형편이라고 해봐야 학업은 고등학교 졸업에서 멈춰 있었고, 군 복무 중이었으며, 첫사랑은 눈물을 보이며 떠난 게 전부였다. 그럼에도 난 모든 것을 가졌다고 생각했다. 내 인생의 절정이라 믿었으며, 자신감은 스스로에 대한 숭배로 이어질 정도였다. 이상하게 들리겠지만, 그해 겨울 밤하늘에서 빛나던 오리온 별자리, 찬란한 꿈을 쏟아내며 숨막히게 내게로 내려오던 별빛 말고는 그 이유를 설명할 길이 없다. 그때 나는 혼자였지만 행복했다. 세상의 왕이었다. 나 자신을 누구보다 더 사랑했으며 누구보다 더 믿었다.

김정호의 대동여지도 간행, 흥선대원군 집권, 갑신정변, 동학농민운동, 대한제국 수립, 경인선 철도 개통, 그리고 (놀랍게도) 종로에 가로등 설치…. 그가 살았던 연대를 기준해 우리나라의 역사 연표에 나타난 기록의 일부다. 지금 여기, 첨단의 스마트 왕국인 대한민국에 살고 있는 우리가 150년 전 조선의 환경을 완벽히 이해할 수 있을지를 생각하면 난감하기

그지없다. 하지만 자신에게 주어진 시대보다 한 세기 이상을 앞서 살았음이 틀림없는 오스카 와일드를 소환하면 이야기가 달라진다. 그는 우리와 동시대를 살아간다는 느낌을 줄 뿐만 아니라 우리들, 그 중에서도 젊은이들에게 필요한 정신에 어울려 보이기 때문이다.

'멋진 영어 시리즈 1'의 주제는 '꿈꾸는 삶'이었다. 이어지는 '멋진 영어 시리즈 2'의 제재(題材)로 오스카 와일드의 말과 글을 선택한 이유는 간단하다. 우리가, 특히 젊은이들이 (그 이유가 사회적이든 개인적이든 관계없이)자기애와 자신감이 결핍된 사회를 지나고 있는 게 안타까웠기 때문이다. 꿈을 꿀 수 있는 용기의 바탕에는 자신에 대한 사랑과 믿음이 굳건해야 한다. 자존감은 자아 독립이 아니면 불가능하고 독립은 곧 욕망이다. 남에게 피해를 주지 않으면서 나를 지키고 꿈꾸는 것에 대해 사람들이 부정적으로 평가한다면 나는 세상의 그런 평판에 딱히 억울함이나 서운함도 없다. 나는 나를 지키고 싶고, 그런 나를 사랑하고, 그런 나를 믿기 때문이다. 내 안의 천사를 지키고 악마를 덜어내는 일로 세상의 미움을 받을수록 나는 나를 사랑할 것이고 나를 신뢰할 것이다. 세상에 버려진 나를 위로하고 사랑하는 것, 그건 나의 일이기 때문이다.

'멋진 영어 시리즈'는 '인문영어'다. 나는 가르치고 배우는 사람 모두 신나고 가슴이 뛰는 영어책을 만들고 싶었다. 고리타분한 설교와 훈계(MSG)로 가득한 영어책을 대신하고 싶었다. 나는 신선하고 건강에 좋은 재료(인문학)에서 맛있는 요리(영어 공부)가 나온다고 믿는 셰프(영어 교사)다. 멋진 영어의 오솔길로 들어온 당신을 환영한다.

2019년 2월
이충호

Contents

The best people to work for are me,
myself and I. To love oneself is the
beginning of a lifelong romance.

내가 헌신하고 싶은 최고의 사람들은 나, 나 자신 그리고 나 혼자뿐이다.
자기 자신을 사랑하는 것이 평생 지속되는 로맨스의 시작이다.

I am a mystery to myself

나는 나 자신에게도 수수께끼 같은 존재다

I have never given adoration to anybody except myself. I am a mystery to myself. I am the only person in the world I should like to know thoroughly. I am always thinking about myself, and I expect everybody else to do the same.

나 외에는 어느 누구도 열렬히 좋아해 본 적이 없다. 나는 나 자신에게도 수수께끼 같은 존재다. 내가 세상에서 속속들이 알고 싶은 사람은 나 자신밖에 없다. 나는 항상 나 자신에 대해 생각한다. 그리고 다른 사람들도 그렇게 해 주길 바란다.

문장분석

I have never given adoration to anybody/ except myself. I am a mystery/ to myself. I am the only person in the world I should like to know thoroughly. I am always thinking about myself, and I expect everybody else to do the same.
나 외의 모든 사람

adoration [æ̀dəréiʃən] 숭배, 애모, 동경
thorough [θə́:rou] 철저한, 충분한
through [θru:] …을 통하여, …을 꿰뚫어

though [ðou] …이긴 하지만
except [iksépt] …을 제외하고, …외에는(but)
expect [ikspékt] 기대하다, 예상하다

Folly in its exquisite modes of triviality and indifference is the robe of the wise

통속성과 무심함이 절묘하게 어우러진 우둔함은 현명한 사람이 입는 의복과 같다

To the world I seem, by intention on my part, a dilettante and dandy merely and as seriousness of manner is the disguise of the fool, folly in its exquisite modes of triviality and indifference and lack of care is the robe of the wise man.

세상 사람들에게는 내가 기껏해야 딜레탕트이자 댄디로만 보일 것이지만 난 의도적으로 그렇게 한 것이다. 진지한 태도가 바보의 위장술이듯, 통속성과 무심함 그리고 데면데면함이 절묘하게 어우러진 우둔함은 현명한 사람이 입는 의복과 같다.

문장분석

To the world/ I seem, by intention on my part, a dilettante and dandy merely and
···로 보이다   나로서는   only
(just) as seriousness of manner is the disguise of the fool, (so) folly in its exquisite
마치~인 것처럼   ~이다(하다)
modes of triviality and indifference and lack of care is the robe of the wise man.

dilettante [dìlətáːnt]
(문학·예술·학술의) 아마추어 애호가
disguise [disgáiz] 변장, 가장, 위장
folly [fáli] 어리석음, 우둔

exquisite [ikskwízit] 절묘한, 세련된, 멋쟁이
triviality [trìviǽləti] 하찮음, 평범, 통속성
indifference [indífərəns] 무관심, 냉담
robe [roub] 옷, 의상

To waste my own genius and an eternal youth gave me a curious joy

내 천재적인 재능을 헤프게 쓰고 영원한 젊음을 낭비하는 데서 난 야릇한 즐거움을 느꼈다

I became the spendthrift of my own genius, and to waste an eternal youth gave me a curious joy. Tired of being on the heights I deliberately went to the depths in the search for new sensations. What the paradox was to me in the sphere of thought, perversity became to me in the sphere of passion. Desire, at the end, was a malady, or a madness, or both.

나는 내 천재적인 재능을 헤프게 썼고, 영원한 젊음을 낭비하는 데에서 야릇한 즐거움을 느꼈다. 정상에 있는 게 지겨운 나머지 나는 새로운 감각들을 찾아 의도적으로 깊은 수렁 속으로 내려갔다. 열정의 영역에서 퇴폐는, 생각의 영역에서 역설이 내게 의미하는 것과 같았다. 욕망은 결국 하나의 질병이나 광기, 혹은 그 둘 다였다.

문장분석

I became the spendthrift of my own genius, and to waste an eternal youth gave me a curious joy. (Being) Tired of being on the heights/ I deliberately went to the depths/ in the search for new sensations. Perversity became (what) the paradox
~을 찾아서
was to me in the sphere of thought to me in the sphere of passion. Desire, at the end, was a malady, or a madness, or both.

spendthrift [spéndθrift]
돈을 헤프게 쓰는 사람, 방탕아, 낭비하는
genius [dʒíːnjəs] 천재, 비범한 재능
curious [kjúəriəs] 호기심 있는
deliberately [dilíbəritli] 신중히, 유유히, 일부러

depth [depθ] 깊이, 깊은 곳, 심도
perversity [pərvə́ːrsəti]
빙퉁그러짐, 변태, 심술궂음, 외고집
sphere [sfiər] 구체(球體), 구(球), 영역
malady [mǽlədi] 병, 질병

I am simply concerned with my own mental attitude towards life as a whole

나는 전체로서의 삶에 대한 나의 정신적 태도에만 신경쓸 뿐이다

Nor am I making any demands on life. In all that I have said I am simply concerned with my own mental attitude towards life as a whole: and I feel that not to be ashamed of having been punished is one of the first points I must attain to, for the sake of my own perfection, and because I am so imperfect.

또한 나는 삶에 아무것도 바라지 않는다. 내가 말한 것들 중에서 나는 전체로서의 삶에 대한 나의 정신적 태도에만 신경쓸 뿐이다. 나는 내가 벌 받았다는 사실을 부끄러워하지 않는 것이 나의 완성을 위해 도달하는 첫 번째 단계 중 하나라고 생각하기 때문이다. 그리고 나는 매우 불완전한 존재이기 때문이다.

문장분석

Nor am I making any demands on life. In all that I have said/ I am simply
문두의 부정어로 인한 도치
concerned with my own mental attitude towards life/ as a whole: and I feel that
not to be ashamed of having been punished is one of the first points (that) I must
attain to, for the sake of my own perfection, and because I am so imperfect.
~에 이르다   ~을 위하여

demand [dimǽnd] 요구(하다), 수요
concern [kənsə́:rn] ···에 관계하다, ···에 관계되다
attitude [ǽtitjù:d] 태도, 마음가짐
ashamed [əʃéimd] 부끄러이 여기는, 수줍어하는
punish [pʌ́niʃ] (사람 또는 죄를) 벌하다

attain [ətéin]
  이르다, 도달하다, 획득하다, 손에 넣다
perfection [pərfékʃən] 완전, 완벽
imperfect [impə́:rfikt] 불완전한, 미완성의

The people I would care to be with are artists and people who have suffered

내가 같이 지내고 싶은 사람은 예술가와 고통을 겪는 사람들이다

The only people I would care to be with now are artists and people who have suffered: those who know what Beauty is, and those who know what Sorrow is: nobody else interests me. ✦ You know we poor artists have to show ourselves in society from time to time, just to remind the public that we are not savages.

지금 내가 같이 지내고 싶은 유일한 사람은 예술가와 고통을 겪는 사람들이다. 즉, 아름다움이 무엇인지 아는 사람들과 슬픔이 무엇인지 아는 사람들. 그 밖의 다른 사람들은 내게 어떤 흥미도 불러일으키지 못한다. ✦ 알다시피 우리 가난한 예술가들도 이따금씩 사교계에 얼굴을 보여 줘야 한다. 우리가 미개인이 아니라는 사실을 사람들에게 떠올려 주기 위해서.

문장분석

The only people (that) I would care to be with now are artists and people who have suffered: those who know what Beauty is, and those who know what Sorrow is: nobody else interests me. ✦ You know/ we poor artists have to show ourselves in society/ from time to time [sometimes], just to remind the public that we are not savages.

suffer [sʌ́fər]
　(고통·변화 따위를) 경험하다, 입다, 받다
sorrow [sɔ́rou] 슬픔, 비애(sadness)
remind [rimáind]
　…에게 생각나게 하다, …에게 깨닫게 하다

public [pʌ́blik] 대중, 공중의, 일반 국민의
savage [sǽvidʒ] 야만인, 미개한

Vocabulary Of The Week

MON

adoration [æ̀dəréiʃən]
숭배, 애모, 동경
thorough [θə́:rou] 철저한, 충분한
through [θru:]
…을 통하여, …을 꿰뚫어
though [ðou] …이긴 하지만

except [iksépt]
…을 제외하고, …외에는(but)
expect [ikspékt] 기대하다, 예상하다

TUE

dilettante [dìlətá:nt]
(문학·예술·학술의) 아마추어 애호가
disguise [disgáiz] 변장, 가장, 위장
folly [fáli] 어리석음, 우둔
exquisite [ikskwízit]
절묘한, 세련된, 멋쟁이

triviality [trìviǽləti]
하찮음, 평범, 통속성
indifference [indífərəns]
무관심, 냉담
robe [roub] 옷, 의상

WED

spendthrift [spéndθrift]
돈을 헤프게 쓰는 사람, 방탕아,
낭비하는
genius [dʒí:njəs] 천재, 비범한 재능
curious [kjúəriəs] 호기심 있는
deliberately [dilíbəritli]
신중히, 유유히, 일부러

depth [depθ] 깊이, 깊은 곳, 심도
perversity [pərvə́:rsəti]
빙퉁그러짐, 변태, 심술궂음, 외고집
sphere [sfiər]
구체(球體), 구(球), 영역
malady [mǽlədi] 병, 질병

THU

demand [dimǽnd] 요구(하다), 수요
concern [kənsə́:rn]
…에 관계하다, …에 관계되다
attitude [ǽtitjù:d] 태도, 마음가짐
ashamed [əʃéimd]
부끄러이 여기는, 수줍어하는

punish [pʌ́niʃ]
(사람 또는 죄를) 벌하다
attain [ətéin]
이르다, 도달하다, 획득하다, 손에 넣다
perfection [pərfékʃən] 완전, 완벽
imperfect [impə́:rfikt]
불완전한, 미완성의

FRI

suffer [sʌ́fər]
(고통·변화 따위를) 경험하다, 입다,
받다
sorrow [sá.rou] 슬픔, 비애(sadness)
remind [rimáind]
…에게 생각나게 하다, …에게 깨닫게
하다

public [pʌ́blik]
대중, 공중의, 일반 국민의
savage [sǽvidʒ] 야만인, 미개한

MON

Life cannot be written; life can only be lived

인생은 글로 쓸 수 있는 게 아니다, 다만 살아 내는 것이다

I wrote when I did not know life; now that I do know the meaning of life, I have no more to write. Life cannot be written; life can only be lived. Every day I said to myself, "I must keep Love in my heart today, else how shall I live through the day."

나는 인생이 뭔지 모를 때 글을 썼다. 이제 그 의미를 충분히 알기에 난 더 이상 쓸 게 없다. 인생은 글로 쓸 수 있는 게 아니다. 다만 살아 내는 것이다. 난 매일 나 자신에게 되뇌었다. "난 오늘도 마음속에 사랑을 간직해야만 한다. 그렇지 않으면 이 긴 하루를 어떻게 살아낼 것인가."

문장분석

I wrote/ when I did not know life; now that I do know the meaning of life, I have
~할 때에 · because · really
no more to write. Life cannot be written; life can only be lived. Every day/ I said
to myself, "I must keep Love in my heart today, else how shall I live through the
그렇지 않으면 · …을 버티어 나가다
day."

optimism [áptəmizm] 낙관주의, 낙천주의
pessimism [pésəmizm] 비관주의
agnosticism [ægná.stəsìzm] 불가지론

atheism [éiθiizm] 무신론
skepticism [sképtəsizm] 회의론
nihilism [náihəlizm] 허무주의

Keats's grave is to me the holiest place in Rome

키이츠의 무덤이 내게는 로마에서 가장 신성한 장소다

If a man needs an elaborate tombstone in order to remain in the memory of his country, it is clear his living at all was an act of absolute superfluity. Keats's grave is a hillock of green grass with a plain headstone, and is to me the holiest place in Rome.

국민들의 기억에 남기 위해 정성 들여 만든 묘비를 세울 필요가 있는 사람이라면, 그의 삶은 숫제 사치로 점철되었음이 분명하다. 소박한 묘비가 세워진 키이츠의 무덤은 초록색 풀로 뒤덮인 야트막한 언덕에 불과하지만, 내게는 그곳이 로마에서 가장 신성한 장소다.

문장분석

If a man needs an elaborate tombstone/ (in order) to remain in the memory
~하기 위해
of his country, it is clear (that) his living at all was an act of absolute superfluity.
도대체, 조금도
Keats's grave is a hillock of green grass/ with a plain headstone, and (it) is (to me)

the holiest place in Rome.

elaborate [ilǽbərit] 공들인, 정교한
tombstone [túːmstòun] 묘석, 묘비
remain [riméin] 남다, 남아 있다
absolute [ǽbsəlùːt] 절대의, 확실한
superfluity [sùːpərflúːəti] 여분, 과다, 사치

grave [greiv] 무덤, 죽음, 심각한
hillock [hílək] 작은 언덕
plain [plein] 분명한, 솔직한, 수수한
headstone [hédstoun] 주춧돌, 묘비

Fortune had so turned my head that I fancied I could do whatever I chose

난 행운 때문에 머리가 돌아서, 내가 선택한 것이라면 무엇이든 할 수 있을 거라고 상상했다

It is sad. One half of the world does not believe in God, and the other half does not believe in me. Tragedy and comedy are so mixed in my life now that I lose the sense of difference. Fortune had so turned my head that I fancied I could do whatever I chose.

슬프다. 세상의 절반이 신을 믿지 않고 나머지 절반이 나를 믿지 않는다. 이제 내 삶에는 비극과 희극이 너무나 많이 섞여 있어서 난 그 차이를 모른다. 난 행운 때문에 머리가 너무 돌아버렸는지, 내가 선택한 것이라면 무엇이든 할 수 있을 거라고 상상했다.

문장분석

It is sad. One half of the world does not believe in God, and the other half does
둘 중의 하나   그 나머지 하나

not believe in me. Tragedy and comedy are so mixed in my life now that I lose
너무~해서   ~하다

the sense of difference. Fortune had so turned my head that I fancied (that) I

could do whatever I chose.
그게 무엇이든지

tragedy [trǽdʒədi] 비극
lose [luːz] 잃다, 상실하다, 지다
loose [luːs] 매지 않은, 풀린, 흐트러진
difference [difərəns] 다름, 차이

differentiate [difərénʃièit]
구별짓다, 차별하다, 식별하다
fancy [fǽnsi] 공상하다, 상상

I sometimes suspect you of keeping my diary

난 때때로 당신이 내 일기를 쓰는 건 아닌지 의심스럽다

I sit by his side and read him passages from his own life. They fill him with surprise. Everyone should keep someone's diary; I sometimes suspect you of keeping mine. ✦ Society exists only as a mental concept; in the real world there are only individuals.

나는 그의 곁에 앉아 그의 삶에서 발견한 구절들을 읽어 주었다. 그는 내 이야기를 듣고 깜짝 놀랐다. 우리는 모두 다른 누군가의 일기를 써야만 한다. 난 때때로 당신이 내 일기를 쓰는 건 아닌지 의심스럽다. ✦ 사회는 마음속 개념으로서만 존재한다. 따라서 현실세계에서는 개인만이 존재할 뿐이다.

문장분석

I sit by his side and read him (passages) from his own life. They fill him with surprise. Everyone should keep someone's diary; I (sometimes) suspect you of keeping mine. ✦ Society exists only as a mental concept; in the real world/ there are only individuals.
my diary

passage [pǽsidʒ]
(인용·발췌된 시문의) 일절, 한 줄, 통행, 통과
diary [dáiəri] 일기(장), 일지
dairy [dέəri] 낙농장, 낙농업, 유제품

society [səsáiəti] 사회, (사회) 집단, 공동체
exist [igzíst] 존재하다, 실재하다
individual [indəvídʒuəl] 개개의, 개인적인

My first impressions of people are invariably right

사람들에 대한 나의 첫인상은 언제나 옳다

I would sooner have fifty unnatural vices than one unnatural virtue. It is unnatural virtue that makes the world, for those who suffer, such a premature Hell. ✦ My first impressions of people are invariably right.

나는 비정상적인 한 가지 미덕보다는 비정상적인 오십 가지 악덕을 더 빨리 지니고 싶다. 왜냐하면 고통받는 사람들에게 이 세상을 설익은 지옥으로 느끼게 하는 건 비정상적인 미덕이기 때문이다. ✦ 사람들에 대한 나의 첫인상은 언제나 옳다.

문장분석

I would sooner have fifty unnatural vices than one unnatural virtue. It is
　　　　　　　　　　　　　　　　　　　　　　　　　　　　　　　　　　강조구문
unnatural virtue that makes the world, for those who suffer, such a premature

Hell. ✦ My first impressions of people are invariably right.
　　　　　　　　　　　　　　　　　　　　　　　　　　always

vice [vais] 악덕, 비행
virtue [vɔ́:rtʃu:] 미덕, 선행
premature [pri:mətjúər]
　조숙한, 너무 이른, 시기상조의

mature [mətjúər] 익은(ripe), 성숙한
immature [imətjúər] 미숙한, 미완성의
impression [impréʃən] 인상, 감명
invariable [invéəriəbəl] 변화하지 않는, 불변의

Vocabulary Of The Week

MON

optimism [áptəmìzm]
낙관주의, 낙천주의
pessimism [pésəmìzm] 비관주의
agnosticism [ægnástəsizm]
불가지론
atheism [éiθiìzm] 무신론

skepticism [sképtəsizm] 회의론
nihilism [náihəlizm] 허무주의

TUE

elaborate [ilǽbərit] 공들인, 정교한
tombstone [túːmstòun] 묘석, 묘비
remain [riméin] 남다, 남아 있다
absolute [ǽbsəlùːt] 절대의, 확실한
superfluity [sùːpərflúːəti]
여분, 과다, 사치

grave [greiv] 무덤, 죽음, 심각한
hillock [hílək] 작은 언덕
plain [plein] 분명한, 솔직한, 수수한
headstone [hedstoun] 주춧돌, 묘비

WED

tragedy [trǽdʒədi] 비극
lose [luːz] 잃다, 상실하다, 지다
loose [luːs] 매지 않은, 풀린, 흐트러진
difference [dífərəns] 다름, 차이
differentiate [dìfərénʃièit]
구별짓다, 차별하다, 식별하다

fancy [fǽnsi] 공상하다, 상상

THU

passage [pǽsidʒ]
(인용·발췌된 시문의) 일절, 한 줄,
통행, 통과
diary [dáiəri] 일기(장), 일지
dairy [déəri] 낙농장, 낙농업, 유제품

society [səsáiəti]
사회, (사회) 집단, 공동체
exist [igzíst] 존재하다, 실재하다
individual [ìndəvídʒuəl]
개개의, 개인적인

FRI

vice [vais] 악덕, 비행
virtue [vəːrtʃuː] 미덕, 선행
premature [prìːmətʃúər]
조숙한, 너무 이른, 시기상조의
mature [mətʃúər] 익은(ripe), 성숙한

immature [imətʃúər]
미숙한, 미완성의
impression [impréʃən] 인상, 감명
invariable [invéəriəbəl]
변화하지 않는, 불변의

MON

When life was a romantic problem, I solved it – too well

삶이 낭만적인 문제였을 때는…, 아주 잘 해결할 수 있었는데

My handwriting has gone to bits, because I am nervous and unhappy. I never could understand mathematics, and now life is a mathematical problem. When it was a romantic one, I solved it – too well.

지금 나는 초조하고 불행하기 때문에 글씨도 엉망이다. 나는 수학을 결코 이해할 수 없었는데, 이젠 삶이 수학 문제가 돼 버렸다. 삶이 낭만적인 문제였을 때는…, 아주 잘 해결할 수 있었는데.

문장분석

My handwriting has gone to bits, because I am nervous and unhappy. I never
                         산산조각 나다
could understand mathematics, and now/ life is a mathematical problem. When

it was a romantic one, I solved it – too well.
life   problem

handwriting [hǽndràitiŋ] 손으로 씀, 필적
bit [bit] 작은 조각, 작은 부분
nervous [nə́ːrvəs] 신경(성)의, 신경질적인
mathematics [mæ̀θəmǽtiks] 수학

mathematical [mæ̀θəmǽtikəl]
　수학의, 수리적인
solve [salv] (문제를) 풀다, 해결하다

A *man cannot be too careful in his choice of enemies*

사람은 매우 신중하게 자신의 적들을 선택해야 한다

I choose my friends for their looks, my acquaintances for their good characters, and my enemies for their good intellects. A man cannot be too careful in his choice of enemies. I have not got one who is a fool. They are all men of some intellectual power, and consequently they all appreciate me.

나는 외모가 잘생긴 이들을 친구로 삼고, 성격이 좋은 사람들과는 그냥 알고 지내며, 머리가 좋은 사람들은 적으로 만든다. 사람은 매우 신중하게 자신의 적들을 선택해야 한다. 내 적들 중에는 어리석은 사람은 하나도 없다. 그들은 모두 어느 정도 지성을 갖춘 사람들이다. 따라서 그들은 모두 나의 진가를 인정한다.

문장분석

I choose my friends for their looks, my acquaintances for their good characters,
이유

and my enemies for their good intellects. A man cannot be too careful in his
아무리 ~해도 지나치지 않다

choice of enemies. I have not got (one) who is a fool. They are all (men) of some

intellectual power, and consequently they all appreciate me.

acquaintance [əkwéintəns]
지식, 익히 앎, 면식

character [kǽriktər] 특성, 인격, 품성
enemy [énəmi] 적, 원수
intellectual [intəléktʃuəl] 지적인, 총명한

consequently [kánsəkwèntli]
결과적으로, 그 결과로서

appreciate [əprí:ʃièit]
~의 진가를 인정하다, 감상하다, 고마워하다

TUE

I want to use my emotions, to enjoy them, and to dominate them

나는 나의 감정들을 이용하고, 즐기고, 지배하고 싶다

A man who is master of himself can end a sorrow as easily as he can invent a pleasure. I don't want to be at the mercy of my emotions. I want to use them, to enjoy them, and to dominate them. ✦ A sermon is but a sorry sauce, when You have nothing to eat with it.

자신을 통제할 수 있는 사람은 쾌락을 만들어 낼 수 있는 것만큼이나 쉽게 슬픔을 끝낼 수 있다. 나는 내 감정에 휘둘리고 싶지 않다. 나는 그 감정들을 이용하고 즐기고 지배하고 싶다. ✦ 설교는 그것과 곁들여 먹을 게 아무것도 없을 때에는 그저 초라한 소스일 뿐이다.

문장분석

(A man) who is master of himself can end a sorrow as easily as he can invent a pleasure. I don't want to be at the mercy of my emotions. I want to use them, to
~에 좌우되어
enjoy them, and to dominate them. ✦ A sermon is but a sorry sauce, when You
only   ~일 때
have nothing to eat with it.

---

sorrow [sɑ́rou] 슬픔, 비애(sadness)
invent [invént] 발명하다, 고안하다, 상상력으로 만들다
pleasure [pléʒər] 기쁨, 즐거움, 쾌감

mercy [mə́ːrsi] 자비, 연민, 마음대로 하는 힘
dominate [dɑ́mənèit] 지배하다, …보다 우위를 점하다, 좌우하다
sermon [sə́ːrmən] 설교, 잔소리, 장광설

024

I treated Art as the supreme reality, and life as a mere mode of fiction

나는 예술을 지고한 현실로, 삶을 단지 허구의 한 방식으로 다루었다

The gods had given me almost everything. I had genius, a distinguished name, high social position, brilliancy, intellectual daring: I treated Art as the supreme reality, and life as a mere mode of fiction: I awoke the imagination of my century so that it created myth and legend around me.

신들은 내게 거의 모든 것을 주었다. 천재적인 재능과 남들과 구별되는 명성, 높은 사회적 지위, 빛나는 재기, 지적인 대담함을 주었다. 나는 예술을 지고한 현실로, 삶을 단지 허구의 한 방식으로 다루었다. 그리고 우리 세기의 상상력을 일깨워, 나를 둘러싼 신화와 전설이 생겨나게 했다.

문장분석

The gods had given me almost everything. I had genius, a distinguished name,

high social position, brilliancy, intellectual daring: I treated Art as the supreme

reality, and (treated) life as a mere mode of fiction: I awoke the imagination of

my century/ so that it created myth and legend/ around me.
결과

genius [dʒíːnjəs] 천재, 비범한 재능
distinguished [distíŋgwiʃt] 눈에 띄는, 유명한
brilliancy [bríljənsi] 광휘, 명민, 재기 발랄
supreme [səpríːm] 최고의, 최상의

myth [miθ] 신화, 전설
legendary [lédʒəndèri/-dəri]
전설(상)의, 전설적인, 믿기 어려운

There were many things in my life for which I never was indicted at all

지금까지 살아오는 동안 죄를 저지르고도 벌 받지 않은 경우가 많았다

Of course there were many things of which I was convicted that I had not done, but then there were many things of which I was convicted that I had done, and a still greater number of things in my life for which I never was indicted at all.

물론 난 내가 행하지도 않은 일들 때문에 유죄 판결을 받기도 했고, 내가 한 행동들 때문에 유죄 판결을 받기도 했다. 그리고 지금까지 살아오는 동안 죄를 저지르고도 벌을 받지 않은 경우는 그보다 훨씬 더 많다.

문장분석

Of course/ there were many things of which I was convicted that I had not done,

but then there were many things of which I was convicted that I had done, and a

still greater number of things in my life which I never was indicted for at all.
훨씬(even, far, much, a lot)

convict [kənvíkt]
　…의 유죄를 입증하다, 유죄를 선언하다
indict [indáit] 기소(고발)하다
guilty [gílti] 유죄의, …의 죄를 범한

innocent [ínəsnt]
　(법률적으로) 결백한, 무죄의, 순결한
a number of　many

Vocabulary Of The Week

MON

handwriting [hǽndràitiŋ]
손으로 씀, 필적
bit [bit] 작은 조각, 작은 부분
nervous [nə́:rvəs]
신경(성)의, 신경질적인
mathematics [mæ̀θəmǽtiks] 수학

mathematical [mæ̀θəmǽtikəl]
수학의, 수리적인
solve [sɑlv] (문제를) 풀다, 해결하다

TUE

acquaintance [əkwéintəns]
지식, 익히 앎, 면식
character [kǽriktər]
특성, 인격, 품성
enemy [énəmi] 적, 원수
intellectual [ìntəléktʃuəl]
지적인, 총명한

consequently [kɑ́nsəkwèntli]
결과적으로, 그 결과로서
appreciate [əprí:ʃièit]
~의 진가를 인정하다, 감상하다,
고마워하다

WED

sorrow [sɑ́.rou] 슬픔, 비애(sadness)
invent [invént]
발명하다, 고안하다, 상상력으로
만들다
pleasure [pléʒər] 기쁨, 즐거움, 쾌감
mercy [mə́:rsi]
자비, 연민, 마음대로 하는 힘

dominate [dɑ́.mənèit]
지배하다, …보다 우위를 점하다,
좌우하다
sermon [sə́:rmən]
설교, 잔소리, 장광설

THU

genius [dʒí:njəs] 천재, 비범한 재능
distinguished [distíŋgwiʃt]
눈에 띄는, 유명한
brilliancy [bríljənsi]
광휘, 명민, 재기 발랄
supreme [səprí:m] 최고의, 최상의

myth [miθ] 신화, 전설
legendary [lédʒəndèri/-dəri]
전설(상)의, 전설적인, 믿기 어려운

FRI

convict [kənvíkt]
…의 유죄를 입증하다, 유죄를
선언하다
indict [indáit] 기소(고발)하다
guilty [gílti] 유죄의, …의 죄를 범한

innocent [ínəsnt]
(법률적으로) 결백한, 무죄의, 순결한
a number of many

Music creates for one a past of which one has been ignorant

음악은 우리 자신이 몰랐던 과거를 만들어 낸다

After playing Chopin, I feel as if I had been weeping over sins that I had never committed, and mourning over tragedies that were not my own. Music creates for one a past of which one has been ignorant and fills one with a sense of sorrows that have been hidden from one's tears.

쇼팽을 연주한 후 나는 마치 내가 저지른 적도 없는 죄를 뉘우치면서 눈물을 흘리는 것 같았고, 내 것이 아닌 비극을 슬퍼하는 것처럼 느껴졌다. 음악은 우리 자신이 몰랐던 과거를 만들어 내고, 눈물에 들키지 않았던 슬픔의 감정으로 우리를 채우기 때문이다.

문장분석

After playing Chopin, I feel as if I had been weeping over sins that I had never
　　　　　　　　　　　　　마치~처럼
committed, and mourning over tragedies that were not my own. Music creates

(for one) a past which one has been ignorant of and fills one with a sense of
　　　us
sorrows that have been hidden from one's tears.

weep [wiːp] 눈물을 흘리다, 울다　　　　mourn [mɔːrn] 슬퍼하다, 애도하다
sin [sin] (종교·도덕상의) 죄, 죄악　　　　tragedy [trǽdʒədi] 비극
crime [kraim] (법률상의) 죄, 범죄 (행위)　　sorrow [sɑ́rou] 슬픔, 비애
commit [kəmit] 범하다, 저지르다, 위임하다

Between the famous and the infamous there is but one step

명성과 악명은 단 한 걸음 차이다

The poor thieves and outcasts who are imprisoned here with me are in many respects more fortunate than I am. For I have come, not from obscurity into the momentary notoriety of crime, but from a sort of eternity of fame to a sort of eternity of infamy, and sometimes seem to myself to have shown, if indeed it required showing, that between the famous and the infamous there is but one step.

나와 함께 여기에 수감된 불쌍한 도둑이나 부랑자들은 여러 가지 면에서 나보다 운이 좋은 사람들이다. 왜냐하면 나는 무명의 존재였다가 범죄를 저질러 일시적인 악명을 얻은 게 아니라, 영원할 것 같은 명성을 누리다가 영원한 불명예를 얻었기 때문이다. 때로는 그들은 내게 명성과 악명은 단 한 걸음 차이라는 것을 보여주었다는(그런 걸 꼭 보여줄 필요가 있는지 모르겠지만)생각이 든다.

문장분석

(The poor thieves and outcasts) who are imprisoned here with me are (in many respects) more fortunate than I am (fortunate). For I have come, not from
　　　　ways　　　　　　　　　　　　　　　　　　　　　　　　Because
obscurity into the momentary notoriety of crime, but from a sort of eternity of

fame to a sort of eternity of infamy, and sometimes (they) seem (to myself) to

have shown, if indeed it required showing, that between the famous and the

infamous/ there is but one step.
　　　　　　　　　only

outcast [áutkæst]
　버림받은, 버림받은 사람, 추방자
imprison [imprízən] 투옥하다, 구속하다
obscurity [əbskjúərəti] 어두컴컴함, 무명
momentary [móuməntèri]
　순간의, 잠깐의, 일시적인

notoriety [nòutəráiəti]
　악명, (나쁜 의미에서의) 평판
infamous [ínfəməs]
　수치스러운, 파렴치한, 악명 높은

What I don't like are tedious, practical people

내가 싫어하는 것은 지루하고 현실적인 사람들이다

I like persons better than principles, and I like persons with no principles better than anything else in the world. Oh, I like tedious, practical subjects. What I don't like are tedious, practical people. There is a wide difference.

나는 원칙보다 사람을 더 좋아하고, 다른 무엇보다도 아무런 원칙이 없는 사람을 이 세상에서 가장 좋아한다. 아, 난 지루하고 현실적인 주제를 좋아한다. 내가 싫어하는 것은 지루하고 현실적인 사람들이다. 그 둘 사이엔 큰 차이가 있다.

문장분석

I like persons better than principles, and I like persons with no principles better than anything else in the world. Oh, I like tedious, practical subjects. What I don't like are tedious, practical people. There is a wide difference.

principle [prínsəpəl] 원리, 원칙
principal [prínsəpəl] 주요한, 중요한, 교장
tedious [tíːdiəs] 지루한, 싫증나는

practical [præktikəl] 실제의, 실용적인
subject [sʌ́bdʒikt] 주제, 학과, 국민
difference [dífərəns] 다름, 차이

THU

I walk the world in wonder

나는 경이로움으로 이 세상을 살아간다

To have a capacity for a passion and not to realize it, is to make oneself incomplete and limited. I put all my genius into my life; I put only my talent into my works. Experience is simply the name we give our mistakes. I walk the world in wonder.

자신이 가진 열정을 실행에 옮기지 않는 것은 스스로를 불완전하고 한정된 존재로 만드는 일이다. 나는 나의 모든 천재성을 내 인생에 쏟아부었고 나의 작품에는 나의 재능만을 담았다. 경험은 단순히 우리가 실수에 부치는 이름일 뿐이다. 나는 경이로움으로 이 세상을 살아간다.

문장분석

To have a capacity for a passion and not to realize it, is to make oneself incomplete and limited. I put all my genius into my life; I put only my talent into my works. Experience is simply (the name) (that) we give our mistakes. I walk the world in wonder.
세상을 살아가다
놀라서, 경탄하여

capacity [kəpǽsəti] 능력, 재능
passion [pǽʃən] 열정
realize [ríːəlàiz] 실현하다, 현실화하다
incomplete [inkəmplíːt] 불완전, 미완성의

limited [límitid] 한정된, 유한의, 좁은
genius [dʒíːnjəs] 천재, 비범한 재능
wonder [wʌ́ndər] 불가사의, 경이, 놀라움, 경탄

January 031

I have the simplest tastes, I am always satisfied with the best

나의 취향은 정말 단순하다, 난 언제나 최고에 만족한다

All imitation in morals and in life is wrong. ✦ My cradle was rocked by the Fates. Only in the mire can I know peace. I am jealous of everything whose beauty does not die. I have the simplest tastes. I am always satisfied with the best.

도덕과 삶에서의 모방은 모두 틀렸다. ✦ 운명의 여신들이 나의 요람을 흔들어 놓았다. 이제 난 진창 속에서만 평화를 느낄 수 있다. 나는 영원히 죽지 않는 아름다운 모든 것을 질투한다. 나의 취향은 정말 단순하다. 난 언제나 최고에 만족한다.

문장분석

All imitation in morals and in life is wrong. ✦ My cradle was rocked/ by the Fates.

Only in the mire can I know peace. I am jealous of everything whose beauty does
의미상 부정어 Only 로 인한 도치
not die. I have the simplest tastes. I am always satisfied with the best.

imitation [imitéiʃən] 모방, 흉내
wrong [rɔːŋ] 그릇된, 올바르지 못한, 나쁜
cradle [kréidl] 요람, 어린이용 침대

rock [rɑk] 흔들다
mire [maiər] 습지(濕地), 늪, 진창
jealous [dʒéləs] 질투심이 많은

Vocabulary Of The Week

MON

weep [wiːp] 눈물을 흘리다, 울다
sin [sin] (종교·도덕상의) 죄, 죄악
crime [kraim]
(법률상의) 죄, 범죄 (행위)
commit [kəmít]
범하다, 저지르다, 위임하다

mourn [mɔːrn] 슬퍼하다, 애도하다
tragedy [trǽdʒədi] 비극
sorrow [sɑ́rou] 슬픔, 비애

TUE

outcast [áutkæst]
버림받은, 버림받은 사람, 추방자
imprison [impríʒən]
투옥하다, 구속하다
obscurity [əbskjúərəti]
어두컴컴함, 무명

momentary [móuməntèri]
순간의, 잠깐의, 일시적인
notoriety [nòutəráiəti]
악명, (나쁜 의미에서의) 평판
infamous [ínfəməs]
수치스러운, 파렴치한, 악명 높은

WED

principle [prínsəpəl] 원리, 원칙
principal [prínsəpəl]
주요한, 중요한, 교장
tedious [tíːdiəs] 지루한, 싫증나는
practical [prǽktikəl]
실제의, 실용적인

subject [sʌ́bdʒikt] 주제, 학과, 국민
difference [dífərəns] 다름, 차이

THU

capacity [kəpǽsəti] 능력, 재능
passion [pǽʃən] 열정
realize [ríːəlàiz]
실현하다, 현실화하다
incomplete [inkəmplíːt]
불완전, 미완성의

limited [limitid] 한정된, 유한의, 좁은
genius [dʒíːnjəs] 천재, 비범한 재능
wonder [wʌ́ndər]
불가사의, 경이, 놀라움, 경탄

FRI

imitation [ìmitéiʃən] 모방, 흉내
wrong [rɔːŋ]
그릇된, 올바르지 못한, 나쁜
cradle [kréidl] 요람, 어린이용 침대
rock [rɑk] 흔들다
mire [maiər] 습지(濕地), 늪, 진창

jealous [dʒéləs] 질투심이 많은

Oscar Wilde *1854*

오스카 와일드는 1854년 10월 16일 아일랜드 더블린에서 태어났다. 오스카는 자신이 더블린의 중심에 위치한 아름다운 조지아식(Georgian) 광장인 메리온 광장에서 태어났다고 주장했지만, 사실 그의 부모는 그 근처의 웨스트랜드 로드 21번지에서 오스카를 낳고 난 다음 해인 1855년에 메리온 광장 1번지로 이사를 했다. 그는 이 집에서 20대 초반까지 살았는데, 1994년에 복원되어 일반인에게 공개되었으며, 이 집을 바라보는 오스카의 동상이 광장에 설치되어 있다.

오스카의 아버지 윌리엄 와일드 경은 저명한 눈과 귀 전문의이자 더블린 대학교의 교수를 역임한 의사였고, 어머니 제인 와일드는 성공한 시인이자 아일랜드 민족주의자였다. 두 사람은 오스카의 형인 윌리와 여동생 이졸라를 포함하여 2남 1녀를 두었으나, 이졸라는 9살에 뇌수막염으로 세상을 떠났다. 훗날 오스카는 어린 나이에 세상을 떠난 동생을 위한 시를 지어 그녀를 기렸다.

February

02

I am always astonishing myself.
It is the only thing that makes worth living.
Work never seems to me a reality,
but a way of getting rid of reality.
I was quite amazing.

난 항상 나 자신을 깜짝 놀라게 한다. 그것만이 내 인생을 살맛나게 한다.
내게 글쓰기 작업은 결코 현실이 아니었다,
그것은 내 삶에서 현실을 제거하는 방법이었다.
난 정말 굉장했다.

MON

Each class preaches the importance of those virtues it need not exercise

모든 계층의 사람들은 자신이 실행할 필요가 없는 덕목의 중요성을 설교한다

To be entirely free, and at the same time entirely dominated by law, is the eternal paradox of human life that we realize at every moment. Each class preaches the importance of those virtues it need not exercise. The rich harp on the value of thrift, the idle grow eloquent over the dignity of labour.

전적으로 자유로우면서도 동시에 전적으로 어떤 법칙의 지배를 받는다는 것, 그것이 우리가 매 순간 깨닫게 되는 인간적 삶의 영원한 모순이다. 모든 계층의 사람들은 자신이 실행할 필요가 없는 덕목의 중요성을 설교한다. 부자들은 검소함의 가치를 귀가 따갑도록 떠들어 대고, 게으른 사람들은 노동의 존엄성에 대해 기염을 토한다.

문장분석

To be entirely free, and at the same time entirely dominated by law, is the eternal
paradox of human life that we realize at every moment. Each class preaches the
importance of those virtues (that) it need not exercise. The rich harp on the value
                                                                            계속 지껄이다
of thrift, the idle grow eloquent over the dignity of labour.
                    (차차)~되어가다   about

dominate [dάmənèit] 지배(통치)하다, 위압하다   thrift [θrift] 검약, 검소
eternal [itə́ːrnəl] 영원한   idle [áidl] 게으름뱅이의, 태만한
preach [priːtʃ] 설교하다   eloquent [éləkwənt] 웅변의, 능변인
virtue [və́ːrtʃuː] 미덕, 덕   dignity [dígnəti] 존엄, 위엄
exercise [éksərsàiz] 운동하다, 실행하다   labor [léibər] 노동, 근로
harp [hɑːrp] 하프를 타다, 같은 말을 뇌고 또 뇌다

My wish isn't to mean everything to everyone but something to someone

나는 모든 사람에게 중요한 사람이 아니라,
누군가에게 가치 있는 사람이 되고 싶다

If a thing is worth doing, it is worth doing well. If it is worth having, it is worth waiting for. If it is worth attaining, it is worth fighting for. If it is worth experiencing, it is worth putting aside time for. ✦ My wish isn't to mean everything to everyone but something to someone.

할 만한 가치가 있는 일이라면 잘할 필요가 있다. 소유할 만한 가치가 있는 것이라면 기다릴 필요가 있다. 성취할 만한 가치가 있는 것이라면 일전을 벌일 필요가 있다. 경험할 만한 가치가 있는 것이라면 그걸 위해 시간을 따로 떼어 둘 필요가 있다. ✦ 나는 모든 사람에게 중요한 사람이 아니라, 누군가에게 가치 있는 사람이 되고 싶다.

문장분석

If a thing is worth doing, it is worth doing well. If it is worth having, it is worth

waiting for. If it is worth attaining, it is worth fighting for. If it is worth experi-

encing, it is worth putting aside time for. ✦ My wish is not to mean everything to
　　　　　　　　　　　　　따로 떼어두다　　　　　　　　　　　　가장 중요한 것
everyone but (to mean) something to someone.
　　　　　　　　　　꽤 가치 있는 사람

worth [wəːrθ] …할 만한 가치가 있는(~ing)　　attain [ətéin] 도달하다, 달성하다, 성취하다
worthy [wə́ːrði] 가치 있는(of~ing)　　experience [ikspíəriəns] 경험(하다)

I cannot conceive of anything that I do not want to do

내가 하고 싶지 않은 게 뭐가 있을지 도무지 생각나지 않습니다

"Well, I'm a very ambitious young man. I want to do everything in the world. I cannot conceive of anything that I do not want to do." ✦ The old believe everything, the middle-aged suspect everything: the young know everything. Hesitation of any kind is a sign of mental decay in the young, of physical weakness in the old.

"글쎄요, 저는 야망이 가득한 젊은이입니다. 저는 세상에서 할 수 있는 건 뭐든지 다 하고 싶습니다. 내가 하고 싶지 않은 게 뭐가 있을지 도무지 생각나지 않습니다." ✦ 노년에는 모든 것을 믿고, 중년에는 모든 것을 의심하며, 젊을 때는 모든 걸 안다. 무슨 일을 할 때 주저한다는 건 젊은이의 경우에는 정신적 퇴보의 징후고, 노인의 경우에는 신체적 노쇠의 징후다.

문장분석

"Well, I'm a very ambitious young man. I want to do everything in the world. I cannot conceive of anything that I do not want to do." ✦ The old believe everything, the middle-aged suspect everything: the young know everything. Hesitation of any kind is a sign of mental decay in the young, (a sign) of physical
종류
weakness in the old.

ambitious [æmbíʃəs] 야망을 품은, 야심있는
conceive [kənsíːv] 마음에 품다, 상상하다
suspect [səspékt] 의심하다

hesitation [hèzətéiʃən] 주저, 망설임
decay [dikéi] 썩다, 쇠퇴하다, 부패
physical [fízikəl] 육체의, 물질의

Life makes us pay too high a price for its wares

인생은 우리로 하여금 그 제품을 사는 데 너무 비싼 값을 치르게 한다

I believe that at the beginning God made a world for each separate man, and in that world which is within us one should seek to live. ✦ Life makes us pay too high a price for its wares, and we purchase the meanest of its secrets at a cost that is monstrous and infinite.

태초에 하느님은 각각의 인간을 위한 개별적인 세상을 만들어 놓았고, 우리는 각자 자신 안에 있는 그 세상 속에서 살아야 하는 게 아닐까 싶다. ✦ 인생은 우리로 하여금 그 제품을 사는 데 너무 비싼 값을 치르게 한다. 우리는 아주 하찮은 삶의 비밀을 알아내는 데에도 터무니없고 끝없는 대가를 치러야만 한다.

문장분석

I believe that at the beginning/ God made a world/ for each separate man, and in (that world) which is within us/ one should seek to live. ✦ Life makes us pay too high a price for its wares, and we purchase the meanest of its secrets at (a cost) that is monstrous and infinite.

separate [sépərit]
따로따로의, 하나하나의, 한 사람 한 사람의
seek [siːk] 찾다, 추구하다
ware [wɛər] 상품, 판매품, 세공품
purchase [pə́ːrtʃəs] 사다, 구입하다

mean [miːn]
보통의, 하찮을것없는, 비열한, 품위 없는
monstrous [mɑ́nstrəs] 괴물 같은, 터무니없는
infinite [ínfənit] 무한한, 막대한

Most people are other people, their thoughts are someone else's opinions

대부분의 사람들은 타자(他者)다,
그들의 생각은 다른 누군가의 의견이기에 그렇다

It is tragic how few people ever 'possess their souls' before they die. "Nothing is more rare in any man", says Emerson, "than an act of his own." It is quite true. Most people are other people. Their thoughts are someone else's opinions, their life a mimicry, their passions a quotation.

죽기 전에 '자신의 영혼을 소유한' 사람이 지극히 적다는 것은 비극이다. 에머슨은 "모든 인간에게 스스로의 행위보다 귀한 것은 없다"라고 말한다. 그 말은 전적으로 옳다. 대부분의 사람들은 타자(他者)다. 그들의 생각은 다른 누군가의 의견이고, 그들의 삶은 모방이며, 그들의 열정은 인용한 것에 불과하기에 그렇다.

문장분석

It is tragic/ how **few** people **ever** 'possess their souls'/ before they die. "Nothing
　　　　　거의 없는　　　좀처럼
is more rare in **any** man", says Emerson, "than an act of his own." It is quite true.
　　　　　　every
Most people are other people. Their thoughts are someone else's opinions, their

lives (are) a mimicry, their passions (are) a quotation.

possess [pəzés] 소유하다(own)
rare [rɛər] 드문, 진기한
quite [kwait] 완전히(completely), 아주, 전혀
thought [θɔːt] 생각하기, 사색, 사고

opinion [əpínjən] 의견, 견해(view)
mimicry [mímikri] 흉내, 모방
passionate [pǽʃənit] 열렬한, 열정적인, 격렬한
quotation [kwoutéiʃən] 인용, 인용구

Vocabulary Of The Week

MON

dominate [dάmənèit]
지배(통치)하다, 위압하다
eternal [itə́:rnəl] 영원한
preach [pri:tʃ] 설교하다
virtue [və́:rtʃu:] 미덕, 덕
exercise [éksərsàiz]
운동하다, 실행하다

harp [hɑ:rp]
하프를 타다, 같은 말을 뇌고 또 뇌다
thrift [θrift] 검약, 검소
idle [áidl] 게으름뱅이의, 태만한
eloquent [éləkwənt] 웅변의, 능변인
dignity [dígnəti] 존엄, 위엄
labor [léibər] 노동, 근로

TUE

worth [wə:rθ]
…할 만한 가치가 있는(~ing)
worthy [wə́:rði] 가치 있는(of~ing)
attain [ətéin]
도달하다, 달성하다, 성취하다
experience [ikspíəriəns] 경험(하다)

WED

ambitious [æmbíʃəs]
야망을 품은, 야심있는
conceive [kənsí:v]
마음에 품다, 상상하다
suspect [səspékt] 의심하다
hesitation [hèzətéiʃən] 주저, 망설임

decay [dikéi] 썩다, 쇠퇴하다, 부패
physical [fízikəl] 육체의, 물질의

THU

separate [sépərit]
따로따로의, 하나하나의, 한 사람
한 사람의
seek [si:k] 찾다, 추구하다
ware [wɛər] 상품, 판매품, 세공품
purchase [pə́:rtʃəs] 사다, 구입하다

mean [mi:n]
보통의, 하잘것없는, 비열한, 품위 없는
monstrous [mάnstrəs]
괴물 같은, 터무니없는
infinite [ínfənit] 무한한, 막대한

FRI

possess [pəzés] 소유하다(own)
rare [rɛər] 드문, 진기한
quite [kwait]
완전히(completely), 아주, 전혀
thought [θɔ:t] 생각하기, 사색, 사고
opinion [əpínjən] 의견, 견해(view)

mimicry [mímikri] 흉내, 모방
passionate [pǽʃənit]
열렬한, 열정적인, 격렬한
quotation [kwoutéiʃən] 인용, 인용구

Cure the soul by means of the senses, and the senses by means of the soul

감각으로 영혼을 치유하고 영혼으로 감각을 치유하라

How securely one thinks one lives – out of reach of temptation, sin, folly. And then suddenly – Oh! Life is terrible. It rules us, we do not rule it. To cure the soul by means of the senses, and the senses by means of the soul – that is one of the great secrets of life.

사람들은 유혹과 죄, 어리석음에 빠지지 않으면서 안전하게 살아가고 있다고 생각한다. 그러다 갑자기 깨닫는다. 아! 인생은 얼마나 끔찍한가. 우리가 삶을 지배하는 게 아니라 삶이 우리를 지배하다니. 감각으로 영혼을 치유하고 영혼으로 감각을 치유하는 것. 그것이 삶의 위대한 비밀 중 하나다.

문장분석

How securely (one thinks) one lives – out of reach of temptation, sin, folly. And
강조   ~의 손이 닿지 않는 곳에
then suddenly – Oh! Life is terrible. It rules us, we do not rule it. To cure the soul

by means of the senses, and the senses by means of the soul – that is one of the
~으로
great secrets of life.

secure [sikjúər] 안전한, 위험이 없는   folly [fɔ́li] 어리석음, 우행
temptation [temptéiʃən] 유혹   rule [ruːl] 규칙, 지배하다, 다스리다
sin [sin] (종교·도덕상의) 죄   cure [kjuər] 치료(하다)

Be yourself; everyone else is already taken

너 자신이 되어라, 다른 사람의 자리는 이미 차 있으므로

He has no feelings. It is the secret of his success. Just as the fact that he thinks that other people have none either is the secret of the failure that lies in wait for him somewhere on the way of Life. ✦ Be yourself; everyone else is already taken.

그는 아무런 감정이 없다. 그가 성공한 비결이다. 다른 사람들도 아무런 감정이 없을 거라고 생각하는 사실이, 마치 인생의 어딘가에서 그를 기다리고 있을 실패의 비밀인 것처럼. ✦ 너 자신이 되어라, 다른 사람의 자리는 이미 차 있으므로.

문장분석

He has no feelings. It is the secret of his success. Just as the fact that he thinks
~듯이, ~처럼

that other people have none either is the secret of the failure that lies in wait for

him somewhere on the way of Life. ✦ Be yourself; everyone else is already taken.

either [íːðər]
(부정문의 뒤에서) ···도 또한(···아니다, 않다)

neither [níːðər]
(둘 중에서) 어느 쪽의 ~도 ···아니다(않다)

failure [féiljər] 실패
lie [lai] (lay-lain) 놓여 있다, 눕다
lay [lei] (laid-laid) ~을 놓다, 눕히다

Generalities in morals mean absolutely nothing

도덕의 일반화는 아무런 의미가 없다

Morality is simply the attitude we adopt towards people whom we personally dislike. Everything must come to one out of one's own nature. There is no use in telling a person a thing that they don't feel and can't understand. Intellectual generalities are always interesting, but generalities in morals mean absolutely nothing.

도덕이란 단지 우리가 개인적으로 싫어하는 사람들에게 취하는 태도에 불과하다. 모든 것은 스스로의 마음에서 우러나와야 한다. 누군가에게 그가 느끼고 이해하지 못하는 것을 말해 줄 필요는 없다. 지적인 일반화는 언제나 흥미롭지만, 도덕의 일반화는 아무런 의미가 없다.

문장분석

Morality is simply (the attitude) we adopt towards (people) whom we personally dislike. Everything must come to one out of one's own nature. There is no use ~해도 소용이 없다
in telling a person (a thing) that they don't feel and can't understand. Intellectual generalities are always interesting, but generalities in morals mean absolutely nothing.

attitude [ǽtitjùːd]
(사람·물건 등에 대한) 태도, 마음가짐
adopt [ədápt] 입양하다, 채택하다, 받아들이다
nature [néitʃər]
(사람·동물 따위의) 본성, 성질, 자질

intellectual [intəléktʃuəl] 지적인, 총명한
generality [dʒènərǽləti]
일반론, 일반적 원칙, 보편성
absolutely [ǽbsəlúːtli] 절대적으로, 정말로

Men trying to do something for the world are always insufferable

세상을 위해 뭔가를 하려고 애쓰는 사람은 언제나 밉상이다

Men who are trying to do something for the world, are always insufferable, when the world has done something for them, they are charming. There are only two kinds of people who are really fascinating – people who know absolutely everything and people who know absolutely nothing.

세상을 위해 뭔가를 하려고 애쓰는 사람은 언제나 밉상이다. 세상이 그들을 위해 뭔가를 했을 때 그들은 매력적인 존재가 된다. 정말 매혹적인 사람은 오직 두 종류 뿐이다. 모든 것을 철저히 알고 있는 사람과 진짜 아무 것도 모르는 사람이다.

문장분석

(Men) who are trying to do something for the world, are always insufferable, when the world has done something for them, they are charming. There are (only two kinds of people) who are really fascinating – (people) who know absolutely everything and (people) who know absolutely nothing.

insufferable [insʌ́fərəbəl]
견딜 수 없는, 참을 수 없는, 미운
suffer [sʌ́fər]
(고통·변화 따위를) 경험하다, 입다, 받다
charming [tʃɑ́ːrmiŋ] 매력적인, 아름다운

fascinating [fǽsənèitiŋ] 황홀케 하는, 매혹적인
fascinate [fǽsənèit]
황홀케 하다, 매혹시키다, 마음을 빼앗다
absolutely [æ̀bsəlúːtli] 절대적으로, 정말로, 전혀

The one who has more illusions than the dreamer is the man of action

몽상가보다 더 많은 환상들을 가진 유일한 존재는 바로 행동하는 사람이다

When we have fully discovered the scientific laws that govern life, we shall realize that the one person who has more illusions than the dreamer is the man of action. He, indeed, knows neither the origin of his deeds nor their results. From the field in which he thought that he had sown thorns, we have gathered our vintage, and the fig tree that he planted for our pleasure is as barren as the thistle, and more bitter.

삶을 지배하는 과학법칙들을 충분히 파악하게 되면, 몽상가보다 더 많은 환상들을 가진 유일한 존재가 바로 행동하는 사람이라는 걸 깨닫게 될 것이다. 사실 그는 자기 행위의 근원도, 그 결과도 알지 못한다. 그가 가시를 뿌렸다고 생각한 들판에서 우린 포도를 수확했고, 그가 우리를 기쁘게 해 주려고 심은 무화과나무는 엉겅퀴만큼 메마르고 쓴맛이 더했다.

문장분석

When we have fully discovered (the scientific laws) that govern life, we shall realize that (the one person) who has more illusions than the dreamer is the man of action. He, indeed, knows neither the origin of his deeds nor their results. From (the field) which (he thought that) he had sown thorns in, we have gathered our vintage, and (the fig tree) that he planted for our pleasure is as barren as the thistle, and more bitter.

illusion [ilúːʒən] 환영(幻影), 환각, 환상, 망상
deed [diːd] 행위, 행동, 소행
thorn [θɔːrn] (식물의) 가시

gather [ɡǽðər] 모으다, 거두어들이다, 수확하다
barren [bǽrən] 불모의, 메마른, 열매를 못 맺는
thistle [θísl] 엉겅퀴(스코틀랜드의 국화)

Vocabulary Of The Week

MON

secure [sikjúər] 안전한, 위험이 없는
temptation [temptéiʃən] 유혹
sin [sin] (종교·도덕상의) 죄
folly [fɔ́li] 어리석음, 우행
rule [ruːl] 규칙, 지배하다, 다스리다
cure [kjuər] 치료(하다)

TUE

either [iːðər]
　(부정문의 뒤에서) …도 또한
　(…아니다, 않다)
neither [níːðər]
　(둘 중에서) 어느 쪽의 ~도
　…아니다(않다)

failure [féiljər] 실패
lie [lai] (lay-lain) 놓여 있다, 눕다
lay [lei] (laid-laid) ~을 놓다, 눕히다

WED

attitude [ǽtitjùːd]
　(사람·물건 등에 대한) 태도, 마음가짐
adopt [ədάpt]
　입양하다, 채택하다, 받아들이다
nature [néitʃər]
　(사람·동물 따위의) 본성, 성질, 자질

intellectual [intəléktʃuəl]
　지적인, 총명한
generality [dʒènərǽləti]
　일반론, 일반적 원칙, 보편성
absolutely [ǽbsəlúːtli]
　절대적으로, 정말로

THU

insufferable [insʌ́fərəbəl]
　견딜 수 없는, 참을 수 없는, 미운
suffer [sʌ́fər]
　(고통·변화 따위를) 경험하다,
　입다, 받다
charming [tʃάːrmiŋ]
　매력적인, 아름다운

fascinating [fǽsənèitiŋ]
　황홀케 하는, 매혹적인
fascinate [fǽsənèit]
　황홀케 하다, 매혹시키다,
　마음을 빼앗다
absolutely [ǽbsəlúːtli]
　절대적으로, 정말로, 전혀

FRI

illusion [ilúːʒən]
　환영(幻影), 환각, 환상, 망상
deed [diːd] 행위, 행동, 소행
thorn [θɔːrn] (식물의) 가시
gather [gǽðər]
　모으다, 거두어들이다, 수확하다

barren [bǽrən]
　불모의, 메마른, 열매를 못 맺는
thistle [θísl]
　엉겅퀴(스코틀랜드의 국화)

MON

It was your forcing me to pay for your extravagances that was disgraceful

부끄러운 것은, 당신의 사치로 인한 대가를 내가 대신 치르도록 내게 강요했다는 점이야

You know what beautiful, wise, sensible schemes of life people bring to one: there is nothing to be said against them: except that they are not for oneself. ✦ Your reckless extravagance was not a crime. Youth is always extravagant. It was your forcing me to pay for your extravagances that was disgraceful.

사람들이 아름답고 현명하고 합리적인 인생의 계획들에 대한 이야기를 화제에 올리는 거 있잖아. 난 그 계획들 자체에는 반대할 생각이 하나도 없어, 그 계획들이 그들 자신들을 위한 것이 아니라는 사실만 뺀다면. ✦ 당신의 과도한 사치는 그 자체로는 죄악이 아니야. 젊음은 본래 사치스러운 법이니까. 부끄러운 것은, 당신의 사치로 인한 대가를 내가 대신 치르도록 내게 강요했다는 점이야.

문장분석

You know what beautiful, wise, sensible schemes of life people bring to one:
새로운 내용을 끌어오며 하는 말
there is nothing to be said against them: except that they are not for oneself. ✦
~에 반대하여
Your reckless extravagance was not a crime. Youth is always extravagant. It was
강조구문
your forcing me to pay for your extravagances that was disgraceful.

sensible [sénsəbəl] 분별 있는, 현명한
scheme [skiːm] 계획, 기획, 설계
reckless [réklis] 분별 없는, 무모한
extravagance [ikstrǽvəgəns] 낭비, 사치, 방종

crime [kraim] 죄
force [fɔːrs] 억지로~시키다, 힘
disgraceful [disgréisfəl]
수치스러운(shameful), 불명예스러운

TUE

When a man has no enemy left there must be something mean about him

적이 하나도 없다는 것은 그에게 비열한 구석이 있다는 뜻이다

Next to having a staunch friend is the pleasure of having a brilliant enemy. I would sooner lose my best friend than my worst enemy. To have friends, you know, one need only be good-natured; but when a man has no enemy left there must be something mean about him.

훌륭한 적을 갖는다는 것은 믿음직한 친구를 두는 것 다음으로 즐거운 일이다. 나는 최악의 적을 잃기보다는 가장 절친한 친구를 잃는 것을 택할 것이다. 친구를 갖는 데는 심성이 온화하기만 하면 되기 때문이다. 그러나 적이 하나도 없다는 것은, 틀림없이 그에게 비열한 구석이 있다는 뜻이다.

문장분석

The pleasure of having a brilliant enemy is next to having a staunch friend. I
~에 버금가는
would sooner lose my best friend than (lose) my worst enemy. To have friends,

you know, one need only be good-natured; but when a man has no enemy left/
　　you
there must be something mean about him.

pleasure [pléʒər] 기쁨, 즐거움
brilliant [briljənt] 찬란하게 빛나는, 훌륭한
staunch [stɔ:ntʃ] 철두철미한, 믿음직한
enemy [énəmi] 적, 원수

good-na·tured [gúdnéitʃərd]
(마음씨가) 착한, 온후한
mean [mi:n] 비열한, 인색한, 의미하다

People only get what they give

사람들은 자신이 주는 것만큼 받는다

To mock at a soul in pain is a dreadful thing. Unbeautiful are their lives who do it. In the strangely simple economy of the world people only get what they give, and to those who have not enough imagination to penetrate the mere outward of things and feel pity, what pity can be given save that of scorn?

고통 속에 있는 영혼을 조롱하는 것은 아주 끔찍한 일이다. 그런 짓을 저지르는 사람들의 삶은 추하다. 이 세상을 지배하는 이상하게 단순한 경제논리에 의하면, 사람들은 자신이 주는 것만큼 받기 때문이다. 그리고 어떤 대상의 겉모습을 뚫고 들어가 연민을 느낄 수 있을 만큼 충분한 상상력이 없는 사람들에게 경멸이라는 동정심 외에 어떤 동정심을 느낄 수 있을까?

문장분석

To mock at (a soul) (that is) in pain is a dreadful thing. Unbeautiful are (their lives)
                                                                    주어
who do it. In the strangely simple economy of the world/ people only get (what)

they give, and to (those) who have not enough imagination to penetrate the mere

outward of things and feel pity, what pity can be given save that of scorn?
                                                      except   pity

---

mock [mɑk] 조롱하다, 놀리다, 흉내내다
dreadful [drédfəl] 무서운, 두려운, 무시무시한
penetrate [pénətrèit]
꿰뚫다, 관통하다, 침투하다

pity [píti] 불쌍히 여김, 동정, 유감
scorn [skɔːrn] 경멸, 멸시, 모욕하다

To be on the alert is to live, to be lulled into security is to die

방심하지 않고 경계하는 건 살아 있는 것이며, 안도감을 느끼는 건 죽는 것과 같다

People talk so much about the beauty of confidence. They seem to entirely ignore the much more subtle beauty of doubt. To believe is very dull. To doubt is intensely engrossing. To be on the alert is to live, to be lulled into security is to die.

사람들은 확신의 아름다움에 대해 아주 많이 이야기한다. 하지만 그들은 의심이 지닌 훨씬 미묘한 아름다움에 대해서는 완전히 무시하는 것 같다. 믿는다는 것은 아주 따분한 일이다. 의심하는 것은 매혹적일 만큼 우리의 마음을 사로잡는다. 방심하지 않고 경계하는 건 살아 있는 것이며, 안도감을 느끼는 건 죽는 것과 같다.

문장분석

People talk so much about the beauty of confidence. They seem to entirely
~인 것 같다
ignore the much more subtle beauty of doubt. To believe is very dull. To doubt
훨씬(even, far, much, a lot)
is intensely engrossing. To be on the alert is to live, to be lulled into security is to
방심 않고 경계하여   달래어 ~하도록 하다
die.

ignore [ignɔ́:r] 무시하다, 묵살하다, 모른 체하다
subtle [sʌ́tl] 미묘한, 포착하기 힘든, 난해한
doubt [daut] 의심, 의혹, 회의, 불신
dull [dʌl] 무딘, 둔한, 지루한
intense [inténs] 격렬한, 심한

engrossing [ingróusiŋ]
　마음을 사로잡는, 열중하게 하는
alert [ələ́:rt] 경계, 방심 않는, 정신을 바짝 차린
lull [lʌl] 달래어(속여)~하게 하다, 안심시키다

One should absorb the colour of life

우리는 인생의 다양한 빛깔을 받아들일 줄 알아야 한다

It is because Humanity never known where it was going that it has been able to find its way. We live in an age that reads too much to be wise, and that thinks too much to be beautiful. One should absorb the colour of life, but one should never remember its details. Details are always vulgar.

인류가 나아갈 길을 발견할 수 있었던 것은 자신이 어디로 가는지를 결코 알지 못했기 때문이다. 우리는 너무 많이 읽어서 현명하지 못하고, 너무 많이 생각해서 아름답지 못한 시대에 살고 있다. 우리는 인생의 다양한 빛깔을 받아들일 줄 알아야 한다. 그러나 결코 세세한 것들을 기억해서는 안 된다. 세부란 언제나 천박할 수밖에 없기 때문이다.

문장분석

It is because Humanity never known where it was going that it has been able to
강조구문
find its way. We live in an age that reads too much to be wise, and that thinks too
much to be beautiful. One should absorb the colour of life, but one should never
We
remember its details. Details are always vulgar.

humanity [hju:mǽnəti] 인류
absorb [æbsɔ́:rb] 흡수하다, 빨아들이다
detail [dí:teil] 세부, 상세

vulgar [vʌ́lgər] 저속한, 세속적인
burglar [bə́:rglər] 도둑, 강도, 빈집 털이

Vocabulary Of The Week

MON

sensible [sénsəbəl]
분별 있는, 현명한
scheme [ski:m] 계획, 기획, 설계
reckless [réklis] 분별 없는, 무모한
extravagance [ikstrǽvəgəns]
낭비, 사치, 방종

crime [kraim] 죄
force [fɔːrs] 억지로~시키다, 힘
disgraceful [disgréisfəl]
수치스러운(shameful), 불명예스러운

TUE

pleasure [pléʒər] 기쁨, 즐거움
brilliant [bríljənt]
찬란하게 빛나는, 훌륭한
staunch [stɔ:ntʃ]
철두철미한, 믿음직한
enemy [énəmi] 적, 원수

good-na·tured [gúdnéitʃərd]
(마음씨가) 착한, 온후한
mean [mi:n]
비열한, 인색한, 의미하다

WED

mock [mak]
조롱하다, 놀리다, 흉내내다
dreadful [drédfəl]
무서운, 두려운, 무시무시한
penetrate [pénətrèit]
꿰뚫다, 관통하다, 침투하다

pity [píti] 불쌍히 여김, 동정, 유감
scorn [skɔ:rn] 경멸, 멸시, 모욕하다

THU

ignore [ignɔ́:r]
무시하다, 묵살하다, 모른 체하다
subtle [sʌ́tl]
미묘한, 포착하기 힘든, 난해한
doubt [daut] 의심, 의혹, 회의, 불신
dull [dʌl] 무딘, 둔한, 지루한
intense [inténs] 격렬한, 심한

engrossing [ingróusiŋ]
마음을 사로잡는, 열중하게 하는
alert [əlá:rt]
경계, 방심 않는, 정신을 바짝 차린
lull [lʌl]
달래어(속여)~하게 하다, 안심시키다

FRI

humanity [hju:mǽnəti] 인류
absorb [æbsɔ́:rb]
흡수하다, 빨아들이다
detail [dí:teil] 세부, 상세
vulgar [vʌ́lgər] 저속한, 세속적인

burglar [bá:rglər]
도둑, 강도, 빈집 털이

The truth about the life of a man is the legend which he creates around himself

한 인간의 삶에 관한 진실은 그가 자기 주변에 만들어 내는 전설이다

I was thinking in bed this morning that the great superiority of France over England is that in France every bourgeois wants to be an artist, where in England every artist wants to be a bourgeois. ✦ The truth about the life of a man is not what he does, but the legend which he creates around himself.

오늘 아침, 침대에 누워 있을 때 이런 생각이 들었다. 영국보다 프랑스가 우월한 것은, 프랑스에서는 모든 부르주아가 예술가가 되기를 원하는 반면, 영국에서는 모든 예술가가 부르주아가 되기를 원한다는 데 있다는 것이다. ✦ 한 인간의 삶에 관한 진실은 그의 행위가 아니라, 그가 자기 주변에 만들어 내는 전설이다.

문장분석

I was thinking/ in bed/ this morning/ that the great superiority of France over England is that in France/ every bourgeois wants to be an artist, where in England/ every artist wants to be a bourgeois. ✦ The truth about the life of a man is not what he does, but the legend which he creates around himself.

(where 위의 while)

superiority [səpìəriɔ́(ː)rəti] 우월, 탁월, 우수
inferiority [infìəriɔ́(ː)rəti] 하위, 하급, 열등, 열세
bourgeois [buərʒwáː]
　(F.) 중산 계급의 시민, 부르주아

proletariat(e) [pròulitέəriət]
　프롤레타리아트, 무산 계급
create [kriéit] 창조하다
creature [kríːtʃər] (신의) 창조물, 피조물

I adore simple pleasures; they are the last refuge of the complex

나는 단순한 즐거움을 좋아한다,
그것은 복잡한 사람들의 마지막 도피처이기 때문이다

What man has sought for is, indeed, neither pain nor pleasure, but simply Life. We should treat all the trivial things of life seriously, and all the serious things of life with sincere and studied triviality. I adore simple pleasures, they are the last refuge of the complex.

인간이 추구해 온 것은 사실 고통도, 쾌락도 아닌 삶 자체다. 우리는 삶의 하찮은 모든 것들을 진지하게 다루어야 하며, 삶의 진지한 모든 것들은 진실하고 세심하게 계획된 것처럼 하찮게 다루어야 한다. 나는 단순한 즐거움을 좋아한다. 그것은 복잡한 사람들의 마지막 도피처이기 때문이다.

문장분석

What man has sought for is, indeed, neither pain nor pleasure, but simply Life. We should treat all the trivial things of life seriously, and all the serious things of life/ with sincere and studied triviality. I adore simple pleasures, they are the last refuge of the complex.

seek [si:k] (p., pp. sought [sɔ:t]) 찾다, 추구하다
pleasure [pléʒər] 기쁨, 즐거움
trivial [tríviəl] 하찮은, 사소한

sincere [sinsíər] 성실한, 진실한
adore [ədɔ́:r] 숭배하다
refuge [réfju:dʒ] 피난, 보호, 은신처

The greatest men fail – or seem to the world to have failed

가장 위대한 사람들은 실패하거나, 세상 사람들에게 실패한 것처럼 보인다

There is something vulgar in all success. The greatest men fail – or seem to the world to have failed. ✦ Everyone is born a king, and most people die in exile, like most kings. ✦ One should always be a little improbable.

모든 성공에는 통속적인 무언가가 있다. 가장 위대한 사람들은 실패하거나, 세상 사람들에게 실패한 것처럼 보인다. ✦ 모든 사람은 왕으로 태어난다. 그리고 대부분의 사람들은 추방당해 죽는다, 대부분의 왕들이 그렇듯. ✦ 우리는 언제나 다소 있음직하지 않은 존재가 되어야 한다.

문장분석

There is something vulgar in all success. The greatest men fail – or seem (to the
　　　　　　　　　　　　　　　　　　　　　　　　　　　　　　~처럼 보이다
world) to have failed. ✦ Everyone is born a king, and most people die/ in exile,
like most kings. ✦ One should always be a little improbable.
~처럼　　　　　　　　　　We

vulgar [vʌ́lgər] 저속한, 속된
burglar [bə́:rglər]
　(주거 침입) 강도, 빈집털이, 밤도둑
exile [égzail] 망명, 추방

improbable [imprɑ́bəbəl]
　있을 법 하지 않은, 참말 같지 않은
probable [prɑ́bəbəl] 있음직한, 사실 같은

To know the truth one must imagine myriads of falsehoods

진실을 알기 위해서는 무수한 거짓을 상상해 봐야 한다

It is so easy to convert others. It is so difficult to convert oneself. To arrive at what one really believes, one must speak through lips different from one's own. To know the truth one must imagine myriads of falsehoods.

다른 사람을 개종시키는 건 아주 쉽다. 그러나 자기 자신을 개종시키는 건 아주 어렵다. 자신이 진정으로 믿는 것에 도달하기 위해서는 내가 아닌 다른 사람의 입술로 말해야만 하기 때문이다. 진실을 알기 위해서는 무수한 거짓을 상상해 봐야 한다.

문장분석

It is so easy to convert others. It is so difficult to convert oneself. To arrive at what
one really believes, one must speak through lips different from one's own (lips).
        we
To know the truth/ one must imagine myriads of falsehoods.
                                         lots

convert [kənvə́:rt] 전환하다, 전향시키다
through [θru:] ~통하여, ~꿰뚫어
myriad [míriəd] 무수, 무수한 사람(물건)

imaginary [imǽdʒənèri] 상상의, 가상의
imaginative [imǽdʒənətiv] 상상력이 풍부한
falsehood [fɔ́:lshùd] 거짓말, 기만

I have the horror of death with the still greater horror of living

나는 죽음에 대한 공포를 느끼며 살지만,
그보다 훨씬 더 큰 삶에 대한 공포 또한 느낀다

To live is the rarest thing in the world. Most people exist, that is all. Life is not complex. We are complex. Life is simple, and the simple thing is the right thing. Life is never fair. And perhaps it is a good thing for most of us that it is not. I have the horror of death with the still greater horror of living.

산다는 것은 세상에서 가장 드문 일이다. 대부분의 사람들은 단지 존재할 뿐이다. 그게 전부다. 삶은 복잡하지 않다. 복잡한 건 우리들이다. 삶은 단순하다. 그리고 단순한 것이 옳은 것이다. 삶은 결코 공평하지 않다. 그리고 우리들 대부분에게는 공평하지 않다는 사실이 더 나을지도 모른다. 나는 죽음에 대한 공포를 느끼며 살지만, 그보다 훨씬 더 큰 삶에 대한 공포 또한 느낀다.

문장분석

To live is the rarest thing in the world. Most people exist, that is all. Life is not complex. We are complex. Life is simple, and the simple thing is the right thing. Life is never fair. And perhaps it is a good thing (for most of us) that it is not fair. I have the horror of death/ with the still greater horror of living.

훨씬(even, far, much, a lot)

rare [rεər] 드문, 진기한
exist [igzíst] 존재하다
existence [igzístəns] 존재

complex [kəmpléks] 복잡한, (문제가) 어려운
horrid [hɔ́:rid] 무서운(horrible)

Vocabulary Of The Week

MON

superiority [səpìərió(:)rəti]
우월, 탁월, 우수
inferiority [infìərió(:)rəti]
하위, 하급, 열등, 열세
bourgeois [buərʒwá:]
(F.) 중산 계급의 시민, 부르주아

proletariat(e) [pròulitéəriət]
프롤레타리아트, 무산 계급
create [kri:éit] 창조하다
creature [krí:tʃər]
(신의) 창조물, 피조물

TUE

seek [si:k] (p., pp. sought [sɔːt])
찾다, 추구하다
pleasure [pléʒər] 기쁨, 즐거움
trivial [tríviəl] 하찮은, 사소한
sincere [sinsíər] 성실한, 진실한
adore [ədɔ́ːr] 숭배하다

refuge [réfjuːdʒ] 피난, 보호, 은신처

WED

vulgar [vʌ́lgər] 저속한, 속된
burglar [bə́ːrglər]
(주거 침입) 강도, 빈집털이, 밤도둑
exile [égzail] 망명, 추방
improbable [imprɑ́bəbəl]
있을 법 하지 않은, 참말 같지 않은

probable [prɑ́bəbəl]
있음직한, 사실 같은

THU

convert [kənvə́ːrt]
전환하다, 전향시키다
through [θruː] ~통하여, ~꿰뚫어
myriad [míriəd]
무수, 무수한 사람(물건)

imaginary [imǽdʒənèri]
상상의, 가상의
imaginative [imǽdʒənətiv]
상상력이 풍부한
falsehood [fɔ́ːlshùd] 거짓말, 기만

FRI

rare [rɛər] 드문, 진기한
exist [igzíst] 존재하다
existence [igzístəns] 존재
complex [kəmpléks]
복잡한, (문제가) 어려운
horrid [hɔ́ːrid] 무서운(horrible)

Oscar Wilde *1854~1874*

유복한 가정에서 자란 오 스카 와일드는 유년 시절부 터 부모의 영향으로 문학을 가까이했고, 특히 토요일마 다 당대의 문인들을 초대하 여 그의 집에서 열린 살롱은 어린 오스카의 문학적 감수 성을 풍부하게 자라나게 했  다. 또한 9살까지 가정에서 교육을 받으면서 다양한 국적을 가진 하녀들에게서 프랑스어와 독일어를 배우기 도 했다.

그리고 10살이 되던 해 오스카는 포토라 왕립 학교에 입학하여 학업을 시작했 다. 학창 시절의 그는 학교 수업은 게을리하고 문학 작품을 읽는 데 더 열중했다고 전해진다. 그럼에도 오스카는 더블린의 트리니티 대학 진학을 위한 장학금을 받 으며 1871년에 학교를 졸업했다. 트리니티 대학은 당시 고전 문학 분야에서 최고 의 학교였고, 오스카는 그곳에서 존 머해피를 비롯해 저명한 교수들을 만나 3년 간 즐겁게 고전 작품에 빠져 살았다.

March

03

Never love anyone who treats you like you're ordinary. The only one you need in your life is that person who shows you he needs you in his.

당신을 평범한 사람으로 대하는 이를 결코 사랑하지 마라.
당신의 인생에서 필요한 단 한 사람은 당신을 필요로 한다는 걸
그의 삶에서 보여 주는 그런 사람이다.

MON

One should be always play fairly, when one has the winning cards

이길 수 있는 패를 손에 쥐었을 때는 언제나 공정하게 게임을 해야 한다

Whenever a man does a thoroughly stupid thing, it is always from the noblest motives. I can stand brute force, but brute reason is quite unbearable. There is something unfair about its use. It is hitting below the intellect. ✦ One should be always play fairly, when one has the winning cards.

인간은 아주 어리석은 짓을 저지를 때마다 언제나 가장 고귀한 동기에서 출발한다. 나는 잔인한 폭력은 견딜 수 있지만 잔인한 이성은 견딜 수 없다. 그걸 사용함에 있어 공정하지 않은 요소가 있기 때문이다. 그것은 마치 지성의 허리 아래를 치는 것과 같다. ✦ 이길 수 있는 패를 손에 쥐었을 때는 언제나 공정하게 게임을 해야 한다.

문장분석

Whenever a man does a thoroughly stupid thing, it is always from the noblest
_{Every time}

motives. I can stand brute force, but brute reason is quite unbearable. There is
_{endure} _{very}

something unfair/ about its use. It is hitting below the intellect. ✦ One should be
_{You}

always play fairly, when one has the winning cards.

thorough [θə́ːrou]
　철저한, 충분한, 완벽한, 완전한
through [θruː]
　…을 통하여(지나서, 빠져), …을 꿰뚫어
noble [nóubəl] 고귀한, 고상한, 숭고한, 귀족의

brute [bruːt] 짐승, 잔인한
unbearable [ʌnbéərəbəl]
　참을 수 없는, 견딜 수 없는
intellect [intəlèkt] 지력(知力), 지성, 지식인

TUE

To be good is to be in harmony with oneself

선하다는 것은 자기 자신과 조화를 이룬다는 것이다

People fashion their God after their own understanding. They make their God first and worship him afterwards. Any preoccupation with ideas of what is right or wrong in conduct show an arrested intellectual development. To be good is to be in harmony with oneself. Discord is to be in harmony with others.

사람들은 자신의 이해를 바탕으로 자신만의 신을 만든다. 먼저 자신의 신을 만든 다음, 그 신을 숭배한다. 어떤 행동을 할 때 무엇이 옳고 무엇이 그른지에 대한 생각에 선입관을 갖는 것은 지적 성장이 멈췄음을 보여주는 것이다. 선하다는 것은 자기 자신과 조화를 이룬다는 것이다. 불화는 타자(他者)와 조화를 이루도록 강요받는 것을 의미한다.

문장분석

People fashion their God/ after their own understanding. They make their God
　　　　make　　　　　　　~에 따라서

first and worship him afterwards. (Any preoccupation) with ideas of what is right
　　　　　　　　　　　　나중에, 그후

or wrong in conduct show an arrested intellectual development. To be good is to

be in harmony with oneself. Discord is to be in harmony with others.
　　　　　　　　　　　　　　　　　　의무

worship [wə́ːrʃip] 숭배하다, 예배
preoccupation [priakjəpéiʃən]
　선입관, 편견, 몰두, 전심, 열중
conduct [kándʌkt] 행위, 행동, 품행

arrest [ərést] 체포하다, 막다
intellectual [intəléktʃuəl] 지적인, 지식인
development [divéləpmənt]
　발달, 발전, 성장(growth)

We are not sent into the world to air our moral prejudices

우리는 도덕적 편견을 떠벌리려고 이 세상에 온 것이 아니다

I never approve, or disapprove, of anything now. It is an absurd attitude to take towards life. We are not sent into the world to air our moral prejudices. In this world there are only two tragedies. One is not getting what one wants, and the other is getting it.

이제 나는 그 무엇도 인정하거나 부정하지 않는다. 그것은 삶에 대해 취하는 불합리한 태도다. 우리는 도덕적 편견을 떠벌리려고 이 세상에 온 것이 아니다. 이 세상에는 오직 두 가지 비극이 있을 뿐이다. 하나는 우리가 원하는 것을 갖지 못하는 것이고, 다른 하나는 그것을 갖는 것이다.

문장분석

I never approve, or disapprove, of anything now. It is an absurd attitude to take towards life. We are not sent into the world/ to air our moral prejudices. In this world/ there are only two tragedies. One is not getting what one wants, and the other is getting it.

approve [əprúːv] 시인하다, 찬성하다
disapprove [dìsəprúːv]
 ···을 안 된다고 하다, 인가하지 않다, 비난하다
absurd [æbsə́ːrd] 불합리한, 부조리한

attitude [ǽtitjùːd] 태도, 마음가짐
towards [təwɔ́ːrdz] ···쪽으로, ···로 향하여
prejudice [prédʒədis] 편견, 선입관
tragedy [trǽdʒədi] 비극

I represent to you all the sins you never had the courage to commit

난 당신이 감히 범할 용기조차 내보지 못했던 모든 죄악을 상징한다

You will always be fond of me. I represent to you all the sins you never had the courage to commit. I don't want to go to heaven. None of my friends are there. ✦ The only way to get rid of temptation is to yield to it···, I can resist everything but temptation.

당신은 언제나 나를 좋아할 것이다. 난 당신이 감히 범할 용기조차 내보지 못했던 모든 죄악을 상징하기 때문이다. 난 천국엔 가고 싶지 않다. 거기엔 내 친구들이 아무도 없기 때문이다. ✦ 유혹을 없애는 유일한 방법은 유혹에 굴복하는 것이다···, 나는 유혹 말고는 뭐든지 이겨낼 수 있다.

문장분석

You will always be fond of me. I represent to you all the sins (that) you never had
~을 좋아하다
the courage to commit. I don't want to go to heaven. None of my friends are

there. ✦ The only way to get rid of temptation is to yield to it···, I can resist every-

thing but temptation.
except

fond [fɑnd] 좋아서, 다정한
sin [sin] (종교·도덕상의) 죄, 죄악
crime [kraim] (법률상의) 죄, 범죄 (행위)
represent [rèprizént]
표현하다, 상징하다, 나타내다

courage [kə́:ridʒ] 용기
commit [kəmit] 범하다, 저지르다, 위임하다
temptation [temptéiʃən] 유혹
yield [ji:ld] 양보하다, 굴복하다
resist [rizist] ~에 저항하다

THU

Whenever people agree with me I always feel I must be wrong

사람들이 내 생각에 동의할 때마다 나는 늘 내가 틀린 건 아닐까 하는 느낌을 받는다

There are moments when one has to choose between living one's own life, fully, entirely, completely – or dragging out some false, shallow, degrading existence that the world in its hypocrisy demands. ✦ Whenever people agree with me I always feel I must be wrong.

살다 보면 충만하고 온전하며 완전하게 자신의 삶을 사는 것과, 위선으로 가득한 세상이 요구하는 거짓되고 천박하며 타락한 삶을 끌고 가야 하는 것 사이에서 선택을 해야만 할 때가 있다. ✦ 사람들이 내 생각에 동의할 때마다 나는 늘 내가 틀린 건 아닐까 하는 느낌을 받는다.

문장분석

There are moments when one has to choose between living one's own life, fully, entirely, completely – or dragging out some false, shallow, degrading existence that the world in its hypocrisy demands. ✦ Whenever people agree with me, I always feel (that) I must be wrong.

entirely [entáiərli] 아주, 완전히; 오로지
complete [kəmplíːt] 완전한, 완벽한
drag [dræg] (무거운 것을) 끌다, 질질 끌다
false [fɔːls] 그릇된, 틀린
shallow [ʃǽlou] 얕은, 천박한

degrade [digréid]
…의 지위를 낮추다, 타락시키다
existence [igzístəns] 존재, 생활, 생존
hypocrisy [hipάkrəsi] 위선

MON

thorough [θə́:rou]
철저한, 충분한, 완벽한, 완전한
through [θruː]
…을 통하여(지나서, 빠져),
…을 꿰뚫어
noble [nóubəl]
고귀한, 고상한, 숭고한, 귀족의

brute [bruːt] 짐승, 잔인한
unbearable [ʌnbɛ́ərəbəl]
참을 수 없는, 견딜 수 없는
intellect [íntəlèkt]
지력(知力), 지성, 지식인

TUE

worship [wə́:rʃip] 숭배하다, 예배
preoccupation [prìakjəpéiʃən]
선입관, 편견, 몰두, 전심, 열중
conduct [kándʌkt] 행위, 행동, 품행
arrest [ərést] 체포하다, 막다
intellectual [intəléktʃuəl]
지적인, 지식인

development [divéləpmənt]
발달, 발전, 성장(growth)

WED

approve [əprúːv] 시인하다, 찬성하다
disapprove [dìsəprúːv]
…을 안 된다고 하다, 인가하지 않다,
비난하다
absurd [æbsə́ːrd]
불합리한, 부조리한

attitude [ǽtitjùːd] 태도, 마음가짐
towards [təwɔ́ːrdz]
…쪽으로, …로 향하여
prejudice [prédʒədis] 편견, 선입관
tragedy [trǽdʒədi] 비극

THU

fond [fɑnd] 좋아서, 다정한
sin [sin] (종교·도덕상의) 죄, 죄악
crime [kraim]
(법률상의) 죄, 범죄 (행위)
represent [rèprizént]
표현하다, 상징하다, 나타내다

courage [kə́:ridʒ] 용기
commit [kəmít]
범하다, 저지르다, 위임하다
temptation [temptéiʃən] 유혹
yield [jiːld] 양보하다, 굴복하다
resist [rizíst] ~에 저항하다

FRI

entirely [entáiərli]
아주, 완전히; 오로지
complete [kəmplíːt] 완전한, 완벽한
drag [dræg]
(무거운 것을) 끌다, 질질 끌다
false [fɔːls] 그릇된, 틀린

shallow [ʃǽlou] 얕은, 천박한
degrade [digréid]
…의 지위를 낮추다, 타락시키다
existence [igzístəns]
존재, 생활, 생존
hypocrisy [hipákrəsi] 위선

Discontent is the first step in the progress of a man or a nation

불만은 인간이나 국가의 진보에 있어서 필요한 첫 번째 단계다

While in the opinion of society, Contemplation is the gravest sin of which any citizen can be guilty, in the opinion of the highest culture it is the proper occupation of man. ✦ Discontent is the first step in the progress of a man or a nation.

사회의 관점에서 관조는 시민이 저지를 수 있는 범죄 중 가장 심각한 죄악인 반면, 고도의 문화적 관점에서는 인간의 지당한 업(業)이다. ✦ 불만은 인간이나 국가의 진보에 있어서 필요한 첫 번째 단계다.

문장분석

While in the opinion of society, Contemplation is (the gravest sin) which any citizen

can be guilty of, in the opinion of the highest culture, it is the proper occupation

of man. ✦ Discontent is (the first step) in the progress of a man or a nation.

---

opinion [əpínjən] 의견, 견해, 여론
society [səsáiəti] 사회, 공동체
contemplation [kÀntəmpléiʃən]
　주시, 숙고, 관조(觀照)
grave [greiv] 진지한, 중대한, 무덤
guilty [gílti] 유죄의

proper [prápər] 적당한, 타당한, 지당한, 상응하는
occupation [Àkjəpéiʃən]
　직업(vocation), 업무, 일
discontent [dìskəntént] 불만, 불평
progress [prágres] 전진, 진보

One merely wanders round and round within the circle of one's own personality

우리는 다만 타고난 본성의 테두리 안에서 끊임없이 돌고 돌 뿐이다

There is no such thing as changing one's life: one merely wanders round and round within the circle of one's own personality. Nothing is worth doing except what the world says is impossible. ✦ People don't understand that criticism is prejudice, because to understand one must love, and to love one must have passion. It is only the unimaginative who are ever fair.

자신의 삶은 바꿀 수 있는 그런 게 아니다. 우리는 다만 타고난 본성의 테두리 안에서 끊임없이 돌고 돌 뿐이다. 세상 사람들이 불가능하다고 말하는 것을 제외하고 할 만한 가치가 있는 것은 아무것도 없다. ✦ 비평이 편견이라는 사실을 사람들이 이해하지 못하는 것은 무언가를 이해하려면 그것을 사랑해야 하고, 사랑하기 위해서는 열정이 있어야 하기 때문이다. 언제나 공정한 사람들은 상상력이 없는 사람들뿐이다.

문장분석

There is no <u>such</u> thing <u>as</u> changing one's life: <u>one</u> <u>merely</u> wanders round and
round/ within the circle of <u>one's</u> own personality. Nothing is worth doing/ except
what (the world says) is impossible. ✦ People don't understand that criticism is
prejudice, because to understand/ <u>one</u> must love, and to love/ <u>one</u> must have
passion. It is only the unimaginative who are ever fair.
강조구문

wander [wándər] 헤매다, 돌아다니다
wonder [wʌ́ndər] 의아하게 여기다, 놀라움, 경탄
personality [pə̀:rsənǽləti] 개성, 성격
worth [wəːrθ] …할 만한 가치가 있는

criticism [krítisizəm] 비평, 비판
prejudice [prédʒədis] 편견, 선입관
imaginative [imǽdʒənətiv] 상상력이 풍부한

I wonder who it was defined man as a rational animal

인간을 이성적 동물로 정의한 사람이 누구였는지 궁금하다

I wonder who it was defined man as a rational animal. It was the most premature definition ever given. Man is many things, but he is not rational. One is tempted to define man as a rational animal who always loses his temper when he is called upon to act in accordance with the dictates of his reason.

인간을 이성적 동물로 정의한 사람이 누구였는지 궁금하다. 그건 인간을 정의한 것 중에서 가장 섣부른 정의였다. 인간을 여러 가지로 정의할 수 있지만 이성적인 동물은 아니다. 이성의 지시에 따라 행동하도록 요구할 때마다 냉정을 잃고 마는 이성적 동물로 인간을 규정하고 싶은 때가 종종 있다.

문장분석

I wonder (who it was) defined man as a rational animal. It was the most premature definition ever given. Man is many things, but he is not rational. One is tempted to define man as (a rational animal) who always loses his temper / when he is called upon to act in accordance with the dictates of his reason.

지금까지

참을성을 잃다, 성질내다

요구하다   ~에 따라

wonder [wʌ́ndər]
알고 싶어 하다, 궁금하다, 놀라움
premature [priːmətjúər]
조숙한, 너무 이른, 시기상조의
rational [rǽʃənl] 이성적인, 합리적인
tempt [tempt]
…의 마음을 끌다, 유혹하다, 부추기다

temper [témpər] 침착, 평정, 기질, 성질
accordance [əkɔ́ːrdəns] 일치, 조화, 부합
dictate [díkteit]
명령, 지시, (말하여) 받아쓰게 하다
reason [ríːzən] 이성, 이유(cause)

There are just two sorts of people; they are either charming or tedious

오직 두 종류의 사람들만 존재한다, 매력적이거나 지루하거나

"Do you know I am afraid that good people do a great deal of harm in this world."
"Certainly the greatest harm they do is that they make badness of such extraordinary importance. It is absurd to divide people into good and bad. People are either charming or tedious."

"착한 사람들이 이 세상에 엄청난 해를 끼치고 있는 게 걱정될 정도인 거 알아요?"
"그들이 끼치는 가장 큰 해악은, 악을 엄청 중요하게 부각시켜 버린다는 겁니다. 사람들을 선과 악 두 부류로 나눈다는 건 말도 안 돼요. 사람들은 매력적이거나 지루하거나 둘 중 하나일 뿐입니다."

문장분석

"Do you know (that) I am afraid that good people do a great deal of harm/ in this
very much
world?"

"Certainly, (the greatest harm) (that) they do is that they make badness of (such
Surely
extraordinary) importance. (It) is absurd (to divide) people (into) good and bad.
important
People are either charming or tedious."

afraid [əfréid] 두려워하는, 무서워하는
harm [hɑːrm] (정신적·물질적인) 해(害), 손해, 손상
certainly [sə́ːrtənli] 확실히, 꼭, 의심 없이, 반드시, (강조) 정말
extraordinary [ikstrɔ́ːrdənèri] 대단한, 보통이 아닌, 엄청난

absurd [æbsə́ːrd] 불합리한, 부조리한, 터무니없는, 우스꽝스런
divide [diváid] 나누다, 분류하다
tedious [tíːdiəs] 지루한, 싫증나는

Progress has been made through disobedience and through rebellion

우리의 진보는 불복종과 반항을 통해서 이루어졌다

As for being discontented, a man who would not be discontented with such surroundings and such a low mode of life would be a perfect brute. Disobedience, in the eyes of any one who has read history, is man's original virtue. It is through disobedience that progress has been made, through disobedience and through rebellion.

불만에 대해 말할 것 같으면, 그런 환경과 비참한 삶의 방식에 불만을 표시하지 않는 사람은 완전히 짐승이나 다름없다. 역사책을 읽어본 사람의 눈에 불복종은 인간의 고유한 덕목이기 때문이다. 우리의 진보는 불복종을 통해서, 불복종과 반항을 통해서 이루어졌다.

문장분석

As for being discontented, (a man) who would not be discontented with such
~에 관해서는
surroundings and such a low mode of life would be a perfect brute. Disobe-
dience, in the eyes of (any one) who has read history, is man's original virtue. It is
강조구문
through disobedience that progress has been made, through disobedience and
through rebellion.

---

discontent [dìskəntént]
불만, 불평, 불만을 품게 하다
surrounding [səráundiŋ]
(보통 pl.) (주위) 환경, 주위의 상황

brute [bru:t] 짐승, 잔인한
disobedience [dìsəbí:diəns] 불순종, 불복종
virtue [vә́:rtʃu:] 미덕, 덕, 덕행
rebellion [ribéljən] 반항, 반란

Vocabulary Of The Week

MON

opinion [əpínjən] 의견, 견해, 여론
society [səsáiəti] 사회, 공동체
contemplation [kɑ̀ntəmpléiʃən]
주시, 숙고, 관조(觀照)
grave [greiv] 진지한, 중대한, 무덤
guilty [gílti] 유죄의

proper [prɑ́pər]
적당한, 타당한, 지당한, 상응하는
occupation [ɑ̀kjəpéiʃən]
직업(vocation), 업무, 일
discontent [dìskəntént] 불만, 불평
progress [prɑ́gres] 전진, 진보

TUE

wander [wɑ́ndər]
헤매다, 돌아다니다
wonder [wʌ́ndər]
의아하게 여기다, 놀라움, 경탄
personality [pə̀rsənǽləti]
개성, 성격

worth [wə:rθ] …할 만한 가치가 있는
criticism [krítisizəm] 비평, 비판
prejudice [prédʒədis] 편견, 선입관
imaginative [imǽdʒənətiv]
상상력이 풍부한

WED

wonder [wʌ́ndər]
알고 싶어 하다, 궁금하다, 놀라움
premature [prì:mətjúə̀r]
조숙한, 너무 이른, 시기상조의
rational [rǽʃənl] 이성적인, 합리적인
tempt [tempt]
…의 마음을 끌다, 유혹하다, 부추기다

temper [témpər]
침착, 평정, 기질, 성질
accordance [əkɔ́:rdəns]
일치, 조화, 부합
dictate [díkteit]
명령, 지시, (말하여) 받아쓰게 하다
reason [rí:zən] 이성, 이유(cause)

THU

afraid [əfréid]
두려워하는, 무서워하는
harm [hɑ:rm]
(정신적·물질적인) 해(害), 손해, 손상
certainly [sə́:rtənli]
확실히, 꼭, 의심 없이, 반드시, (강조)
정말

extraordinary [ikstrɔ́:rdənèri]
대단한, 보통이 아닌, 엄청난
absurd [æbsə́:rd]
불합리한, 부조리한, 터무니없는,
우스꽝스런
divide [diváid] 나누다, 분류하다
tedious [tí:diəs] 지루한, 싫증나는

FRI

discontent [dìskəntént]
불만, 불평, 불만을 품게 하다
surrounding [səráundiŋ]
(보통 pl.) (주위) 환경, 주위의 상황
brute [bru:t] 짐승, 잔인한

disobedience [dìsəbí:diəns]
불순종, 불복종
virtue [və́:rtʃu:] 미덕, 덕, 덕행
rebellion [ribéljən] 반항, 반란

MON

When we are good we are not always happy

우리가 선하다고 해서 언제나 행복한 것은 아니다

When we are happy we are always good, but when we are good we are not always happy. ✦ The good end happily and the bad unhappily; that is what Fiction means. I don't like novels that end happily. They depress me so much.

우리가 행복할 때는 언제나 선할 수 있다. 그러나 우리가 선하다고 해서 언제나 행복한 것은 아니다. ✦ 선한 사람들은 행복하게 끝나고, 악한 사람들은 불행하게 끝난다. '허구'는 그런 것이다. 나는 해피엔딩 소설을 좋아하지 않는다. 그런 소설은 나를 매우 우울하게 만들기 때문이다.

문장분석

When we are happy/ we are always good, but when we are good/ we are not always happy. ✦ The good (people) end happily and the bad (people) unhappily; that is what Fiction means. I don't like novels that end happily. They depress me/ so much.

fiction [fikʃən] 소설, 꾸민 이야기, 허구
depress [diprés]
　풀이 죽게 하다, 우울하게 하다, 불경기로 만들다
depression [dipréʃən]
　의기소침, 우울, 불경기, 불황

impress [imprés]
　…에게 감명을 주다, …을 감동시키다
repress [riprés] 억누르다, 제지하다, 진압하다

Prayer must never be answered: if it is, it becomes correspondence

기도는 결코 응답받아서는 안 된다. 응답을 받으면 편지가 되기 때문이다

He[Christ] is just like a work of art himself. He does not really teach one anything, but by being brought into his presence one becomes something. ✦ Prayer must never be answered: if it is, it ceases to be prayer and becomes correspondence.

그리스도는 그 자신이 하나의 예술 작품과도 같다. 그는 우리에게 특별히 무언가를 가르치진 않지만, 그와 마주하면 우린 무언가가 되기 때문이다. ✦ 기도는 결코 응답받아서는 안 된다. 응답을 받으면 더 이상 기도가 아니라 편지가 되기 때문이다.

문장분석

He[Christ] is just like a work of art himself. He does not really teach one anything,
~같은 / us
but by being brought into his presence/ one becomes something. ✦ Prayer must
we
never be answered: if it is (answered), it ceases to be prayer and becomes correspondence.

presence [prézəns]
현존, 실재, (사람이) 있는 자리, 면전
prayer [prɛər] 기도
prayer [préiər] 기도하는 사람
pray [prei] 기도하다

cease [siːs]
그만두다(desist), (…하는 것을) 멈추다
correspondence [kɔ̀ːrəspándəns]
교신, 서신 왕래, 일치, 조화

Every saint has a past and every sinner has a future

모든 성인에게는 과거가 있고, 모든 죄인에게는 미래가 있다

Everyone may not be good, but there's always something good in everyone. Never judge anyone shortly because every saint has a past and every sinner has a future. ✦ Misfortunes one can endure – they come from outside, they are accidents. But to suffer for one's own faults – ah! - there is the sting of life!

모든 사람이 선하지 않을지도 모른다. 하지만 모두에게는 언제나 선한 무언가가 있다. 누군가를 섣불리 판단하지 마라. 모든 성인에게는 과거가 있고, 모든 죄인에게는 미래가 있다. ✦ 불행은 견딜 수 있다. 그것은 외부에서 온 것이며, 우연한 사고 같은 것이니까. 그러나 자신의 잘못으로 인해 고통을 겪는다는 것, 아! 거기에는 인생의 아픔이 있다!

문장분석

Everyone may not be good, but there's always something good in everyone.

Never judge anyone shortly/ because every saint has a past and every sinner

has a future. ✦ One can endure misfortunes – they come from outside, they are

accidents. But to suffer for one's own faults – ah! - there is the sting of life!
　　　　　　　　　　원인

misfortune [misfɔ́:rtʃən] 불운, 불행	suffer [sʌ́fər] 경험하다, 당하다
endure [endjúər] 견디다, 참다	fault [fɔ:lt] 과실, 잘못(mistake)
accident [ǽksidənt] 사고, 재난	sting [stiŋ] 찌르다, 쏘기, 아픔, 자극

Humility is the ultimate discovery at which I have arrived

겸손은 내가 도달한 궁극의 발견이다

Humility is the last thing left in me, and the best: the ultimate discovery at which I have arrived: the starting-point for a fresh development. It has come to me right out of myself, so I know that it has come at the proper time. Had anyone told me of it, I would have rejected it. Had it been brought to me, I would have refused it. As I found it, I want to keep it.

겸손은 내게 남은 마지막이자 최고의 선물이었다. 내가 도달한 궁극의 발견이자, 새로운 성장을 위한 출발점이었다. 그것은 내게서 비롯되어 내게로 왔으며 따라서 난 그것이 적절한 시기에 내게 왔음을 안다. 만약 누군가가 내게 그것에 대해 말했다면 난 거부했을 것이다. 만약 누군가가 내게 그것을 가져다주었다면 난 그것을 거절했을 것이다. 그러나 난 스스로 그것을 발견했기 때문에 간직하려 한다.

문장분석

Humility is the last thing (that is) left in me, and the best: the ultimate discovery which I have arrived at: the starting-point/ for a fresh development. It has come to me right out of myself, so I know that it has come/ at the proper time. If
···에서
anyone had told me of it, I would have rejected it. If it had been brought to me, I would have refused it. As I found it, I want to keep it.
Because

humility [hju:míləti] 겸손, 겸양, 비하(卑下)   proper [prάpər] 적당한, 타당한, 지당한
ultimate [ʌ́ltəmit] 최후의, 궁극의, 최종적인   reject [ridʒékt] 거절하다, 무시하다
development [divéləpmənt] 발달, 발전, 성장   refuse [rifjú:z] 거절하다, 거부하다

There's no necessity to separate the monarch from the mob; all authority is bad

군주와 군중을 구분할 필요가 없다. 모든 권력은 사악하기 때문이다

There is this to be said in favor of the despot, that he, being an individual, may have culture, while the mob, being a monster, has none. One who is an Emperor and King may stoop down to pick up a brush for a painter, but when the democracy stoops down it is merely to throw mud. But there is no necessity to separate the monarch from the mob; all authority is equally bad.

독재자에 관해 우호적으로 말할 수 있는 한 가지는 괴물이나 다름없는 군중은 교양이 전혀 없는 반면, 한 개인으로서 독재자는 교양이 있을 수 있다는 사실이다. 황제나 왕은 화가의 붓을 집어 주기 위해 몸을 굽힐 수 있지만, 민주주의가 몸을 굽힐 때는 단지 진흙을 집어던지기 위해서다. 그러나 사실 군주와 군중을 구분할 필요는 없다. 모든 권력은 똑같이 사악하기 때문이다.

문장분석

There is this to be said in favor of the despot, that he, being an individual, may
~에 찬성하여, 편들어

have culture, while the mob, being a monster, has none. One who is an Emperor
한편   no culture

and King may stoop down to pick up a brush/ for a painter, but when the

democracy stoops down/ it is merely to throw mud. But there is no necessity to
only

separate the monarch from the mob; all authority is equally bad.

---

despot [déspət] 전제 군주, 독재자
individual [indəvídʒuəl] 개인, 개인적인
mob [mɑb] 군중, 폭도, 야유하는 무리
emperor [émpərər] 황제, 제왕
stoop [stu:p] 몸을 꾸부리다, 굽히다

necessity [nisésəti] 필요, 필요성
separate [sépərèit] 분리하다
monarch [mɑ́nərk] 군주, 주권자, 제왕
authority [əθɔ́:riti] 권위, 권력

MON

fiction [fikʃən]
소설, 꾸민 이야기, 허구

depress [diprés]
풀이 죽게 하다, 우울하게 하다,
불경기로 만들다

depression [dipréʃən]
의기소침, 우울, 불경기, 불황

impress [imprés]
…에게 감명을 주다, …을 감동시키다

repress [riprés]
억누르다, 제지하다, 진압하다

TUE

presence [prézəns]
현존, 실재, (사람이) 있는 자리, 면전

prayer [prɛər] 기도

prayer [préiər] 기도하는 사람

pray [prei] 기도하다

cease [siːs]
그만두다(desist), (…하는 것을)
멈추다

correspondence [kɔ̀ːrəspándəns]
교신, 서신 왕래, 일치, 조화

WED

misfortune [misfɔ́ːrtʃən] 불운, 불행

endure [endjúər] 견디다, 참다

accident [æksidənt] 사고, 재난

suffer [sʌ́fər] 경험하다, 당하다

fault [fɔːlt] 과실, 잘못(mistake)

sting [stiŋ] 찌르다, 쏘기, 아픔, 자극

THU

humility [hjuːmíləti]
겸손, 겸양, 비하(卑下)

ultimate [ʌ́ltəmit]
최후의, 궁극의, 최종적인

development [divéləpmənt]
발달, 발전, 성장

proper [prápər]
적당한, 타당한, 지당한

reject [ridʒékt] 거절하다, 무시하다

refuse [rifjúːz] 거절하다, 거부하다

FRI

despot [déspət] 전제 군주, 독재자

individual [ìndəvídʒuəl]
개인, 개인적인

mob [mɑb] 군중, 폭도, 야유하는 무리

emperor [émpərər] 황제, 제왕

stoop [stuːp] 몸을 꾸부리다, 굽히다

necessity [nisésəti] 필요, 필요성

separate [sépərèit] 분리하다

monarch [mánərk]
군주, 주권자, 제왕

authority [əθɔ́ːriti] 권위, 권력

MON

Our virtues are most frequently but vices disguised

우리의 미덕은 대부분 위장된 악덕에 지나지 않는다

Religion is like a blind man looking in a black room for a black cat that isn't there, and finding it. The worst vice of a fanatic is his sincerity. ✦ Our virtues are most frequently but vices disguised. I am not in favour of this modern mania for turning bad people into good people at a moment's notice. As a man sows so let him reap.

종교는 눈먼 사람이 캄캄한 방에서 그곳에 없는 검은 고양이를 찾다가 그걸 발견하는 것과 같다. 광신자의 최악의 악덕은 그의 성실이다. ✦ 우리의 미덕은 대부분 위장된 악덕에 지나지 않는다. 나는 나쁜 사람들을 순식간에 착한 사람들로 바꿔 놓는 이런 현대적 열기에 동의할 수 없다. 사람은 뿌린 대로 거둬야 한다.

문장분석

Religion is like a blind man looking/ in a black room/ for a black cat that isn't there, and finding it. The worst vice of a fanatic is his sincerity. ✦ Our virtues are most frequently but vices (that are) disguised. I am not in favour of this modern
only   ~에 찬성하여
mania for turning bad people into good people at a moment's notice. As a man
곧바로, 즉시, 즉각
sows/ so let him reap.

vice [vais] 악덕, 악, 사악
fanatic [fənǽtik] 광신자, 열광자
sincerity [sinsérəti] 성실, 성의, 진실, 진심
virtue [və́ːrtʃu:] 미덕, 선행

frequently [fríːkwəntli] 종종, 때때로, 빈번히
mania [méiniə] 열중, 열광
sow [sou] (씨를) 뿌리다
reap [riːp] 수확하다, 거둬들이다

TUE

In the world of fact the wicked are not punished, nor the good rewarded

사실로 이루어진 세상에서는 나쁜 이들이 벌을 받지도,
착한 이들이 보상을 받지도 않는다

There is something about success, actual success, that is a little unscrupulous, something about ambition that is unscrupulous always. In the common world of fact the wicked are not punished, nor the good rewarded. Success is given to the strong, failure thrust upon the weak. That is all.

성공에는, 현실적인 성공에는 비양심적인 무언가가 어느 정도 있을 수 있고 야망에는 비양심적인 어떤 것이 언제나 함께 한다. 사실로 이루어진 보통 세상에서는 나쁜 이들이 벌을 받지도, 착한 이들이 보상을 받지도 않는다. 성공은 강한 사람들에게 주어지고, 실패는 약한 사람들에게 돌진한다. 그뿐이다.

문장분석

There is (something about success, actual success) that is a little unscrupulous, (something about ambition) that is unscrupulous always. In the common world of fact/ the wicked are not punished, nor the good rewarded. Success is given to the strong, failure thrust upon the weak. That is all.

scrupulous [skrúːpjələs]
양심적인, 견실한, 신중한, 빈틈없는, 꼼꼼한
ambition [æmbíʃən] 대망, 야심, 야망
wicked [wíkid] 악한, 사악한, 불의(不義)의

punish [pʌ́niʃ] (사람 또는 죄를) 벌하다, 응징하다
reward [riwɔ́ːrd] ~에게 보답하다, 보상, 응보
thrust [θrʌst] 밀다, 밀어내다, 밀어넣다

Selfishness is asking others to live as one wishes to live

이기주의는 타인에게 내가 원하는 방식으로 살라고 요구하는 것이다

Selfishness is not living as one wishes to live, it is asking others to live as one wishes to live. Unselfishness recognizes infinite variety of type as a delightful thing, accepts it, acquiesces in it, enjoys it. A red rose is not selfish because it wants to be a red rose. It would be horribly selfish if it wanted all the other flowers in the garden to be both red and roses.

이기주의란 내가 원하는 대로 사는 것이 아니라 타인에게 내가 원하는 방식으로 살라고 요구하는 것이다. 비이기심은 무한히 다양한 유형을 아주 유쾌한 것으로 인식하며 받아들이고 묵인하고 즐긴다. 붉은 장미가 붉은 장미가 되기를 원한다고 해서 이기적인 것은 아니다. 그러나 붉은 장미가 정원의 모든 꽃들이 붉어지고 장미가 되기를 원한다면 그건 지독히 이기적이라 할 수 있다.

문장분석

Selfishness is not living as one wishes to live, it is asking others to live as one
〜대로
wishes to live. Unselfishness recognizes infinite variety of type as a delightful
various
thing, accepts it, acquiesces in it, enjoys it. A red rose is not selfish because it
wants to be a red rose. It would be horribly selfish/ if it wanted all the other
very
flowers/ in the garden to be both red and (be) roses.

selfish [sélfiʃ] 이기적인, 이기주의의
recognize [rékəgnàiz] 알아보다, 인식하다
infinite [ínfənit] 무한한, 무수한
variety [vəráiəti] 변화, 다양(성)

delightful [diláitfəl] 매우 기쁜, 즐거운
acquiesce [æ̀kwiés] 묵묵히 따르다, 묵인하다
horrible [hɔ́ːrəbəl] 무서운, 지독한

When Right is not Might, it is Evil

힘이 없는 정의는 악과 다를 바 없다

There is only one thing worse than Injustice, and that is Justice without her sword in her hand. When Right is not Might, it is Evil. ✦ You like everyone; that is to say, you are indifferent to everyone. The one duty we owe to history is to re-write it.

불의보다 나쁜 한 가지는 그 손에 칼을 쥐고 있지 않은 정의다. 힘이 없는 정의는 악과 다를 바 없다. ✦ 당신은 모든 사람을 좋아한다. 그건 즉 당신이 모두에게 무관심하다는 뜻이다. 우리가 역사에 지고 있는 유일한 의무는 역사를 다시 쓰는 것이다.

문장분석

There is only one thing (that is) worse than Injustice, and that is Justice without her sword in her hand. When Right is not Might, it is Evil. ✦ You like everyone; that is to say, you are indifferent to everyone. The one duty (that) we owe to
즉, 말하자면
history is to re-write it.

---

injustice [indʒʌ́stis] 부정, 불법, 불의, 불공평
sword [sɔːrd] 검(劍), 칼, 무력
might [mait] 힘, 권력, 실력, 완력
evil [iːvəl] 나쁜, 사악한

indifferent [indífərənt] 무관심한, 냉담한
duty [djúːti] 의무, 본분
owe [ou] 빚지고 있다, 지불할 의무가 있다

Good people exasperate one's reason; bad people stir one's imagination

착한 사람들은 우리의 이성을 약오르게 하지만 나쁜 사람들은 우리의 상상력을 자극한다

"Are all men bad?"
"Oh, all of them, my dear, all of them without exception. And they never grow any better. Men become old, but they never become good." ✦ Bad people are, from the point of view of art, fascinating studies. They represent colour, variety and strangeness. Good people exasperate one's reason; bad people stir one's imagination.

"모든 남자들이 다 나쁜가요?"
"오, 모든 남자들이 그래요. 전부 다, 예외 없이요. 왜냐하면 남자들은 결코 철드는 법이 없으니까요. 남자들은 나이를 먹지, 절대 착해지지는 않아요." ✦ 예술의 관점에 볼 때, 나쁜 사람들은 매혹적인 연구 대상이다. 그들은 자기 나름의 색깔이 있고, 다양하고 특이하기까지 하다. 착한 사람들은 우리의 이성을 약오르게 하지만 나쁜 사람들은 우리의 상상력을 자극한다.

문장분석

"Are all men bad?"

"Oh, all of them, my dear, all of them/ without exception. And they never grow
                                                              become
any better. Men become old, but they never become good." ✦ Bad people are,
더 좋은, 나아지는
from the point of view of art, fascinating studies. They represent colour, variety
        관점, 생각   show
and strangeness. Good people exasperate one's reason; bad people stir one's

imagination.

---

exasperate [igzǽspərèit] 약오르게 하다   stir [stəːr] 휘젓다, 자극하다, 흥분시키다

Vocabulary Of The Week

MON

vice [vais] 악덕, 악, 사악
fanatic [fənǽtik] 광신자, 열광자
sincerity [sinsérəti]
성실, 성의, 진실, 진심
virtue [və́:rtʃuː] 미덕, 선행

frequently [fríːkwəntli]
종종, 때때로, 빈번히
mania [méiniə] 열중, 열광
sow [sou] (씨를) 뿌리다
reap [riːp] 수확하다, 거둬들이다

TUE

scrupulous [skrúːpjələs]
양심적인, 견실한, 신중한, 빈틈없는,
꼼꼼한
ambition [æmbíʃən] 대망, 야심, 야망
wicked [wíkid]
악한, 사악한, 불의(不義)의

punish [pʌ́niʃ]
(사람 또는 죄를) 벌하다, 응징하다
reward [riwɔ́:rd]
~에게 보답하다, 보상, 응보
thrust [θrʌst]
밀다, 밀어내다, 밀어넣다

WED

selfish [sélfiʃ] 이기적인, 이기주의의
recognize [rékəgnàiz]
알아보다, 인식하다
infinite [ínfənit] 무한한, 무수한
variety [vəráiəti] 변화, 다양(성)

delightful [diláitfəl]
매우 기쁜, 즐거운
acquiesce [ækwiés]
묵묵히 따르다, 묵인하다
horrible [hɔ́:rəbəl] 무서운, 지독한

THU

injustice [indʒʌ́stis]
부정, 불법, 불의, 불공평
sword [sɔːrd] 검(劍), 칼, 무력
might [mait] 힘, 권력, 실력, 완력
evil [íːvəl] 나쁜, 사악한

indifferent [indífərənt]
무관심한, 냉담한
duty [djúːti] 의무, 본분
owe [ou]
빚지고 있다, 지불할 의무가 있다

FRI

exasperate [igzǽspərèit]
약오르게 하다
stir [stəːr]
휘젓다, 자극하다, 흥분시키다

Oscar Wilde 1874~1878

트리니티 대학을 우수한 성적으로 졸업한 오스카는 옥스퍼드 대학의 머들린 칼리지에서 학업을 이어 나갔다. 그 특유의 충동적인 기질은 이때부터 이미 두드러졌는데, 프리메이슨 회원으로 가입하는가 하면 신부 서약을 진지하게 고민할 정도로 가톨릭 사상에 심취했다. 퇴폐적인 데카당스 운동의 선봉에 서서 독특한 헤어스타일과 의복을 고집했고, 자신의 방을 기상천외한 장식품들로 가득 채우기도 했다.

STUDIES

IN THE HISTORY OF THE

RENAISSANCE

BY

WALTER H. PATER

FELLOW OF BRASENOSE COLLEGE, OXFORD

London
MACMILLAN AND CO.
1873

[All rights reserved]

그런 가운데 오스카는 자신의 인생을 뒤바꿀 책 『르네상스 역사에 관한 연구』를 접했다. 옥스퍼드 대학의 교수였던 월터 페이터의 이 저작은 예술이 다른 어떤 목적이 아닌 오직 '아름다움'만을 추구해야 한다고 역설했다. 오스카가 훗날 유미주의의 지도자 격으로 활동하는 데에는 이 책이 끼친 영향이 지대했다.

April

04

Every great love has its tragedy,
and now ours has too. Hatred is blind,
as well as love.

모든 위대한 사랑은 나름의 비극을 지니고 있다. 우리의 사랑도 그렇다.
증오 또한 맹목적이다, 사랑과 마찬가지로.

MON

There is a good deal of selfishness in a mother's love

어머니의 사랑 속에는 상당한 이기심이 포함되어 있다

A mother's love is very touching, of course, but it is often curiously selfish. I mean, there is a good deal of selfishness in it. The longer I live······ the more likely I feel that whatever was good enough for our fathers is not good enough for us. ✦ Children begin by loving their parents. After a time they judge them. Rarely, if ever, do they forgive them.

물론 어머니의 사랑은 감동적이지만 이상하게도 이기적일 때도 많다. 내 말은, 어머니의 사랑 속에는 상당한 이기심이 포함되어 있다는 거다. 살아갈수록······ 내가 절실히 느끼는 것은, 우리 아버지들에게 충분히 좋았던 것은 그게 무엇이든 우리에겐 충분히 좋은 게 아니라는 사실이다. ✦ 아이들은 부모를 사랑하면서 인생을 시작한다. 그러다 얼마 지나지 않아 부모를 판단한다. 그리고 간혹 있긴 하지만 거의 부모를 용서하지 않는다.

문장분석

A mother's love is very touching, of course, but it is often curiously selfish. I mean, there is a good deal of selfishness in it. The longer I live ······ the more likely
　　내 말은　　　　많은　　　　　　　　 ~하면 ~할 수록　　더 ~하다
I feel that whatever was good enough for our fathers is not good enough for us.
　　　　　anything that
✦ Children begin by loving their parents. After a time/ they judge them. Rarely, if
　　　　　　　　　　　　　　　　　　　　　　　　　　　　　　　~있다 하더라도
ever, do they forgive them.
　　　　문장 앞 부정어로 인한 도치

touching [tʌtʃɪŋ] 감동적인, 마음을 건드리는　　　likely [láikli] 있음직한, ~할 것 같은
curiously [kjúəriəsli]　　　　　　　　　　　　　whatever [hwatévər]
　진기한 듯이, 호기심에서, 이상하게도　　　　　　　···하는(···인) 것은 무엇이든
selfish [sélfiʃ] 이기적인, 이기주의의　　　　　　　rarely [réərli] 드물게, 좀처럼 ···하지 않는(seldom)

All thought is immoral and its very essence is destruction

모든 생각은 부도덕하고 생각의 본질은 파괴다

Education is an admirable thing, but it is well to remember from time to time that nothing that is worth knowing can be taught. ✦ All thought is immoral. Its very essence is destruction. If you think of anything, you kill it. Nothing survives being thought of.

교육은 훌륭한 것이지만 알 만한 가치가 있는 것은 교육에서 배울 수 있는 게 아니라는 사실을 때때로 떠올릴 필요가 있다. ✦ 모든 생각은 부도덕하고 생각의 본질은 파괴다. 무언가를 생각하면 우리는 그것을 죽이게 된다. 생각에서 살아남는 것은 아무것도 없기 때문이다.

문장분석

Education is an admirable thing, but it is **well** to remember (from time to time)
　　　　　　　　　　　　　　　　　　　바람직한　　　　　　　　　　　　sometimes
that (nothing) that is worth knowing can be taught. ✦ All thought is immoral. Its

very essence is destruction. If you think of anything, you kill it. Nothing survives

being thought of.

admirable [ǽdmərəbəl] 감탄할 만한, 훌륭한
worth [wə:rθ]
　…의 가치가 있는, …할 만한 가치가 있는
thought [θɔ:t] 생각하기, 사색, 사고

immoral [imɔ́(:)rəl] 부도덕한; 행실 나쁜
essence [ésəns] 본질, 진수, 핵심
destruction [distrʌ́kʃən] 파괴, 파멸
survive [sərváiv] …의 후까지 살아남다

A truth ceases to be a truth when more than one person believes in it

진실은 한 사람 이상이 그것을 믿는 순간, 더 이상 진실이 아니다

Sooner or later we are all called upon to decide on the same issue – of us all, the same question is asked. At every single moment of one's life one is what one is going to be no less than what one has been. ✦ A truth ceases to be a truth when more than one person believes in it.

조만간 우리 모두는 똑같은 문제에 관해 결정을 내려야 할 순간을 맞는다. 우리 모두가 똑같은 질문을 받게 되는 것이다. 삶의 매 순간마다 우린 과거의 자신이기도 하고 미래의 자신이기도 하다. ✦ 진실은 한 사람 이상이 그것을 믿는 순간, 더 이상 진실이 아니다.

문장분석

Sooner or later we are all called upon to decide on the same issue – of us all, the
조만간   요구하다
same question is asked. At every single moment of one's life/ one is what one
                                                              일반인
is going to be no less than what one has been. ✦ A truth ceases to be a truth/
            …와 마찬가지로
when more than one person believes in it.

decide [disáid] 결정하다
decision [disíʒən] 결심, 해결
moment [móumənt] 순간, 찰나, 단시간

momentary [móuməntèri] 순간의, 잠깐의
cease [si:s] 그만두다, 멈추다
truth [tru:θ] 진리, 참

The value of an idea has nothing to do with the sincerity of the speaker

어떤 생각의 가치는 말하는 사람의 진실성과는 상관이 없다

The value of an idea has nothing whatsoever to do with the sincerity of the man who expresses it. Indeed, the probabilities are that the more insincere the man is, the more purely intellectual will the idea be, as in that case it will not be coloured by either his wants, his desires, or his prejudices.

어떤 생각의 가치는 말하는 사람의 진실성과는 아무런 상관이 없다. 사실, 말하는 사람이 불성실할수록 그 생각은 순수할 만큼 지적일 가능성이 더 크다. 말하는 이의 필요나 욕망, 또는 편견에 생각이 물들지 않게 되는 그런 경우처럼.

문장분석

The value of an idea has nothing whatsoever to do with the sincerity of the man who expresses it. Indeed, the probabilities are that the more insincere the man is, the more purely intellectual will the idea be, as in that case it will not be coloured by either his wants, his desires, or his prejudices.

~와 관계가 없다 / 전혀(at all) / ~하면 할수록 / 더 ~하다 / ~처럼

---

value [vǽlju:] 가치, 유용성
sincerity [sinsérəti] 성실, 성의, 진실
express [iksprés] 표현하다, 나타내다
indeed [indíːd] 실로, 참으로
probability [prὰbəbíləti]
있음직함, 일어남직함, 가망

purely [pjúərli] 순수하게
intellectual [intəléktʃuəl] 지적인, 지식인
desire [dizáiər] 욕망(하다)
prejudice [prédʒədis] 편견, 선입관

Truth is independent of facts always

진실은 언제나 사실과는 별개다

Yes, the objective form is the most subjective in matter. Man is least himself when he talks in his own person. Give him a mask, and he will tell you the truth. Truth is independent of facts always.

그렇다, 객관적인 형식은 실제로는 가장 주관적인 내용을 담고 있다. 인간은 자기 자신으로서 이야기할 때 자신과 가장 멀어진다. 그에게 가면을 줘 보라, 그러면 그는 진실을 말하게 될 것이다. 진실은 언제나 사실과는 별개이기 때문이다.

문장분석

Yes, the objective form is the most subjective/ in matter. Man is least himself/
가장 적게

when he talks in his own person. Give him a mask, and he will tell you the truth.
~할 때

Truth is independent of facts always.
···과 관계없이, ···과 별개로

objective [əbdʒéktiv] 객관적인
subjective [səbdʒéktiv] 주관적인
matter [mǽtər] 내용, 주제

independent [ìndipéndənt] 독립한, 자유로운
dependent [dipéndənt] 의존하는, 종속관계의

Vocabulary Of The Week

MON

touching [tʌtʃɪŋ]
감동적인, 마음을 건드리는
curiously [kjúəriəsli]
진기한 듯이, 호기심에서, 이상하게도
selfish [sélfiʃ] 이기적인, 이기주의의
likely [láikli] 있음직한, ~할 것 같은

whatever [hwʌtévər]
···하는(···인) 것은 무엇이든
rarely [réərli]
드물게, 좀처럼 ···하지 않는(seldom)

TUE

admirable [ædmərəbəl]
감탄할 만한, 훌륭한
worth [wə:rθ]
···의 가치가 있는, ···할 만한 가치가
있는
thought [θɔ:t] 생각하기, 사색, 사고

immoral [imɔ́(:)rəl]
부도덕한; 행실 나쁜
essence [ésəns] 본질, 진수, 핵심
destruction [distrʌ́kʃən] 파괴, 파멸
survive [sərváiv]
···의 후까지 살아남다

WED

decide [disáid] 결정하다
decision [disíʒən] 결심, 해결
moment [móumənt]
순간, 찰나, 단시간
momentary [móuməntèri]
순간의, 잠깐의

cease [si:s] 그만두다, 멈추다
truth [tru:θ] 진리, 참

THU

value [vǽlju:] 가치, 유용성
sincerity [sinsérəti] 성실, 성의, 진실
express [iksprés]
표현하다, 나타내다
indeed [indí:d] 실로, 참으로
probability [prὰbəbíləti]
있음직함, 일어남직함, 가망

purely [pjúərli] 순수하게
intellectual [ìntəléktʃuəl]
지적인, 지식인
desire [dizáiər] 욕망(하다)
prejudice [prédʒədis] 편견, 선입관

FRI

objective [əbdʒéktiv] 객관적인
subjective [səbdʒéktiv] 주관적인
matter [mǽtər] 내용, 주제
independent [ìndipéndənt]
독립한, 자유로운

dependent [dipéndənt]
의존하는, 종속관계의

MON

We teach people how to remember, we never teach them how to grow

우리는 사람들에게 기억하는 법을 가르치고,
성장하는 법은 결코 가르치지 않는다

We, in our educational system, have burdened the memory with a load of unconnected facts, and laboriously striven to impact our laboriously-acquired knowledge. We teach people how to remember, we never teach them how to grow. It has never occurred to us to try and develop in the mind a more subtle quality of apprehension and discernment.

오늘날의 교육제도 속에서 우리는 서로 아무 연관성 없는 사실들로 기억에 무거운 짐을 지우고는, 어렵게 습득한 우리의 지식을 힘들게 전달하기 위해 애쓴다. 우리는 사람들에게 기억하는 법을 가르치고, 성장하는 법은 결코 가르치지 않는다. 우리의 정신 속에 이해와 분별 같은 좀 더 섬세한 자질이 발달되도록 노력해야 한다는 생각을 우리는 하지 않는다.

문장분석

We, in our educational system, have burdened the memory with a load of unconnected facts, and laboriously striven to impact our laboriously-acquired knowledge. We teach people how to remember, we never teach them how to grow. It has never occurred to us to try and develop in the mind a more subtle quality of apprehension and discernment.

burden [bə́:rdn]
무거운 짐, ~에게 짐을 지우다, 괴롭히다
load [loud] 무거운 짐, 부담, 분담량
laborious [labɔ́:riəs] 힘드는, 고된
impact [impǽkt] …에 꽉 채우다, 밀착시키다

develop [divéləp] 발전시키다, 발달시키다
subtle [sʌ́tl] 미묘한
apprehension [æ̀prihénʃən] 이해, 체포, 염려
discern [disə́:rn] 분별하다, 식별하다, 통찰하다

Give children beauty instead of history or geography

아이들에게 아름다움을 가르치라, 역사나 지리 대신에

Give children beauty, not the record of bloody slaughters and barbarous brawls, as they call history, or of the latitude and longitude of places nobody cares to visit, as they call geography.

아이들에게 아름다움을 가르치라. 우리가 역사라고 부르는, 피비린내 나는 살육과 야만적인 싸움의 기록을 가르치지 말고. 그리고 우리가 지리라고 부르는, 아무도 가 볼 생각을 하지 않는 곳들의 위도나 경도를 가르치는 대신에.

문장분석

Give children beauty, not the record of bloody slaughters and barbarous brawls, as they call history, or of the latitude and longitude of (places) nobody cares to visit, as they call geography.

bloody [blʌ́di]
피나는, 피를 흘리는(bleeding), 피투성이의

slaughter [slɔ́ːtər] 도살(butchering), 살육, 학살

barbarous [báːrbərəs]
야만스러운(savage), 미개한

brawl [brɔːl] 말다툼(하다), 대소동

latitude [lǽtətjùːd] 위도(緯度)

longitude [lándʒətjùːd] 경도(經度)

geography [dʒiːɑ́grəfi] 지리, 지세, 지형(地形)

April 095

Handicraft should be the basis of education for children

수공예가 어린이를 위한 교육의 기본이 되어야 한다

Children have a natural antipathy to books – handicraft should be the basis of education. A school should be the most beautiful place in every town and village – so beautiful that the punishment for undutiful children should be that they should be debarred from going to school the following day.

아이들은 책에 타고난 반감을 가지고 있다. 따라서 수공예가 교육의 기본이 되어야 한다. 학교는 모든 도시와 마을에서 가장 아름다운 장소가 되어야 한다. 너무나 아름다워서, 의무를 다하지 않은 아이들에게 다음 날 학교 가는 걸 금지하는 것이 그들에게 내리는 벌이 되도록 해야 한다.

문장분석

Children have a natural antipathy to books – handicraft should be the basis of

education. A school should be the most beautiful place/ in every town and village

– so beautiful that the punishment for undutiful children should be that they
　　 너무 ~해서 ~하다

should be debarred from going to school/ the following day.

antipathy [æntípəθi] 반감, 혐오
handicraft [hǽndikræft] 수공예, 솜씨
punishment [pʌ́niʃmənt] 벌, 형벌, 처벌
undutiful [ʌndjúːtifl]
　의무를 다하지 않는, 불충실한

duty [djúːti] 의무, 본분, 임무, 관세(關稅)
debar [dibáːr]
　(어떤 장소·상태에서) 내쫓다, 제외하다, 금하다
following [fálouiŋ] 다음의, 그 뒤에 오는

Hugo and Shakespeare have exhausted every subject, even in sin

위고와 셰익스피어는 모든 주제를 고갈시켜 버렸다, 심지어 죄악에서조차

Literature always anticipates life. It does not copy it, but moulds it to its purpose. ✦ Between them Hugo and Shakespeare have exhausted every subject. Originality is no longer possible – even in sin. So there are no real emotions left – only extraordinary adjectives.

문학은 언제나 삶을 앞지른다. 삶을 모방하는 게 아니라 자신의 목적에 맞게 삶을 빚는다. ✦ 위고와 셰익스피어는 그들끼리 모든 주제를 고갈시켜 버렸다. 독창적인 것은 더 이상 가능하지 않다. 심지어 죄악에서조차 그렇다. 따라서 이제 진정한 감동 또한 남아 있는 게 없다. 단지 몇몇 특별한 형용사들만이 남아 있을 뿐이다.

문장분석

Literature always anticipates life. It does not copy it, but moulds it/ to its purpose.

✦ Between them/ Hugo and Shakespeare have exhausted every subject. Origi-
그들끼리
nality is no longer possible – even in sin. So there are no real emotions (that are)
심지어
left – (there are) only extraordinary adjectives.

literature [lítərətʃər] 문학
anticipate [æntísəpèit] 예상하다, 예감하다
exhaust [igzɔ́:st]
다 써버리다(use up), 고갈시키다
subject [sʌ́bdʒikt] 주제, 화제

originality [ərìdʒənǽləti] 독창성
extraordinary [ikstrɔ́:rdənèri]
대단한, 보통이 아닌, 비범한
adjective [ǽdʒiktiv] 형용사

To know the vintage and quality of a wine one need not drink the whole cask

포도주가 얼마나 오래 묵었고 품질이 어떤지를 알기 위해
한 통을 다 마실 필요는 없다

To know the vintage and quality of a wine one need not drink the whole cask. It must be perfectly easy in half an hour to say whether a book is worth anything or worth nothing. Ten minutes are really sufficient, if one has the instinct for form.

포도주가 얼마나 오래 묵었고 품질이 어떤지를 알기 위해 한 통을 다 마실 필요는 없다. 책이 어떤 가치가 있는지 또는 아무런 가치가 없는지를 판단하는 데는 넉넉잡아 삼십 분이면 충분하다. 형식에 대한 본능이 발달해 있다면 십 분으로도 충분하다.

문장분석

To know the vintage and quality of a wine/ one need not drink the whole cask. It
　　　　　　　　　　　　　　　　you
must be perfectly easy/ in half an hour/ to say whether a book is worth anything

or worth nothing. Ten minutes are really sufficient, if one has the instinct for

form.

vintage [víntidʒ]
　포도 수확(기), 제조 연도, 오래되고 가치 있는
quality [kwɑ́ləti] 질, 품질
quantity [kwɑ́ntəti] 양(量), 분량
cask [kæsk] 통(barrel), 한 통(의 양)

worth [wəːrθ]
　…의 가치가 있는, …할 만한 가치가 있는
sufficient [səfíʃənt] 충분한, 족한
instinct [ínstiŋkt] 본능, 직관

Vocabulary Of The Week

MON

burden [bə́:rdn]
무거운 짐, ~에게 짐을 지우다,
괴롭히다
load [loud] 무거운 짐, 부담, 분담량
laborious [ləbɔ́:riəs] 힘드는, 고된
impact [ímpækt]
…에 꽉 채우다, 밀착시키다

develop [divéləp]
발전시키다, 발달시키다
subtle [sʌ́tl] 미묘한
apprehension [æ̀prihénʃən]
이해, 체포, 염려
discern [disə́:rn]
분별하다, 식별하다, 통찰하다

TUE

bloody [blʌ́di]
피나는, 피를 흘리는(bleeding),
피투성이의
slaughter [slɔ́:tər]
도살(butchering), 살육, 학살
barbarous [bɑ́:rbərəs]
야만스러운(savage), 미개한

brawl [brɔ:l] 말다툼(하다), 대소동
latitude [lǽtətjù:d] 위도(緯度)
longitude [lɑ́ndʒətjù:d] 경도(經度)
geography [dʒiːɑ́grəfi]
지리, 지세, 지형(地形)

WED

antipathy [æntípəθi] 반감, 혐오
handicraft [hǽndikræ̀ft]
수공예, 솜씨
punishment [pʌ́niʃmənt]
벌, 형벌, 처벌
undutiful [ʌndjú:tifl]
의무를 다하지 않는, 불충실한

duty [djú:ti]
의무, 본분, 임무, 관세(關稅)
debar [dibɑ́:r]
(어떤 장소·상태에서) 내쫓다,
제외하다, 금하다
following [fɑ́louiŋ]
다음의, 그 뒤에 오는

THU

literature [lítərətʃər] 문학
anticipate [æntísəpèit]
예상하다, 예감하다
exhaust [igzɔ́:st]
다 써버리다(use up), 고갈시키다
subject [sʌ́bdʒikt] 주제, 화제

originality [ərìdʒənǽləti] 독창성
extraordinary [ikstrɔ́:rdənèri]
대단한, 보통이 아닌, 비범한
adjective [ǽdʒiktiv] 형용사

FRI

vintage [víntidʒ]
포도 수확(기), 제조 연도, 오래되고
가치 있는
quality [kwɑ́ləti] 질, 품질
quantity [kwɑ́ntəti] 양(量), 분량
cask [kæsk] 통(barrel), 한 통(의 양)

worth [wə:rθ]
…의 가치가 있는, …할 만한 가치가
있는
sufficient [səfíʃənt] 충분한, 족한
instinct [ínstiŋkt] 본능, 직관

You are what you read

당신이 읽는 것이 곧 당신 자신이다

To tell people what to read is, as a rule, either useless or harmful; for the appreciation of literature is a question of temperament not of teaching. You are what you read. ✦ Industry is the root of all ugliness.

사람들에게 무엇을 읽어야 할지를 말하는 것은 대체로 아무런 소용이 없거나 유해한 일이다. 문학을 감상하는 것은 기질의 문제지 교육의 문제가 아니기 때문이다. 당신이 읽는 것이 곧 당신 자신이다. ✦ 근면은 모든 추함의 근원이다.

문장분석

To tell people what to read is, as a rule, either useless or harmful; for the appreci-
일반적으로, 대개   because
ation of literature is a question of temperament not (a question) of teaching. You

are(what)you read. ✦ Industry is the root of all ugliness.

harmful [háːrmfəl] 해로운, 해가 되는
appreciation [əpriːʃiéiʃən]
　(올바른) 평가, 판단, 감상, 감사
literature [lítərətʃər] 문학
temperament [témpərəmənt]
　기질, 성질, 성미, 체질

industry [índəstri] 근면, (제조) 공업, 산업
root [ruːt] 뿌리, 근원, 원인
ugliness [ʌ́glinis] 추함, 추악함

Before Turner there was no fog in London

터너 이전에는 런던에 안개가 존재하지 않았다

At present, people see fogs, not because there are fogs, but because poets and painters have taught them the mysterious loveliness of such effects. There may have been fogs for centuries in London, I dare say there were. But no one saw them, and so we do not know anything about them. They did not exist till Art had invented them. Before Turner there was no fog in London.

오늘날 사람들이 안개를 바라보는 것은, 안개가 거기 있어서가 아니라 시인과 화가가 그들에게 그 효과의 신비한 매력을 가르쳐 주었기 때문이다. 아마도 런던에는 몇 세기 전부터 안개가 있었을 것이다. 분명 그랬을 것이다. 그러나 아무도 안개의 특징을 찾아내지 못했고, 그 결과 우리는 안개를 제대로 인식하지도 못했다. 예술이 안개를 상상력으로 구현해낼 때까지 안개는 존재하지 않았던 것이다. 터너 이전에는 런던에 안개가 존재하지 않았다.

문장분석

At present, people see fogs, not because there are fogs, but because poets and painters have taught them the mysterious loveliness of such effects. There may have been fogs/ for centuries/ in London, I dare say there were (fogs). But no
~이었을지 모른다
one saw them, and so we do not know anything about them. They did not exist/ till Art had invented them. Before Turner/ there was no fog in London.

present [prézənt] 현재, 출석한, 선물(하다)
mysterious [mistíəriəs] 신비한, 불가사의한
effect [ifékt] 효과, 결과
affect [əfékt] …에게 영향을 주다

century [séntʃuri] 1세기, 백년
dare [dɛər] 감히 …하다
invent [invént]
  발명하다, 상상력으로 만들다, 창작하다

Between me and life there is a mist of words always

나와 삶 사이에는 언제나 단어의 안개가 끼어 있다

If man cannot find the noblest motives for his art in such simple things as a woman drawing water from a well or a man leaning with his scythe, he will not find them anywhere at all. ✦ Between me and life there is a mist of words always. I throw probability out of the window for the sake of a phrase, and the chance of an epigram makes me desert the truth.

우물에서 물을 긷는 여인이나 낫을 들고 비스듬히 서 있는 남자와 같은 단순한 것들에서 예술을 위한 고귀한 동기를 발견하지 못한다면 그는 그 어디에서도 그것을 찾을 수 없을 것이다. ✦ 나와 삶 사이에는 언제나 단어의 안개가 끼어 있다. 난 하나의 문장을 만들기 위해 창밖으로 개연성을 던져 버린다. 하나의 경구를 만들 수만 있어도 난 기꺼이 진실을 버릴 것이다.

문장분석

If man cannot find the noblest motives for his art/ in such simple things as a woman drawing water from a well or a man leaning with his scythe, he will not find them anywhere at all. ✦ Between me and life/ there is a mist of words always. I throw probability out of the window for the sake of a phrase, and the chance of an epigram makes me desert the truth.

전혀 (전혀)
밖으로 (밖으로)
~을 위하여 (~을 위하여)

draw [drɔː] 끌어 당기다
well [wel] 우물, 샘
lean [liːn] 기대다, 기울다
scythe [saið] (자루가 긴) 큰 낫
mist [mist] (옅은) 안개, 흐릿함
probability [prɑ̀bəbíləti] 확률, 가능성, 개연성

phrase [freiz] 구(句), 관용구(idiom)
epigram [épigræm] 경구(警句)
desert [dizə́ːrt] 버리다, 도망하다
desert [dézərt] 사막, 황무지, 사람이 살지 않는
dessert [dizə́ːrt] 디저트

Prison life makes one see people and things as they really are

감옥 생활은 사람과 사물을 있는 그대로 보게 합니다

I hope to write about prison life and try to change it for others, but it is too terrible and ugly to make a work of art of. I have suffered too much in it to write plays about it. Prison life makes one see people and things as they really are. That is why it turns one to stone.

나는 감옥 생활에 관한 글을 써서, 다른 사람들을 위해 그것을 변화시킬 수 있기를 바랍니다. 하지만 감옥 생활을 가지고 예술 작품을 만들기엔 너무나 끔찍하고 추합니다. 난 그 안에서 너무 많은 고통을 겪어서 그것에 관한 극작품을 쓰지 못할 것 같습니다. 감옥 생활은 사람과 사물을 있는 그대로 보게 합니다. 그래서 감옥 생활은 사람을 돌로 만들어 버리는가 봅니다.

문장분석

I hope to write about prison life and try to change it for others, but it is too terrible and ugly to make a work of art of. I have suffered too much in it to write plays about it. Prison life makes one see people and things as they really are. That is why it turns one to stone.

prisoner [príznər] 죄수, 포로
POW, P.O.W. 전쟁포로(prisoner of war)
terrible [térəbəl] 무서운, 가공할, 소름끼치는
terrific [tərífik] 빼어난, 대단한, 아주 좋은, 멋진
suffer [sʌ́fər] (고통·변화 따위를) 경험하다, 입다, 받다

A *writer is someone who has taught his mind to misbehave*

작가는 자신의 정신에게 비행을 저지르도록 가르쳐 온 사람이다

I am but too conscious of the fact that we are born in an age when only the dull are treated seriously, and I live in terror of not being misunderstood. ✦ A writer is someone who has taught his mind to misbehave. I don't like principles. I prefer prejudices.

오직 어리석은 자들만이 진지하게 받아들여지는 시대에 우리가 태어났다는 걸 나는 유감스럽게도 너무나 잘 알고 있다. 그래서 난 사람들에게 오해받지 못하면 어쩌나 하는 두려움 속에 살고 있다. ✦ 작가는 자신의 정신에게 비행을 저지르도록 가르쳐 온 사람이다. 나는 원칙을 좋아하지 않는다. 난 편견을 더 좋아한다.

문장분석

I am but too conscious of the fact that we are born in an age when only the dull
유감스럽게도 너무나   ~을 알고 있는

are treated seriously, and I live in terror of not being misunderstood. ✦ A writer

is someone who has taught his mind to misbehave. I don't like principles. I prefer

prejudices.

conscious [kánʃəs] 의식하고 있는, 알고 있는
dull [dʌl] 무딘, 둔한
misunderstand [misʌndərstǽnd]
오해하다, 잘못 생각하다
misbehave [misbihéiv]
무례한 행동을 하다, 행실이 나쁘다

principle [prínsəpəl] 원리, 원칙
prefer [prifə́:r] ~을 더 좋아하다
prejudice [prédʒədis] 편견, 선입관

Vocabulary Of The Week

MON

harmful [háːrmfəl] 해로운, 해가 되는
appreciation [əprìːʃiéiʃən]
　(올바른) 평가, 판단, 감상, 감사
literature [lítərətʃər] 문학
temperament [témpərəmənt]
　기질, 성질, 성미, 체질

industry [índəstri]
　근면, (제조) 공업, 산업
root [ruːt] 뿌리, 근원, 원인
ugliness [ʌ́glinis] 추함, 추악함

TUE

present [prézənt]
　현재, 출석한, 선물(하다)
mysterious [mistíəriəs]
　신비한, 불가사의한
effect [ifékt] 효과, 결과
affect [əfékt] …에게 영향을 주다

century [séntʃuri] 1세기, 백년
dare [dɛər] 감히 …하다
invent [invént]
　발명하다, 상상력으로 만들다,
　창작하다

WED

draw [drɔː] 끌어 당기다
well [wel] 우물, 샘
lean [liːn] 기대다, 기울다
scythe [saið] (자루가 긴) 큰 낫
mist [mist] (엷은) 안개, 흐릿함
probability [prὰbəbíləti]
　확률, 가능성, 개연성

phrase [freiz] 구(句), 관용구(idiom)
epigram [épigræm] 경구(警句)
desert [dizə́ːrt] 버리다, 도망하다
desert [dézərt]
　사막, 황무지, 사람이 살지 않는
dessert [dizə́ːrt] 디저트

THU

prisoner [príznər] 죄수, 포로
POW, P.O.W.
　전쟁포로(prisoner of war)
terrible [térəbəl]
　무서운, 가공할, 소름끼치는

terrific [tərífik]
　빼어난, 대단한, 아주 좋은, 멋진
suffer [sʌ́fər]
　(고통·변화 따위를) 경험하다, 입다,
　받다

FRI

conscious [kánʃəs]
　의식하고 있는, 알고 있는
dull [dʌl] 무딘, 둔한
misunderstand [misʌndərstǽnd]
　오해하다, 잘못 생각하다

misbehave [mìsbihéiv]
　무례한 행동을 하다, 행실이 나쁘다
principle [prínsəpəl] 원리, 원칙
prefer [prifə́ːr] ~을 더 좋아하다
prejudice [prédʒədis] 편견, 선입관

I keep on building castles of fairy gold in the air: we Celts always do

난 동화 속 금으로 된 궁전을 허공에 짓고 있다, 우리 켈트족들은 언제나 이렇다

The negotiations over my poems still drag on: as yet no offer, and no money in consequence. Still I keep on building castles of fairy gold in the air: we Celts always do. ✦ The best work in literature is always done by those who do not depend upon it for their daily bread, and the highest form of literature, poetry, brings no wealth to the singer.

내 시(詩)를 놓고 벌어지는 협상은 마냥 늘어지고 있다. 아직 아무런 제안도 없고, 그 결과 들어오는 돈도 없다. 그럼에도 불구하고 난 동화 속 금으로 된 궁전을 허공에 짓고 있다. 우리 켈트족들은 언제나 이렇다. ✦ 가장 훌륭한 문학 작품은 언제나 그것에 생계가 달려 있지 않은 사람들에 의해 태어난다. 그리고 문학의 지고한 형태인 시는 그걸 노래한 시인에게 아무런 부(富)도 가져다주지 않는다.

문장분석

The negotiations over my poems still drag on: as yet/ no offer, and no money
지금으로서는 아직

in consequence. Still/ I keep on building castles of fairy gold in the air: we Celts
그 결과   계속해서 ~하다

always do. ✦ The best work in literature is always done by those who do not

depend upon it for their daily bread, and the highest form of literature, poetry,
~에 달려있다

brings no wealth to the singer.
poet

negotiation [nigòuʃiéiʃən] 협상, 교섭	castle [kǽsl] 성, 대저택
poem [póuim] (한 편의) 시	literature [lítərətʃər] 문학, 문예
poetry [póuitri] (집합적) 시(집)	wealth [welθ] 부(富), 재산(riches)
poet [póuit] 시인, 가인(歌人)	dáily bréad 생계

I want to see my lines gain new music from your lips

내 작품의 대사들이 당신의 입술에서 새로운 음악으로 다시 태어나는 걸 보고 싶다

The dream of the sculptor is cold and silent in the marble, and the painter's vision is immobile on the canvas. I want to see my work return again to life, my lines gain new splendor from your passion, new music from your lips.

조각가의 꿈은 대리석 속에서 말없이 차갑게 식어 가고, 화가의 이상은 캔버스 위에 고요히 머물러 있다. 하지만 나는 내 작품이 다시 삶으로 돌아가고, 나의 대사들이 당신의 열정으로부터 새로운 빛을 얻고, 당신의 입술에서 새로운 음악으로 다시 태어나는 걸 보고 싶다.

문장분석

The dream of the sculptor is cold and silent in the marble, and the painter's

vision is immobile on the canvas. I want to see my work return again to life, my

lines gain new splendor from your passion, new music from your lips.

sculptor [skʌ́lptər] 조각가　　　　　　splendor [splɛ́ndər] 빛남, 화려함
marble [mɑ́ːrbəl] 대리석　　　　　　passion [pǽʃən] 열정
immobile [imóubəl] 움직일 수 없는, 고정된

It is always more difficult to destroy than to create

창조하는 것보다 파괴하는 것이 언제나 더 어렵다

I write because it gives me the greatest possible artistic pleasure to write. If my work pleases the few, I am gratified. If it does not, it causes me no pain. ✦ It is always more difficult to destroy than to create and when what one has to destroy is vulgarity and stupidity, the task of destruction needs not merely courage but also contempt.

내가 글을 쓰는 이유는 글 쓰는 것이 내게 무엇보다 큰 예술적 기쁨을 주기 때문이다. 소수의 사람들만이 내 글을 좋아한다 해도 나는 만족한다. 그렇지 않다 하더라도 난 마음이 조금도 아프지 않다. ✦ 창조하는 것보다 파괴하는 것이 언제나 더 어렵다. 그리고 우리가 파괴해야 하는 대상이 천박함과 어리석음일 때는 파괴하는 과업에 용기뿐만 아니라 무시 또한 요구된다.

문장분석

I write/ because it gives me the greatest possible artistic pleasure to write. If my work pleases the few, I am gratified. If it does not, it causes me no pain. ✦ It is
소수
always more difficult to destroy than to create and when what one has to destroy
                                                                                    must
is vulgarity and stupidity, the task of destruction needs not merely courage but also contempt.

pleasure [pléʒər] 기쁨, 즐거움
gratify [grǽtəfài] 기쁘게 하다, 만족시키다
destroy [distrɔ́i] 파괴하다, 부수다
destruction [distrʌ́kʃən] 파괴, 멸망

create [kriéit] 창조하다
vulgarity [vʌlgǽrəti] 천박, 야비함
stupidity [stjuːpídəti] 어리석음
contempt [kəntémpt] 경멸, 모욕

He lives the poetry that he cannot write

그는 자신이 쓸 수 없는 시의 삶을 살고 있다

The popularity of the poem will be largely increased by the author's painful death by starvation. The public love poets to die in that way. It seems to them dramatically right. Perhaps it is. ✦ He lives the poetry that he cannot write. The others write the poetry that they dare not realize.

시의 인기는 시인이 고통스럽게 굶어죽을 때 크게 높아질 것이다. 대중은 시인들이 그런 식으로 죽는 것을 사랑한다. 대중들에게는 그런 드라마틱한 죽음이 옳은 것처럼 보이기 때문이다. 어쩌면 그럴지도 모른다. ✦ 그는 자신이 쓸 수 없는 시의 삶을 살고 있다. 다른 사람들은 자신들이 감히 실현하지 못하는 것을 시로 쓰고 있다.

문장분석

The popularity of the poem will be largely increased by the author's painful death by starvation. The public love poets to die/ in that way. It seems to them dramatically right. Perhaps it is (right). ✦ He lives (the poetry) that he cannot write. The others write (the poetry) that they dare not realize.

popularity [pὰpjəlǽrəti] 인기, 대중성
increase [inkríːs] 늘리다, 늘다
author [ɔ́ːθər] 저자, 작가
pain·ful [péinfəl] 아픈, 괴로운

starvation [stɑːrvéiʃən] 굶주림, 기아; 아사(餓死)
realize [ríːəlàiz] 실현하다, 현실화하다

A thing is not necessarily true because a man dies for it

인간이 무언가를 위해 죽는다고 해서 그것이 반드시 진실인 것은 아니다

A thing is not necessarily true because a man dies for it. What is Truth? In matters of religion, it is simply the opinion that has survied. In matters of science, it is the ultimate sensation. In matters of art, it is one's last mood.

인간이 무언가를 위해 죽는다고 해서 그것이 반드시 진실인 것은 아니다. 진실이 무엇인가? 종교에서의 진실은 단지 살아남은 견해일 뿐이다. 과학에서의 진실은 궁극적 감각이다. 예술에서의 진실은 우리의 마지막 느낌이다.

문장분석

A thing is not necessarily true because a man dies for it. What is Truth? In
반드시 ~인 것은 아니다
matters of religion, it is simply the opinion that has survied. In matters of science,
…에 관해서는
it is the ultimate sensation. In matters of art, it is one's last mood.

necessarily [nèsəsérəli] 필연적으로, 반드시
religion [rilídʒən] 종교
region [ríːdʒən] 지방, 지역, 영역, 분야

opinion [əpínjən] 의견, 견해(view)
ultimate [ʌ́ltəmit] 최후의, 마지막의
sensation [senséiʃən] 감각, 흥분

Vocabulary Of The Week

MON

negotiation [nigòuʃiéiʃən]
　협상, 교섭
poem [póuim] (한 편의) 시
poetry [póuitri] (집합적) 시(집)
poet [póuit] 시인, 가인(歌人)
castle [kǽsl] 성, 대저택

literature [lítərətʃər] 문학, 문예
wealth [welθ] 부(富), 재산(riches)
dáily bréad 생계

TUE

sculptor [skʌ́lptər] 조각가
marble [mɑ́:rbəl] 대리석
immobile [imóubəl]
　움직일 수 없는, 고정된
splendor [spléndər] 빛남, 화려함
passion [pǽʃən] 열정

WED

pleasure [pléʒər] 기쁨, 즐거움
gratify [grǽtəfài]
　기쁘게 하다, 만족시키다
destroy [distrɔ́i] 파괴하다, 부수다
destruction [distrʌ́kʃən] 파괴, 멸망
create [kri:éit] 창조하다

vulgarity [vʌlgǽrəti] 천박, 야비함
stupidity [stju:pídəti] 어리석음
contempt [kəntémpt] 경멸, 모욕

THU

popularity [pɑ̀pjələǽrəti]
　인기, 대중성
increase [inkrí:s] 늘리다, 늘다
author [ɔ́:θər] 저자, 작가
pain·ful [péinfəl] 아픈, 괴로운

starvation [stɑ:rvéiʃən]
　굶주림, 기아; 아사(餓死)
realize [rí:əlàiz]
　실현하다, 현실화하다

FRI

necessarily [nèsəsérəli]
　필연적으로, 반드시
religion [rilídʒən] 종교
region [rí:dʒən]
　지방, 지역, 영역, 분야
opinion [əpínjən] 의견, 견해(view)

ultimate [ʌ́ltəmit] 최후의, 마지막의
sensation [senséiʃən] 감각, 흥분

Oscar Wilde 1878~

옥스퍼드 대학 재학 중 오스카는 1878년 이탈리아의 라벤나 마을을 여행하면서 지은 시 '라벤나'로 뉴디기트라는 문학 신인상을 받았고, 그 해 졸업 시험에서 고전학과 인문학 2과목 최고 득점을 기록하며 우수한 성적으로 졸업을 했다. 이미 '예술을 위한 예술'을 표어로 한 유미주의 운동으로 이름을 떨치고 있던 그는 대학 졸업 후 본격적인 작가 생활을 시작했다.

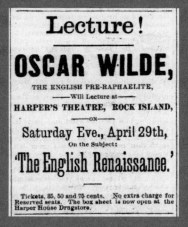

오스카는 런던과 파리 등지에서 미학을 강연했고, 그의 사상과 달변 그리고 독특한 스타일은 큰 화제를 불러 일으켰다. 그의 이러한 성공은 뉴욕 진출로 이어졌고, 미국에서도 각지를 순회하며 작품을 쓰고 강연을 진행하며 일약 유명 인사가 되었다. 다만 이 시기 자신이 쓴 희곡을 직접 뉴욕 무대에서 상연했지만 비평가들의 혹평을 받으며 일주일 만에 막을 내리고 말았다. 선풍적인 인기를 끌었던 오스카의 강연에 비해 아직 그의 작품은 인정을 받지 못하고 있었다.

May
05

An idea that is not dangerous is
unworthy of being called an idea at all.
It is personalities,
not principles, that move the age.

위험하지 않은 생각은 생각이라고 불릴 가치도 없다.
시대를 움직이는 것은 원칙들이 아니라 다양한 개성들이다.

MON

The artistic life is a long and lovely suicide

예술적인 삶은 길고 아름다운 자살 행위다

Morality does not help me. I am a born antinomian. I am one of those who are made for exceptions, not for laws. Sometimes I think that the artistic life is a long and lovely suicide, and am not sorry that it is so.

도덕은 내게 아무런 도움이 되지 못한다. 나는 타고난 도덕률 폐기론자이며, 법이 아니라 예외를 위해 태어난 사람들 중 하나이기 때문이다. 나는 가끔 예술적인 삶은 길고 아름다운 자살 행위라는 생각을 한다. 하지만 난 그런 사실을 유감스럽게 생각하지 않는다.

문장분석

Morality does not help me. I am a born antinomian. I am one of those who are made for exceptions, not for laws. Sometimes/ I think that the artistic life is a long and lovely suicide, and am not sorry that it is so.

morality [mɔ(ː)rǽləti] 도덕, 윤리
born [bɔːrn] 타고난, 선천적인
antinomian [æntinóumiən]
　도덕률 폐기론의, 도덕률 폐기론자

exception [iksépʃən] 예외, 제외
artistic [ɑːrtístik] 예술의, 미술의
suicide [súːəsàid] 자살(하다)

A flower blossoms for its own joy and we gain a moment of joy by looking at it

꽃은 스스로의 즐거움을 위해 피고,
우리는 꽃을 바라봄으로써 한순간 기쁨을 얻는다.

A work of art is useless as a flower is useless. A flower blossoms for its own joy. We gain a moment of joy by looking at it. All art is at once surface and symbol. Those who go beneath the surface do so at their peril. Those who read the symbol do so at their peril.

꽃이 쓸모없는 것처럼 예술 작품은 무용하다. 꽃은 스스로의 즐거움을 위해 피어난다. 우린 꽃을 바라봄으로써 한순간 기쁨을 얻는다. 모든 예술은 표면인 동시에 상징이다. 표면 아래로 향하는 사람들은 위험을 무릅쓰고 그렇게 한다. 상징을 읽는 사람들은 위험을 무릅쓰고 그렇게 한다.

문장분석

A work of art is useless/ as a flower is useless. A flower blossoms/ for its own joy.
~처럼

We gain a moment of joy/ by looking at it. All art is at once surface and symbol.
방법   동시에

Those who go beneath the surface do so/ at their peril. Those who read the

symbol do so/ at their peril.

blossom [blάsəm] 꽃이 피다, 꽃
gain [gein] 얻다, 획득하다
surface [sə́ːrfis] 표면, 외면, 외부

beneath [biníːθ] (바로) 아래(밑)에, 아래쪽에
peril [pérəl] 위험, 모험
perilous [pérələs] 위험한, 위험이 많은, 모험적인

I hate England, it is only bearable to me because you are here

난 영국이라는 나라가 싫다, 오직 당신과 함께할 수 있어서 견딜 뿐이다

The English public, as a mass, takes no interest in a work of art until it is told that the work in question is immoral. ✦ How strange to live in a land where the worship of beauty and the passion of love are considered infamous. I hate England. It is only bearable to me because you are here.

영국의 대중은 문제의 작품이 부도덕하다고 회자되지 않는 한 예술 작품에 흥미를 느끼지 못한다. ✦ 아름다움에 대한 숭배, 사랑의 열정이 수치스럽게 여겨지는 나라에 산다는 것은 참으로 이상한 일이다. 난 영국이라는 나라가 싫다. 오직 당신과 함께할 수 있어서 견딜 뿐이다.

문장분석

The English public, as a mass, takes no interest in a work of art/ until it is told that the work in question is immoral. ✦ How strange/ to live in a land where the worship of beauty and the passion of love are considered infamous. I hate England. It is only bearable to me/ because you are here.

public [pʌ́blik] 대중, 국민, 사회
mass [mæs] 일반 대중, 근로자 계급
immoral [imɔ́(ː)rəl] 부도덕한
worship [wə́ːrʃip] 예배, 숭배

passionate [pǽʃənit] 열렬한, 정렬의
consider [kənsídər] 간주하다, 숙고하다
infamous [ínfəməs] 수치스러운, 불명예스러운
bearable [bɛ́ərəbəl] 견딜 수 있는

116

Stage is the meeting place of all the arts and the return of art to life

무대는 모든 예술이 만나는 곳이며 예술이 삶으로 돌아가는 곳이다

To call an artist morbid because he deals with morbidity as his subject-matter is as silly as if one calls Shakespeare mad because he wrote *King Lear.* ✦ Stage is not merely the meeting place of all the arts, but is also the return of art to life.

예술가가 병적인 것을 주제로 다룬다고 해서 그를 병적이라고 규정하는 것은 세익스피어가 《리어 왕》을 썼다고 해서 그를 미친 사람으로 취급하는 것만큼이나 어리석은 일이다. ✦ 무대는 모든 예술이 만나는 곳일 뿐만 아니라, 예술이 삶으로 돌아가는 곳이기도 하다.

문장분석

To call an artist morbid because he deals with morbidity as his subject-matter is as silly as if one calls Shakespeare mad because he wrote *King Lear.* ✦ Stage is not merely the meeting place of all the arts, but (is) also the return of art to life.

we

morbid [mɔ́:rbid] 병적인, 불건전한,우울한
morbidity [mɔ:rbidəti] 병적인 상태, 불건전성
silly [sili] 어리석은(stupid)

súbject-màtter 제재(題材), 테마, 내용, 주제
stáge frìght 무대 공포증
frighten [fráitn] 두려워하게 하다

The history of a country should live not in books but in its architecture

한 나라의 역사는 책이 아니라 그 나라의 건축물 속에 살아 있어야 한다

Life without industry is barren, and industry without art is barbarism. One production of Michelangelo is worth an hundred of Edison. The history of a country should live not in books but in its architecture. That is most solemnly beautiful record of the past that man can create.

산업이 없는 삶은 메마른 삶이고, 예술이 없는 산업은 야만이다. 미켈란젤로의 작품 하나는 에디슨의 발명품 백 개만큼의 가치가 있다. 한 나라의 역사는 책이 아니라 그 나라의 건축물 속에 살아 있어야 한다. 건축은 인간이 창조할 수 있는, 가장 엄숙하게 아름다운 과거의 기록이기 때문이다.

문장분석

Life without industry is barren, and industry without art is barbarism. One production of Michelangelo is worth an hundred of Edison. The history of a country should live **not** in books/ **but** in its architecture. That is most solemnly beautiful record of the past that man can create.

barren [bǽrən]
　(땅이) 불모의, 메마른, 열매를 못 맺는
barbarism [bá:rbərizəm] 야만, 미개, 만행
worth [wə:rθ]
　…의 가치가 있는, …할 만한 가치가 있는

architecture [á:rkətèktʃər] 건축술(학)
architect [á:rkitèkt] 건축가, 설계자
solemn [sáləm] 엄숙한, 근엄한, 장엄한

Vocabulary Of The Week

May
WEEK I

MON

morality [mɔ(ː)rǽləti] 도덕, 윤리
born [bɔːrn] 타고난, 선천적인
antinomian [æ̀ntinóumiən]
　도덕률 폐기론의, 도덕률 폐기론자
exception [iksépʃən] 예외, 제외
artistic [ɑːrtístik] 예술의, 미술의

suicide [súːəsàid] 자살(하다)

TUE

blossom [blάsəm] 꽃이 피다, 꽃
gain [gein] 얻다, 획득하다
surface [sə́ːrfis] 표면, 외면, 외부
beneath [biníːθ]
　(바로) 아래(밑)에, 아래쪽에
peril [pérəl] 위험, 모험

perilous [pérələs]
　위험한, 위험이 많은, 모험적인

WED

public [pʌ́blik] 대중, 국민, 사회
mass [mæs] 일반 대중, 근로자 계급
immoral [imɔ́(ː)rəl] 부도덕한
worship [wə́ːrʃip] 예배, 숭배
passionate [pǽʃənit]
　열렬한, 정렬의

consider [kənsídər]
　간주하다, 숙고하다
infamous [ínfəməs]
　수치스러운, 불명예스러운
bearable [bɛ́ərəbəl] 견딜 수 있는

THU

morbid [mɔ́ːrbid]
　병적인, 불건전한,우울한
morbidity [mɔːrbídəti]
　병적인 상태, 불건전성
silly [síli] 어리석은(stupid)
súbject-màtter
　제재(題材), 테마, 내용, 주제

stáge fríght 무대 공포증
frighten [fráitn] 두려워하게 하다

FRI

barren [bǽrən]
　(땅이) 불모의, 메마른, 열매를 못 맺는
barbarism [bάːrbərizəm]
　야만, 미개, 만행
worth [wəːrθ]
　…의 가치가 있는, …할 만한 가치가
　있는

architecture [άːrkətèktʃər]
　건축술(학)
architect [άːrkitèkt] 건축가, 설계자
solemn [sάləm]
　엄숙한, 근엄한, 장엄한

It is with the future that we have to deal

우리가 다루어야 할 것은 다름아닌 미래다

The past is of no importance. The present is of no importance. It is with the future that we have to deal. For the past is what man should not have been. The present is what man ought not to be. The future is what artists are.

과거는 중요하지 않다. 현재도 중요하지 않다. 우리가 다루어야 할 것은 다름아닌 미래다. 과거는 우리가 '되지 말았어야 할 모습'이고, 현재는 '우리가 되지 말아야 할 모습'이고, 미래는 '예술가의 모습'이기 때문이다.

문장분석

The past is of no importance. The present is of no importance. It is with the
not important   강조구문
future that we have to deal. For the past is (what) man should not have been. The
         must   Because
present is (what) man ought not to be. The future is what artists are.
                          should not

past [pæst] 지나간, 과거(의)
present [prézənt] 현재, 선물, 출석한
deal [diːl] 다루다, 처리하다, 대처하다
future-proof [fjúːtʃərprùːf]
　미래에 경쟁력을 갖춘, 미래에 경쟁력을 갖추게 하다

presently [prézəntli]
　이내, 곧(soon), 현재(at present)

TUE

A truth in art is that whose contradictory is also true

예술에서는 진실과 정반대되는 것 역시 진실이다

In Art, the public accept what has been, because they cannot alter it, not because they appreciate it. Art only begins where imitation ends. In art there is no such thing as a universal truth. A truth in art is that whose contradictory is also true.

예술에 관한 한 대중은 이미 존재하는 것만 받아들인다. 그것의 진가를 알아봐서가 아니라 그것을 변화시킬 수 없기 때문이다. 예술은 모방이 끝나는 곳에서 비로소 시작된다. 예술에 보편적인 진실 같은 것은 없다. 예술에서는 진실과 정반대되는 것 역시 진실이다.

문장분석

In Art, the public accept what has been, because they cannot alter it, not because they appreciate it. Art only begins/ where imitation ends. In art/ there is no such thing as a universal truth. A truth in art is that whose contradictory is also true.

accept [æksépt] 받아들이다
except [iksépt] …을 제외하고
appreciate [əprí:ʃièit]
평가하다, 감상하다, 감사하다

universal [jù:nəvə́:rsəl]
우주의, 보편적인, 일반적인
contradictory [kɑ̀ntrədíktəri]
모순된, 양립치 않는

One should either be a work of art, or wear a work of art

우리는 하나의 예술 작품이 되든지, 예술 작품을 입든지 해야 한다

When a thing is useless it should be made beautiful, otherwise it has no reason for existing at all. ✦ One should either be a work of art, or wear a work of art. ✦ The artist's mission is to live the complete life: success, as an episode; failure, as the real, the final end.

쓸모가 없는 물건은 아름답게 만들어져야 한다. 그렇지 않으면 그것은 전혀 존재할 이유가 없기 때문이다. ✦ 우리는 하나의 예술 작품이 되든지, 예술 작품을 입든지 해야 한다. ✦ 예술가의 사명은 완전한 삶을 사는 것이다. 예술가는 성공을 하나의 에피소드로, 실패는 현실적이고 궁극적인 목적으로 삼아야 한다.

문장분석

When a thing is useless/ it should be made beautiful, otherwise it has no reason

for existing at all. ✦ One should either be a work of art, or wear a work of art. ✦
　　　　　　　　　전혀　　　　　We You

The artist's mission is to live the complete life: success, as an episode; failure, as

the real, the final end.
　　　　　　　aim

useless [júːslis] 쓸모없는, 무익한　　　　exist [igzíst] 존재하다, 실재하다
otherwise [ʌ́ðərwàiz] 만약 그렇지 않으면　　complete [kəmplíːt] 완전한, 철저한
reason [ríːzən] 이유, 이성

Life is the mirror, and Art the reality

삶이 거울이고 예술은 실재다

Life imitates Art far more than Art imitates Life. Life in fact is the mirror, and Art the reality. This results not merely from Life's imitative instinct, but from the fact that the self-conscious aim of Life is to find expression, and that Art offers it certain beautiful forms through which it may realize that energy.

예술이 삶을 모방하는 것보다 삶이 예술을 훨씬 더 많이 모방한다. 사실은 삶이 거울이고 예술은 실재다. 그건 단지 삶의 모방 본능뿐만 아니라, 삶의 의식적인 목표는 자신을 표현하는 것이라는 사실에서 비롯한다. 그런 예술은 삶에 그 에너지를 구현할 수 있는 어떤 일정한 아름다운 형식들을 제공한다.

문장분석

Life imitates Art far more than Art imitates Life. Life in fact is the mirror, and Art
　　　　　　　훨씬(even, far, much, a lot)　　　　　　　　　　　　사실은, 결국
the reality. This results not merely from Life's imitative instinct, but (also) from the

fact that the self-conscious aim of Life is to find expression, and that Art offers it
　　life
certain beautiful forms through which it may realize that energy.

imitate [ímitèit] 모방하다, 따르다
imitative [ímətèitiv] 모방의, …을 흉내낸
instinct [ínstiŋkt] 본능, 직관
conscious [kánʃəs]
　의식(자각)하고 있는, 알고 있는

expression [ikspréʃən] 표현, 표정
certain [sə́:rtən] 어떤, 일정한, 확신하는
realize [rí:əlàiz] 실현하다, 현실화하다

Popularity is the crown of laurel which the world puts on bad art

대중성은 세상이 보잘것없는 예술에 씌워 주는 월계관이다

There are works which wait, and which one does not understand for a long time; the reason is that they bring answers to questions which have not yet been raised; for the question often arrives a terribly long time after the answer. ✦ Popularity is the crown of laurel which the world puts on bad art.

기다리고 있는 작품들, 오랫동안 사람들에게 이해받지 못하는 작품들이 있다. 그 작품들이 아직 던지지 않은 질문에 대한 답을 제시하고 있기 때문이다. 말하자면, 답이 제시되고 아주 오랜 시간이 지난 뒤에야 질문을 던지는 경우가 종종 있기 때문이다. ✦ 대중성은 세상이 보잘것없는 예술에 씌워 주는 월계관이다.

문장분석

There are (works) which wait, and which one does not understand for a long time;

the reason is that they bring answers to (questions) which have not yet been

raised; for the question often arrives a terribly long time after the answer. ✦
　　　　　because　　　　　　　　　　　　　　very

Popularity is (the crown of laurel) which the world puts on bad art.

---

raise [reiz] 올리다, 일으키다, 제기하다
rise [raiz] 일어나다, 오르다
popularity [pὰpjəlǽrəti] 인기, 대중성

crown [kraun] 왕관
clown [klaun] 어릿광대
laurel [lɔ́:rəl, lɑ́:r-] 월계수, 승리, 명예

MON

past [pæst] 지나간, 과거(의)
present [prézənt] 현재, 선물, 출석한
deal [di:l] 다루다, 처리하다, 대처하다
future-proof [fjú:tʃərprù:f]
　미래에 경쟁력을 갖춘, 미래에
　경쟁력을 갖추게 하다

presently [prézəntli]
　이내, 곧(soon), 현재(at present)

TUE

accept [æksépt] 받아들이다
except [iksépt] …을 제외하고
appreciate [əprí:ʃièit]
　평가하다, 감상하다, 감사하다
universal [jù:nəvə́:rsəl]
　우주의, 보편적인, 일반적인

contradictory [kɑ̀ntrədíktəri]
　모순된, 양립치 않는

WED

useless [jú:slis] 쓸모없는, 무익한
otherwise [ʌ́ðərwàiz]
　만약 그렇지 않으면
reason [rí:zən] 이유, 이성
exist [igzíst] 존재하다, 실재하다
complete [kəmplí:t] 완전한, 철저한

THU

imitate [ímitèit] 모방하다, 따르다
imitative [ímətèitiv]
　모방의, …을 흉내낸
instinct [ínstiŋkt] 본능, 직관
conscious [kɑ́nʃəs]
　의식(자각)하고 있는, 알고 있는

expression [ikspréʃən] 표현, 표정
certain [sə́:rtən]
　어떤, 일정한, 확신하는
realize [rí:əlàiz]
　실현하다, 현실화하다

FRI

raise [reiz]
　올리다, 일으키다, 제기하다
rise [raiz] 일어나다, 오르다
popularity [pɑ̀pjələ́ærəti]
　인기, 대중성
crown [kraun] 왕관

clown [klaun] 어릿광대
laurel [lɔ́:rəl, lɑ́:r-] 월계수, 승리, 명예

MON

The public dislike novelty because they are afraid of it

대중이 새로움을 싫어하는 이유는 그것이 두렵기 때문이다

The one thing that the public dislike is novelty. Any attempt to extend the subject-matter of art is extremely distasteful to the public; and yet the vitality and progress of art depend in a large measure on the continual extension of subject-matter. The public dislike novelty because they are afraid of it.

대중이 아주 싫어하는 것 중의 하나는 새로움이다. 예술의 주제를 확장하고자 하는 어떤 시도에도 대중은 극도의 반감을 보인다. 그런데도 예술의 생명력과 발전은 상당 부분 끊임 없는 주제의 확장에 달려 있다. 대중이 새로움을 싫어하는 이유는 그것이 두렵기 때문이다.

문장분석

(The one thing) that the public dislike is novelty. (Any attempt) to extend the
subject-matter of art is extremely distasteful/ to the public; and yet the vitality
                          very   그런데도
and progress of art depend in a large measure on the continual extension of
                     ~에 달려있다   꽤 많이, 대부분
subject-matter. The public dislike novelty because they are afraid of it.
테마, 내용, 주제   ~이 두려운

public [pʌ́blik] 공중의, 공공의, 국민, 대중
novelty [návəlti] 신기함, 새로움
attempt [ətémpt] 시도하다, 꾀하다
extend [iksténd] 뻗다, 펴다, 내밀다
distasteful [distéistfəl] 맛없는, 싫은

vitality [vaitǽləti] 생명력, 활력
progress [prágres] 전진, 진행, 진보
continual [kəntínjuəl]
잇따른, 계속되는, 연속적인

The true artist is a man who believes absolutely in himself

진정한 예술가는 전적으로 자기 자신을 믿는 사람이다

Art should always remain mysterious. Artists, like Gods, must never leave their pedestals. A true artist takes no notice whatever of the public. The public to him are nonexistent. The true artist is a man who believes absolutely in himself, because he is absolutely himself.

예술은 언제나 신비스러움을 유지해야 한다. 예술가는 신처럼 결코 자신의 자리를 내려와서는 안 된다. 진정한 예술가는 대중에게 조금도 신경 쓰지 않는다. 대중은 그에게 존재하지 않는 것과 같다. 진정한 예술가는 전적으로 자신을 믿는 사람이다. 그는 철저하게 자기 자신이기 때문이다.

문장분석

Art should always remain mysterious. Artists, like Gods, must never leave their

pedestals. A true artist takes no notice whatever of the public. The public to him
　　　　　　　　　　　고려하지 않다

are nonexistent. The true artist is (a man) who believes absolutely in himself,

because he is absolutely himself.

remain [riméin] 남다, 남아 있다
mysterious [mistíəriəs] 신비한, 불가사의한
pedestal [pédəstl] 주춧대, 대좌(臺座)
notice [nóutis] 주목, 주의, 통지
whatever [hwatévər]
  (부정적인 문장에서) 조금의 …도

public [pʌ́blik] 대중, 공공의
existent [igzístənt] 존재하는, 실재하는
absolutely [æ̀bsəlúːtli] 절대적으로, 정말로

To art's subject-matter we should be more or less indifferent

우리는 예술의 주제에 대해 어느 정도 무관심해야 한다

To art's subject-matter we should be more or less indifferent. We should, at any rate, have no preferences, no prejudices, no partisan feeling of any kind. It is exactly because Hecuba is nothing to us that her sorrows are such an admirable motive for a tragedy.

우리는 예술의 주제에 대해 어느 정도 무관심해야 한다. 어쨌든, 선호나 편견, 어떤 종류의 편파적인 감정 같은 것을 가지면 안 된다. 헤카베(트로이 왕 프리아모스의 부인, 헥토르의 어머니)의 슬픔이 비극의 훌륭한 모티프가 될 수 있는 건 바로 그녀가 우리와 아무 상관이 없기 때문이다.

문장분석

To art's subject-matter/ we should be more or less indifferent. We should, at any
    　　　　　　　　　　　　　　　어느 정도, 다소　　　　　　　　　　　　어쨌든

rate, have no preferences, no prejudices, no partisan feeling of any kind. It is
　　　　　　　　　　　　　　　　　　　　　　　　　　　　　　　　　강조구문

exactly because Hecuba is nothing to us that her sorrows are such an admirable
　　　　　　　　　　　　　　　　　　　　　　　　그만큼 ~한

motive for a tragedy.

indifferent [indífərənt] 무관심한, 냉담한
preference [préfərəns] 더 좋아함, 선호, 편애
prejudice [prédʒədis] 편견, 선입관
partisan [páːrtəzən] 당파심이 강한, 빨치산

exactly [igzǽktli] 정확하게, 엄밀히
sorrow [sárou] 슬픔, 비애
admirable [ǽdmərəbəl] 감탄할 만한, 훌륭한
tragedy [trǽdʒədi] 비극

What is abnormal in Life stands in normal relations to Art

삶에서 비정상적인 것은 예술과 정상적인 관계를 맺는다

What is abnormal in Life stands in normal relations to Art. It is the only thing in Life that stands in normal relations to Art. A subject that is beautiful in itself gives no suggestion to the artist. It lacks imperfection.

삶에서 비정상적인 것은 예술과 정상적인 관계를 맺는다. 삶에서 예술과 정상적인 관계를 이루는 건 오직 그것뿐이다. 그 자체로 아름다운 대상은 예술가에게 아무런 암시도 주지 못한다. 그런 대상에는 불완전함이 결여돼 있기 때문이다.

문장분석

What is abnormal in Life stands in normal relations to Art. It is the only thing in Life that stands in normal relations to Art. A subject that is beautiful in itself gives
그 자체로
no suggestion/ to the artist. It lacks imperfection.

abnormal [æbnɔ́ːrməl] 보통과 다른, 정상이 아닌
relation [riléiʃən] 관계, 관련
subject [sʌ́bdʒikt] 주제, 대상, 국민
suggestion [səgdʒéstʃən] 암시, 시사

lack [læk] …이 결핍되다, …이 없다
imperfection [ìmpərfékʃən] 불완전(성), 결함, 결점

Consistency is the last refuge of the unimaginative

일관성은 상상력이 부족한 사람들의 마지막 도피처다

To have been well brought up is a great drawback nowadays. It shuts one out from so much. ✦ Actual life was chaos, but there was something terribly logical in the imagination. Consistency is the last refuge of the unimaginative.

요즘은 잘 자랐다는 것이 커다란 약점이 된다. 그로 인해 많은 것을 보지 못하기 때문이다. ✦ 실제 삶은 혼돈이었지만 상상 속에는 엄청나게 논리적인 무언가가 있었다. 일관성은 상상력이 부족한 사람들의 마지막 도피처다.

문장분석

To have been well <u>brought up</u> is a great drawback nowadays. It <u>shuts</u> <u>one</u> <u>out</u>
 　　　　　　　　　　　키우다　　　　　　　　　　　　　　　　　　you

<u>from</u> so much. ✦ Actual life was chaos, but there was something terribly logical

in the imagination. Consistency is the last refuge of <u>the unimaginative</u>.
 　　　　　　　　　　　　　　　　　　　　　　　　　　　the 형용사: ~한 사람들

drawback [drɔ́ːbæk] 결점, 결함
actual [ǽktʃuəl] 현실의, 실제의, 사실의
chaos [kéiɑs] 혼돈, 무질서, 대혼란
logical [lɑ́dʒikəl] 논리적인, (논리상) 필연의
consistency [kənsístənsi]
　일관성; 언행 일치, 조화

refuge [réfjuːdʒ] 피난, 보호, 은신처
unimaginative [ʌnimǽdʒinətiv]
　상상력이 없는

Vocabulary Of The Week

May
WEEK 3

MON

public [pʌ́blik]
공중의, 공공의, 국민, 대중
novelty [nάvəlti] 신기함, 새로움
attempt [ətémpt] 시도하다, 꾀하다
extend [iksténd] 뻗다, 펴다, 내밀다
distasteful [distéistfəl] 맛없는, 싫은

vitality [vaitǽləti] 생명력, 활력
progress [prάgres] 전진, 진행, 진보
continual [kəntínjuəl]
잇따른, 계속되는, 연속적인

TUE

remain [riméin] 남다, 남아 있다
mysterious [mistíəriəs]
신비한, 불가사의한
pedestal [pédəstl]
주춧대, 대좌(臺座)
notice [nóutis] 주목, 주의, 통지

whatever [hwɑtévər]
(부정적인 문장에서) 조금의 …도
public [pʌ́blik] 대중, 공공의
existent [igzístənt]
존재하는, 실재하는
absolutely [ǽbsəlúːtli]
절대적으로, 정말로

WED

indifferent [indífərənt]
무관심한, 냉담한
preference [préfərəns]
더 좋아함, 선호, 편애
prejudice [prédʒədis] 편견, 선입관
partisan [pάːrtəzən]
당파심이 강한, 빨치산

exactly [igzǽktli] 정확하게, 엄밀히
sorrow [sάrou]슬픔, 비애
admirable [ǽdmərəbəl]
감탄할 만한, 훌륭한
tragedy [trǽdʒədi] 비극

THU

abnormal [æbnɔ́ːrməl]
보통과 다른, 정상이 아닌
relation [riléiʃən] 관계, 관련
subject [sʌ́bdʒikt] 주제, 대상, 국민
suggestion [səgdʒéstʃən]
암시, 시사

lack [læk] …이 결핍되다, …이 없다
imperfection [impərfékʃən]
불완전(성), 결함, 결점

FRI

drawback [drɔ́ːbæk] 결점, 결함
actual [ǽktʃuəl]
현실의, 실제의, 사실의
chaos [kéiɑs] 혼돈, 무질서, 대혼란
logical [lάdʒikəl]
논리적인, (논리상) 필연의

consistency [kənsístənsi]
일관성; 언행 일치, 조화
refuge [réfjuːdʒ] 피난, 보호, 은신처
unimaginative [ʌnimǽdʒinətiv]
상상력이 없는

Humility in the artist is his frank acceptance of all experiences

예술가에게 '겸손'이란 모든 경험들을 있는 그대로 받아들이는 것이다

Just as those who do not love Plato more than Truth cannot pass beyond the threshold of the Academe, so those who do not love Beauty more than Truth never know the inmost shrine of Art. ✦ Humility in the artist is his frank acceptance of all experiences, just as Love in the artist is simply that sense of Beauty that reveals to the world its body and its soul.

진실보다 플라톤을 더 사랑하지 않는 사람들이 아카데미의 문지방을 넘을 수 없는 것처럼, 진실보다 아름다움을 더 사랑하지 않는 사람들은 예술의 가장 은밀한 성지를 들여다볼 수 없다. ✦ 예술가에게 '겸손'이란 모든 경험들을 있는 그대로 받아들이는 것이다. 예술가에게 '사랑'이 단지 그 육체와 영혼을 세상에 드러내 보여 주는 '아름다움'에 대한 감각을 의미하듯이.

문장분석

Just as those who do not love Plato more than Truth cannot pass beyond the
~하는 것처럼
threshold of the Academe, so those who do not love Beauty more than Truth
~하다
never know the inmost shrine of Art. ✦ Humility in the artist is his frank accep-
tance of all experiences, just as Love in the artist is simply that sense of Beauty
that reveals to the world its body and its soul.

---

threshold [θréʃhould] 문지방, 문간, 입구
academe [ækədìːm]
 학구적인 세계, (A-) (고대 아테네의) 아카데미 학원
inmost [inmòust] 맨 안쪽의, 가장 내부의

shrine [ʃrain] 전당, 성지, 성골함
humility [hjuːmíləti] 겸손
frank [fræŋk] 솔직한, 숨김없는
acceptance [ækséptəns] 받아들임

In the case of an artist, weakness is a crime

예술가에게 나약함은 바로 죄악이다

Make some sacrifice for your art, and you will be repaid; but ask of Art to sacrifice herself for you, and a bitter disappointment may come to you. In the case of an artist, weakness is nothing less than a crime, when it is a weakness that paralyze the imagination.

당신의 예술을 위해 얼마간 희생하라, 그러면 그에 대한 보상을 받게 되리라. 그러나 예술에게 당신을 위해 희생할 것을 요구하면 언젠가는 쓰디쓴 실망을 맛보게 될 것이다. 예술가에게 나약함은 바로 죄악이다. 그것이 상상력을 마비시키는 나약함이라면.

문장분석

Make some sacrifice for your art, and you will be repaid; but ask of Art to sacrifice
~에게 요구하다

herself for you, and a bitter disappointment may come to you. In the case of an

artist, weakness is nothing less than a crime, when it is a weakness that paralyze
바로 ~이다

the imagination.

---

sacrifice [sǽkrəfàis] 희생, 제물
bitter [bitər] 쓴, 모진, 냉혹한
disappointment [dìsəpɔ́intmənt]
실망, 기대에 어긋남

crime [kraim] 죄, 범죄 행위
criminal [krímənl] 범죄의, 범죄자
paralyze [pǽrəlàiz] 마비시키다, 무력화 시키다

With us, Thought is degraded by its constant association with practice

우리는 실용성과 끊임없이 결부되면서 생각이 점점 천박해지고 있다

The aim of art is simply to create a mood. Is such a mode of life unpractical? Ah! it is not so easy to be unpractical as the ignorant Philistine imagines. It were well for England if it were so. There is no country in the world so much in need of unpractical people as this country of ours. With us, Thought is degraded by its constant association with practice.

예술의 목적은 단지 분위기를 조성하는 것이다. 그런 삶의 방식이 비실용적인 것일까? 아! 비실용적으로 산다는 게 무지한 속물이 상상하는 것만큼 그리 쉬운 일은 아니다. 그게 쉬운 일이었다면 영국으로서는 잘된 일이었을 것이다. 세상에서 영국만큼 비실용적인 사람들을 간절히 필요로 하는 나라도 없기 때문이다. 우리는 실용성과 끊임없이 결부되면서 생각이 점점 천박해지고 있다.

문장분석

The aim of art is simply to create a mood. Is such a mode of life unpractical? Ah!
(it) is not so easy/ (to be unpractical) as the ignorant Philistine imagines. It were
well for England if it were so. There is no country in the world/ so much in need
of unpractical people as this country of ours. With us, Thought is degraded/ by
its constant association with practice.

ignorant [ígnərənt] 무지한
Philistine [fíləsti:n]
　필리스틴 사람, 속물, 교양 없는 사람
thought [θɔːt] 생각하기, 사색, 사고

degrade [digréid]
　…의 지위를 낮추다, 타락시키다, 퇴화시키다
constant [kánstənt] 끊임없는, 변치 않는, 일정한
association [əsòusiéiʃən]
　연합, 관련, 결합, 합동, 제휴

Reminding the artist of the existence of the public is indecent of him

예술가에게 대중의 존재를 상기시키는 것은 무례한 일이다

The energy of creation hurries an artist blindly on to his own goal. The wheels of his chariot raise the dust as a cloud around him. The gods are hidden from each other. They can recognize their worshippers. ✦ The journalist is always reminding the public of the existence of the artist. That is unnecessary of him. He is always reminding the artist of the existence of the public. That is indecent of him.

창작의 에너지는 예술가로 하여금 맹목적으로 자신의 목표를 향해 돌진하게 만든다. 그의 마차 바퀴는 마치 구름처럼 그의 주위에 먼지를 일으킨다. 신들은 서로의 모습을 볼 수 없다. 단지 그들의 숭배자들을 알아볼 수 있을 뿐이다. ✦ 저널리스트는 언제나 대중에게 예술가의 존재를 상기시킨다. 그것은 불필요한 일이다. 그리고 예술가에게는 언제나 대중의 존재를 상기시킨다. 그것은 무례한 일이다.

문장분석

The energy of creation <mark>hurries</mark> an artist blindly <mark>on</mark> to his own goal. The wheels of his chariot raise the dust <u>as</u> a cloud around him. The gods are hidden from
like
each other. They can recognize their worshippers. ✦ The journalist is always
서로
<mark>reminding</mark> the public <mark>of</mark> the existence of the artist. That is unnecessary of him. He
~에게 ~을 생각나게 하다
is always <mark>reminding</mark> the artist <mark>of</mark> the existence of the public. That is indecent of
him.

chariot [tʃǽriət] (고대의) 전차(戰車)   indecent [indíːsnt] 버릇없는, 부당한

He would go mad if he did not tell his idea

그는 자신의 생각을 이야기하지 않으면 미쳐 버릴 것만 같았다

The man[Artist] felt that he would go mad if he did not tell his idea. So he took the statue of sadness, of the sadness which dwells in life, he smashed it, he melted it down, and he made of it the statue of joy, of the joy which dwells only in the moment.

남자[예술가]는 자신의 생각을 이야기하지 않으면 미쳐 버릴 것만 같았다. 그래서 그는 그 슬픔의 조각상, '살아있는 동안 지속되는 슬픔의' 조각상을 가져와 부서뜨려 불에 녹였다. 그리고 그것으로 '한순간만 머무르는 즐거움의' 조각상을 만들었다.

문장분석

The man[Artist] felt that he would go mad/ if he did not tell his idea. So he took
                                       become

the statue of sadness, of (the sadness) which dwells in life, he smashed it, he

melted it down, and he made (of it) the statue of joy, of (the joy) which dwells only
                                 ~로부터

in the moment.

statue [stǽtʃuː] 상(像), 조각상   smash [smæʃ] 분쇄하다, 박살내다
status [stéitəs] 상태, 지위   melt [melt] 녹이다, 녹다
dwell [dwel] 살다, 머무르다

Vocabulary Of The Week

MON

threshold [θréʃhould]
문지방, 문간, 입구
academe [ækədì:m]
학구적인 세계, (A-) (고대 아테네의)
아카데미 학원
inmost [inmòust]
맨 안쪽의, 가장 내부의

shrine [ʃrain] 전당, 성지, 성골함
humility [hju:miləti] 겸손
frank [fræŋk] 솔직한, 숨김없는
acceptance [ækséptəns] 받아들임

TUE

sacrifice [sǽkrəfàis] 희생, 제물
bitter [bítər] 쓴, 모진, 냉혹한
disappointment [disəpɔ́intmənt]
실망, 기대에 어긋남
crime [kraim] 죄, 범죄 행위
criminal [krímənl] 범죄의, 범죄자

paralyze [pǽrəlàiz]
마비시키다, 무력화 시키다

WED

ignorant [ígnərənt] 무지한
Philistine [fíləstì:n]
필리스틴 사람, 속물, 교양 없는 사람
thought [θɔːt] 생각하기, 사색, 사고
degrade [digréid]
…의 지위를 낮추다, 타락시키다,
퇴화시키다

constant [kánstənt]
끊임없는, 변치 않는, 일정한
association [əsòusiéiʃən]
연합, 관련, 결합, 합동, 제휴

THU

chariot [tʃǽriət] (고대의) 전차(戰車)
indecent [indí:snt] 버릇없는, 부당한

FRI

statue [stǽtʃuː] 상(像), 조각상
status [stéitəs] 상태, 지위
dwell [dwel] 살다, 머무르다
smash [smæʃ] 분쇄하다, 박살내다
melt [melt] 녹이다, 녹다

Oscar Wilde *1881~1886*

다양한 강연과 작품 활동으로 영국과 프랑스, 미국을 오가던 오스카 와일드는 런던에서 부유한 왕실 고문 변호사 호레이스 로이드의 딸 콘스탄스 로이드를 소개받았다. 그리고 3년 뒤인 1884년, 오스카는 그녀에게 청혼을 하고 마침내 결혼을 하게 되었다. 오스카는 그녀와의 사이에서 두 명의 아들을 두었다. 와일드 가족은 런던의 타이트 가 16번지에 고급스러운 집을 짓고 살았고, 지금은 타이트 가 34번지로 바뀌어 오스카의 추종자들을 맞이하고 있다.

콘스탄스가 두 번째 아들을 임신할 무렵 권태기에 빠졌던 오스카는, 로버트 로스라는 케임브리지 대학생을 만나면서 동성애에 눈을 뜨기 시작했다. 줄곧 고대 그리스 남성들의 정신적 사랑을 동경해 왔던 오스카는 조숙한 17세의 소년에게 순식간에 빠져 들었다. 그러나 오스카는 동성 연인을 두면서도 진심으로 아내와 아들들을 아끼고 사랑했다.

06

*One world was not enough for two
like me and you. Those whom
the gods love grow young.*

당신과 나 같은 두 사람에겐 하나의 세상은 충분하지 않다.
신들이 사랑하는 사람들은 점점 젊어 간다.

MON

I threw the pearl of my soul into a cup of wine

나는 내 영혼의 진주를 포도주잔 속으로 던져 버렸다

There was no pleasure I did not experience. I threw the pearl of my soul into a cup of wine. I went down the primrose path to the sound of flutes. I lived on honeycomb. I had to pass on. The other half of the garden had its secrets for me also.

내가 이 세상에서 경험해 보지 않은 즐거움은 없다. 나는 내 영혼의 진주를 포도 주잔 속으로 던져 버렸다. 플루트 소리에 맞춰 환락의 꽃길을 따라 내려갔고, 달 콤한 꿀을 음미하며 살았다. 나는 앞으로 계속 나아가야만 했다. 정원의 또 다른 반쪽도 나를 위한 비밀을 간직하고 있었기 때문이다.

문장분석

There was no (pleasure) (that) I did not experience. I threw the pearl of my soul/
into a cup of wine. I went down the primrose path/ to the sound of flutes. I lived
on honeycomb. I had to pass on. The other half of the garden had its secrets for
의존   계속
me also.

pleasure [pléʒər] 기쁨, 즐거움
experience [ikspíəriəns] 경험
throw [θrou]
 (threw [θruː]; thrown [θroun]) 던지다

pearl [pəːrl] 진주
primrose [prímròuz] 금달맞이꽃, 연노랑색
honeycomb [hʌ́nikòum] 벌집(모양의)

Pleasure for the beautiful body, but Pain for the beautiful soul

쾌락은 아름다운 육체를 위해 존재하고, 고통은 아름다운 영혼을 위해 존재한다

I am convinced that if the worlds have indeed been built out of Sorrow, it has been by the hands of Love, because in no other way could the Soul of man for whom the worlds are made reach the full structure of its perfection. Pleasure for the beautiful body, but Pain for the beautiful soul.

난 이 세상이 정말 고통으로 만들어진 것이라면 그건 분명 사랑의 손길로 만들어졌을 것이라고 확신하게 되었다. 이 세상이 창조된 목적이기도 한 인간의 영혼은 사랑이 아닌 다른 방식으로는 결코 완벽해질 수 없기 때문이다. 쾌락은 아름다운 육체를 위해 존재하고, 고통은 아름다운 영혼을 위해 존재한다.

문장분석

I am convinced that if the worlds have (indeed) been built out of Sorrow, it has been by the hands of Love, because in no other way/ could the Soul of man for
~에서, ~으로
문두의 부정어로 인한 도치
whom the worlds are made reach the full structure of its perfection. Pleasure (is) for the beautiful body, but Pain (is) for the beautiful soul.

convince [kənvíns]
…에게 납득시키다,…에게 확신시키다
indeed [indíːd] (강조) 실로, 참으로
sorrow [sάrou] 슬픔, 비애

structure [strʌ́ktʃər] 구조, 구성
perfection [pərfékʃən] 완전, 완벽
pleasure [pléʒər] 기쁨, 즐거움

You will never get me to believe that what I know is good to me is evil

나한테 좋은 게 나쁜 거라고 날 설득할 생각은 말아줘

You may talk as you please, Frank, but you will never get me to believe that what I know is good to me is evil. Suppose I like a food that is poison to other people, and yet quickens me; how dare they punish me for eating of it?

프랭크, 네가 무슨 말을 하건 자유야. 하지만 나한테 좋은 게 나쁜 거라고 날 설득할 생각은 말아줘. 다른 사람들에겐 해롭지만 나를 자극해 주는 음식을 내가 좋아한다고 해서 어떻게 그들이 감히 나를 벌할 수 있지?

문장분석

You may talk/ as you please, Frank, but you will never get me to believe that what (I
　　　　　마음대로, 좋을 대로
know) is good to me is evil. Suppose I like a food that is poison to other people,
　　　　　　　　　　　　　　　　if
and yet quickens me; how dare they punish me for eating of it?
　　　　　　　　　　　　　　　　　　　　　　　이유

evil [íːvəl] 나쁜, 사악한　　　　　　　quicken [kwíkən] 빠르게 하다, 자극하다
suppose [səpóuz] 가정하다, 만약~하다면　dare [dɛər] 감히 …하다
poison [pɔ́izən] 독, 폐해, 해독을 끼치다　punish [pʌ́niʃ] 벌하다

142

Man is hungry for beauty; therefore he must be filled

인간은 아름다움에 굶주려 있고 따라서 그 허기를 채워 줘야만 한다

Man is hungry for beauty; therefore he must be filled. There is a void; nature will fill it. The ridicule which aesthetics have been subjected to is only the envy of blind, unhappy souls who cannot find the path to beauty.

인간은 아름다움에 굶주려 있고 따라서 그 허기를 채워 줘야만 한다. 빈 곳이 있기 마련이고 그곳을 자연이 채워 줄 것이다. 아름다움을 추구하는 사람들이 받아 온 조롱은 눈멀어 아름다움으로 향하는 길을 찾지 못하는 불행한 영혼들의 질투일 뿐이다.

문장분석

Man is hungry for beauty; therefore he must be filled. There is a void; nature will fill it. The ridicule which aesthetics have been subjected to is only the envy of blind, unhappy souls who cannot find the path to beauty.

받다, 대상이 되다

therefore [ðɛ́ərfɔ̀ːr] 그런 까닭에, 따라서
ridicule [rídikjùːl] 비웃음, 조소, 조롱
aesthetic [esθétik] 미(美)의, 미학의, 심미적인

subject [səbdʒékt] 복종(종속)시키다, 지배하다
envy [énvi] 질투, 부러움
path [pæθ] 길, 궤도

It is the first duty of a gentleman to dream and my duty is to amuse terrifically

신사의 첫 번째 의무는 꿈을 꾸는 것이다, 나의 의무는 멋지게 즐기는 것이다

Humanity takes itself too seriously. It is the world's original sin. If the caveman had known how to laugh, History would have been different. ✦ It is the first duty of a gentleman to dream. My duty to myself is to amuse terrifically.

인류는 스스로를 지나칠 만큼 진지하게 여긴다. 이 세상의 원죄(原罪)는 바로 그것이다. 동굴에 살던 원시인들이 웃을 줄만 알았더라도 역사는 지금과 달라졌을 것이다. ✦ 신사의 첫 번째 의무는 꿈을 꾸는 것이다. 나 자신에 대한 나의 의무는 멋지게 즐기는 것이다.

문장분석

Humanity takes itself too seriously. It is the world's original sin. If the caveman had known how to laugh, History would have been different. ✦ It is the first duty of a gentleman to dream. My duty (to myself) is to amuse terrifically.

humanity [hjuːmǽnəti] 인류	duty [djúːti] 의무, 본분, 조세, 관세
seriously [síəriəsli] 진지하게, 진정으로	amuse [əmjúːz] 즐겁게 하다, 재미나게 하다
cave [keiv] 굴, 동굴	terrific [tərífik] 빼어난, 대단한, 아주 좋은, 멋진

Vocabulary Of The Week

MON

pleasure [pléʒər] 기쁨, 즐거움
experience [ikspíəriəns] 경험
throw [θrou]
　(threw [θruː]; thrown [θroun])
　던지다
pearl [pəːrl] 진주

primrose [prímròuz]
　금달맞이꽃, 연노랑색
honeycomb [hʌ́nikòum]
　벌집(모양의)

TUE

convince [kənvíns]
　…에게 납득시키다,…에게 확신시키다
indeed [indíːd] (강조) 실로, 참으로
sorrow [sárou] 슬픔, 비애
structure [strʌ́ktʃər] 구조, 구성
perfection [pərfékʃən] 완전, 완벽

pleasure [pléʒər] 기쁨, 즐거움

WED

evil [íːvəl] 나쁜, 사악한
suppose [səpóuz]
　가정하다, 만약~하다면
poison [pɔ́izən]
　독, 폐해, 해독을 끼치다

quicken [kwíkən]
　빠르게 하다, 자극하다
dare [dɛər] 감히 …하다
punish [pʌ́niʃ] 벌하다

THU

therefore [ðɛ́ərfɔ̀ːr]
　그런 까닭에, 따라서
ridicule [rídikjùːl] 비웃음, 조소, 조롱
aesthetic [esθétik]
　미(美)의, 미학의, 심미적인

subject [səbdʒékt]
　복종(종속)시키다, 지배하다
envy [énvi] 질투, 부러움
path [pæθ] 길, 궤도

FRI

humanity [hjuːmǽnəti] 인류
seriously [síəriəsli]
　진지하게, 진정으로
cave [keiv] 굴, 동굴
duty [djúːti] 의무, 본분, 조세, 관세

amuse [əmjúːz]
　즐겁게 하다, 재미나게 하다
terrific [tərífik]
　빼어난, 대단한, 아주 좋은, 멋진

Our lives are governed by the memories of moments that we had once loved

우리의 삶을 지배하는 것은 우리가 한때 사랑했던 순간의 기억들이다

Life is not governed by will or intention. But a chance tone of colour in a room or a morning sky, a particular perfume that you had once loved and that brings subtle memories with it, a line from a forgotten poem that you had come across again. It is on things like these that our lives depend. There are moments when the odour of lilacs blanc passes suddenly across me, and I have to live the strangest month of my life over again.

삶을 지배하는 것은 우리의 의지나 의도가 아니다. 하지만 어떤 방이나 아침 하늘에서 우연히 본 어떤 색조, 당신이 한때 사랑했고 그 향기가 은밀한 기억들을 떠올리는 향수, 잊고 있다가 다시 마주친 시의 한 구절. 우리의 삶은 바로 이런 것들에 의해 좌우되는 것이다. 하얀 라일락꽃 향기와 문득 마주치는 순간이 있는데 그럴 때마다 난 내 인생에서 가장 기이했던 한 시절을 다시 한번 살아야 한다.

문장분석

Life is not governed by will or intention. But a chance tone of colour/ in a room
우연한

or a morning sky, a particular perfume that you had once loved and that brings

subtle memories with it, a line from a forgotten poem that you had come across
우연히 마주치다

again. It is on things/ like these that our lives depend. There are moments
강조구문   ~에 좌우되다

when the odour of lilacs blanc passes suddenly across me, and I have to live the
(F.)white   must

strangest month of my life/ over again.
다시 한번

govern [gʌ́vərn]) 통치하다, 다스리다(rule)
intention [inténʃən] 의향, 의도, 의지(will)

perfume [pə́:rfju:m] 향기, 향수
subtle [sʌ́tl] 미묘한

The secret to life is to enjoy the pleasure of being terribly, terribly deceived

삶의 비밀은 끔찍할 정도로 지독하게 기만당하는 즐거움을 즐길 줄 아는 데 있다

They've promised that dreams can come true – but forgot to mention that nightmares are dreams, too. The secret to life is to enjoy the pleasure of being terribly, terribly deceived. Nothing interesting ever is right. On a fait le monde ainsi (The world has been done/built like that).

그들은 꿈이 이루어질 수 있다고 약속하면서도, 악몽도 꿈이라는 사실은 깜빡 잊고 언급하지 않았다. 삶의 비밀은 끔찍할 정도로 지독하게 기만당하는 즐거움을 즐길 줄 아는 데 있다. 재미있는 일치고 옳은 것은 없다. 세상 이치가 그렇다.

문장분석

They've promised that dreams can come true – but forgot to mention that night-
미래 내용

mares are dreams, too. The secret to life is to enjoy the pleasure of being terribly,

terribly deceived. Nothing interesting ever is right. On a fait le monde ainsi (The
never(not ~ever)

world has been done/built like that).

mention [ménʃən] 말하다, 언급하다
nightmare [náitmèər] 악몽, 가위눌림
pleasure [pléʒər] 기쁨, 즐거움

terribly [térəbli] 무섭게, 지독하게. 몹시, 대단히
deceive [disíːv] 속이다, 기만하다

My life's aim is simply to be always looking for temptations

내 인생의 목표는 언제나 유혹적인 것을 찾아다니는 것뿐이다

Life's aim, if it has one, is simply to be always looking for temptations. There are not nearly enough. I sometimes pass a whole day without coming across a single one. It is quite dreadful. It makes one so nervous about the future.

인생의 목표는 언제나 유혹적인 것을 찾아다니는 것뿐이다. 그런 것들이 세상에 아주 충분한 것이 아니기 때문이다. 때로는 단 하나의 유혹에도 빠지지 못한 채 하루종일 허비하기도 한다. 그건 정말 끔찍한 일이다. 우리로 하여금 미래에 대해 불안하게 만들기 때문이다.

문장분석

Life's aim, if it has one, is simply to be always looking for temptations. There are
　　　life　　　　　　　　　　　　　　　　　　　　　　　~을 찾다

not nearly enough (temptations). I sometimes pass a whole day without coming
　　아주, 심히　　　　　　　　　　　　　　　　　　　　　　　　　　　　우연히 찾아내다

across a single one. It is quite dreadful. It makes one so nervous about the
　　　　　　　　　　　　　　very　　　　　　　　us

future.

aim [eim] 겨냥하다, 목표하다, 목적
temptation [temptéiʃən] 유혹
tempt [tempt] …의 마음을 끌다, 유혹하다

dreadful [drédfəl] 무서운, 두려운, 무시무시한
nervous [nə́:rvəs]
　신경(성)의, 신경질적인, 겁많은, 불안한

There is a subtle relation between beauty and everything

아름다움과 모든 사물 사이에는 미묘한 관계가 존재한다

Aestheticism is an attempt to color the commonplace, to make beauty stand out wherever it is. There is a subtle relation between beauty and everything – a correlation of one sensible beauty with another – that is not seen or felt, except by – by – well, by persons who have studied the matter.

유미주의(唯美主義)는 평범한 것에 색깔을 부여하고, 아름다움이 어디에 존재하든 그 아름다움을 돋보이게 하려는 시도다. 아름다움과 모든 사물 사이에는, 감지할 수 있는 아름다움과 또 다른 아름다움의 상관관계처럼 미묘한 관계가 존재한다. 그런 관계는 그 문제를 연구해 왔던 사람들, 오직 그런 사람들만이 보고 느낄 수 있다.

문장분석

Aestheticism is (an attempt) to color the commonplace, to make beauty stand out/ wherever it is. There is a subtle relation/ between beauty and everything – a correlation of one sensible beauty with another – that is not seen or felt, except by – by – well, by (persons) who have studied the matter.

aestheticism [esθétəsìzəm]
유미주의; 예술 지상주의
attempt [ətémpt] 시도(하다)
commonplace [kɑ́mənplèis] 평범한, 진부함

subtle [sʌ́tl] 미묘한
relation [riléiʃən] 관계 / correlation; 상호관계
sensible [sénsəbəl] 분별 있는, 느낄 수 있는

The sunflower never droops its head toward the cold shadows of earth

해바라기는 결코 땅의 차가운 그림자 쪽으로 고개를 숙이지 않는다

I love lily and sunflower. What is more beautiful than the gracefully flowering outlines of the lily and the symmetry of the sunflower with its large round disk of rich reddish brown surrounded by its beautiful rays of yellow? Then with lily there is such a purity of colour, and it has so many beautiful legends associated with it. And the sunflower always looks to the sun, never drooping its head toward the cold shadows of earth.

난 백합과 해바라기를 사랑한다. 우아하게 흘러내리는 백합의 윤곽선과 아름다운 노란색 빛줄기에 둘러싸인, 짙은 적갈색의 커다란 원형으로 이루어진 해바라기의 균형보다 더 아름다운 것이 무엇일까? 백합으로 말할 것 같으면, 더할 나위 없이 순수한 색깔에, 꽃과 연관된 아름다운 전설이 아주 많다. 그리고 해바라기는 언제나 태양을 향하며, 결코 땅의 차가운 그림자 쪽으로 고개를 숙이지 않는다.

문장분석

I love lily and sunflower. What is more beautiful than the gracefully flowering outlines of the lily and (the symmetry of the sunflower) with its large round disk of rich reddish brown/ surrounded by its beautiful rays of yellow? Then with lily/
~의 경우
there is such a purity of colour, and it has (so many beautiful legends) (that are) associated with it. And the sunflower always looks to the sun, never drooping its
~과 연관된   and never droops
head toward the cold shadows of earth.

---

symmetry [símətri] 좌우 대칭, 균형   droop [druːp] 수그러지다, 숙어지다, 시들다

Vocabulary Of The Week

MON

govern [gʌ́vərn])
통치하다, 다스리다(rule)
intention [inténʃən]
의향, 의도, 의지(will)
perfume [pə́ːrfjuːm] 향기, 향수
subtle [sʌ́tl] 미묘한

TUE

mention [ménʃən] 말하다, 언급하다   deceive [disíːv] 속이다, 기만하다
nightmare [náitmèər]
악몽, 가위눌림
pleasure [pléʒər] 기쁨, 즐거움
terribly [térəbli]
무섭게, 지독하게. 몹시, 대단히

WED

aim [eim] 겨냥하다, 목표하다, 목적   nervous [nə́ːrvəs]
temptation [temptéiʃən] 유혹   신경(성)의, 신경질적인, 겁많은,
tempt [tempt]   불안한
…의 마음을 끌다, 유혹하다
dreadful [drédfəl]
무서운, 두려운, 무시무시한

THU

aestheticism [esθétəsìzəm]   relation [riléiʃən]
유미주의; 예술 지상주의   관계 / correlation; 상호관계
attempt [ətémpt] 시도(하다)   sensible [sénsəbəl]
commonplace [kɑ́.mənplèis]   분별 있는, 느낄 수 있는
평범한, 진부함
subtle [sʌ́tl] 미묘한

FRI

symmetry [símətri] 좌우 대칭, 균형
droop [druːp]
수그러지다, 숙어지다, 시들다

Beauty, like Wisdom, loves the lonely worshipper

아름다움은 지혜와 마찬가지로 고독한 숭배자를 사랑한다

Beauty is the symbol of symbols. Beauty reveals everything, because it expresses nothing. When it shows us itself, it shows us the whole fiery-coloured world. Beauty, like Wisdom, loves the lonely worshipper. The desire for beauty is merely a heightened form of the desire for life. All beautiful things belong to the same age.

아름다움은 상징 중의 상징이다. 또한 아름다움은 아무것도 표현하지 않기 때문에 모든 것을 드러내 보여 준다. 아름다움이 우리에게 자신을 보여 준다면, 온통 불타는 것 같은 세상을 보여 주게 될 것이다. 아름다움은 지혜와 마찬가지로 고독한 숭배자를 사랑한다. 아름다움을 향한 욕망은 단지 삶을 향한 욕망의 고양된 형태에 불과하다. 모든 아름다운 것들의 나이는 같다.

문장분석

Beauty is the symbol of symbols. Beauty reveals everything, because it expresses nothing. When it shows us itself, it shows us the whole fiery-coloured world. Beauty, like Wisdom, loves the lonely worshipper. The desire for beauty is <u>merely</u>
only
a heightened form of the desire for life. All beautiful things <u>belong to</u> the same
~에 속하다
age.

reveal [riví:l] 드러내다, 누설하다, 폭로하다
express [iksprés] 표현하다, 나타내다
fiery [fáiəri] 불의, 불길의, 불타는
worship [wə́:rʃip] 숭배하다

desire [dizáiər] 욕망, 바라다
heighten [háitn]
높게 하다, 높이다, 고상하게 하다

TUE

You looked very pretty while you said it, which is much more important

말을 할 때 당신은 정말 예뻐 보였어요, 내겐 그 사실이 훨씬 더 중요해요

My dear young lady, there was a great deal of truth, I dare say, in what you said, and you looked very pretty while you said it, which is much more important. ✦ Conversation is one of the loveliest of the arts.

아가씨, 감히 말하지만, 당신 말에서 상당한 믿음이 느껴졌어요. 그리고 그 말을 할 때 당신은 정말 예뻐 보였는데 내겐 그 사실이 훨씬 더 중요해요. ✦ 대화는 가장 사랑스러운 예술 중 하나다.

문장분석

My dear young lady, there was a great deal of truth, I dare say, in what you said,
　　　　　　　　　　　　　　　　　　much/many

and you looked very pretty/ while you said it, which is much more important. ✦
　　　　~하게 보이다　　　　~하는 동안에　　　앞 문장 내용　　훨씬

Conversation is one of the loveliest of the arts.

---

dare [dɛər]
감히 …하다, 대담하게…하다, …할 용기가 있다
dáredèvil 무모한 (사람)
converse [kənvə́:rs]
대화하다, 역(逆)의, 거꾸로의, 전환한

conversable [kənvə́:rsəbəl]
이야기하기 좋아하는, 붙임성 있는
conversible [kənvə́:rsəbəl]
전환 가능한, 거꾸로 할 수 있는

The telling of beautiful untrue things, is the proper aim of Art

사실이 아닌 아름다움에 관해 이야기하는 것이 예술의 진정한 목적이다

Lying, the telling of beautiful untrue things, is the proper aim of Art. That is the mission of true art – to make us pause and look at a thing a second time. Art is the mathematical result of the emotional desire for beauty.

'거짓말', 즉 사실이 아닌 아름다움에 관해 이야기하는 것이 예술의 진정한 목적이다. 우리로 하여금 잠시 멈춰 서서 사물을 한 번 더 바라보게 하는 것, 그것이 진정한 예술의 사명이다. 예술은 아름다움에 대한 감정적 욕망의 수학적인 결과다.

문장분석

Lying, the telling of beautiful untrue things, is the proper aim of Art. That is the mission of true art – to make us pause and look at a thing/ a second time. Art is the mathematical result of the emotional desire for beauty.

proper [prɑ́pər] 적당한, 타당한, 지당한, 상응하는
aim [eim] 겨냥하다, 목표 삼다
pause [pɔːz]
휴지(休止), 중지, 중단, 한숨 돌림, 잠시 멈추다
mathematical [mæ̀θəmǽtikəl]
수학(상)의, 수리적인

result [rizʌ́lt] 결과, 결말, 성과, 성적
emotional [imóuʃənəl]
감정의, 희로애락의, 정서의, 감정적인
desire [dizáiər] 욕망, 바라다, 원하다

When the artist cannot feed his eye on beauty, beauty goes from his work

예술가가 자신의 눈에 아름다움을 공급하지 못한다면,
그의 작품에서 아름다움도 떠나 버린다

There is nothing sane about the worship of beauty. It is too splendid to be sane. Those of whose lives it forms the dominant note will always seem to the world to be pure visionaries. When the artist cannot feed his eye on beauty, beauty goes from his work.

아름다움에 대한 숭배는 제정신인 요소가 하나도 없다. 제정신으로 바라보기엔 아름다움이 너무 찬란하기 때문이다. 아름다움이 삶의 기조를 차지하는 이들은 세상 사람들의 눈에는 언제나 순수한 몽상가로 보인다. 예술가가 자신의 눈에 아름다움을 공급하지 못한다면, 그의 작품에서 아름다움도 떠나 버린다.

문장분석

There is nothing sane/ about the worship of beauty. It is too splendid to be sane.

Those of whose lives it forms the dominant note will always seem (to the world)

to be pure visionaries. When the artist cannot feed his eye on beauty, beauty

goes from his work.

sane [sein] 제정신의, 온건한
worship [wə́:rʃip] 숭배(하다)
splendid [spléndid] 빛나는(glorious), 훌륭한
dominant [dɑ́mənənt] 지배적인, 유력한, 우세한

visionary [víʒənèri]
　몽상가, 환영(幻影)의, 몽상적인
feed [fiːd] 음식을 주다, 먹이다, 공급하다

We have forgotten how beautiful Echo may be

우리는 메아리가 얼마나 아름다울 수 있는지를 잊어버렸다

In England we have always been prone to underrate the value of tradition in literature. In our eagerness to find a new voice and a fresh mode of music we have forgotten how beautiful Echo may be.

영국인들은 문학에서의 전통적 가치를 언제나 과소평가하는 경향이 있었다. 음악의 새로운 목소리와 신선한 방식을 찾고자 하는 열망 속에서 메아리가 얼마나 아름다울 수 있는지를 잊어버렸던 것이다.

문장분석

In England/ we have always been prone to underrate the value of tradition in
　　　　　　　　　　　　　　　~의 경향이 있는
literature. In our eagerness to find a new voice and a fresh mode of music/ we

have forgotten how beautiful Echo may be.

prone [proun] …하기 쉬운, …의 경향이 있는
underrate [əndərréit] 과소평가하다, 깔보다
value [vǽlju:] 가치, 평가, 가격

traditional [trədíʃənəl] 전통의, 전통적인, 관습의
literature [lítərətʃər] 문학, 문예
eagerness [íːgərnis] 열심, 열망

Vocabulary Of The Week

MON

reveal [rivíːl]
드러내다, 누설하다, 폭로하다
express [iksprés]
표현하다, 나타내다
fiery [fáiəri] 불의, 불길의, 불타는
worship [wə́ːrʃip] 숭배하다

desire [dizáiər] 욕망, 바라다
heighten [háitn]
높게 하다, 높이다, 고상하게 하다

TUE

dare [dɛər]
감히 …하다, 대담하게…하다,
…할 용기가 있다
dáredèvil 무모한 (사람)
converse [kənvə́ːrs]
대화하다, 역(逆)의, 거꾸로의, 전환한

conversable [kənvə́ːrsəbəl]
이야기하기 좋아하는, 붙임성 있는
conversible [kənvə́ːrsəbəl]
전환 가능한, 거꾸로 할 수 있는

WED

proper [prápər]
적당한, 타당한, 지당한, 상응하는
aim [eim] 겨냥하다, 목표 삼다
pause [pɔːz]
휴지(休止), 중지, 중단, 한숨 돌림,
잠시 멈추다

mathematical [mæ̀θəmǽtikəl]
수학(상)의, 수리적인
result [rizʌ́lt] 결과, 결말, 성과, 성적
emotional [imóuʃənəl]
감정의, 희로애락의, 정서의, 감정적인
desire [dizáiər] 욕망, 바라다, 원하다

THU

sane [sein] 제정신의, 온건한
worship [wə́ːrʃip] 숭배(하다)
splendid [spléndid]
빛나는(glorious), 훌륭한
dominant [dámənənt]
지배적인, 유력한, 우세한

visionary [víʒənèri]
몽상가, 환영(幻影)의, 몽상적인
feed [fiːd]
음식을 주다, 먹이다, 공급하다

FRI

prone [proun]
…하기 쉬운, …의 경향이 있는
underrate [əndərréit]
과소평가하다, 깔보다
value [vǽljuː] 가치, 평가, 가격

traditional [trədíʃənəl]
전통의, 전통적인, 관습의
literature [lítərətʃər] 문학, 문예
eagerness [íːgərnis] 열심, 열망

The best style looks like an unconscious result rather than a conscious aim

최고의 스타일은 의식적인 목적보다 무의식적인 결과처럼 보인다

One's style is one's signature always. The best style is that which seems an unconscious result rather than a conscious aim. In the mode of the knotting of one's necktie or the conduct of one's cane there is an entire creed of life.

한 사람의 스타일은 언제나 그의 서명과 같다. 최고의 스타일은 의식적인 목적 보다 무의식적인 결과처럼 보인다. 넥타이를 매거나 지팡이를 짚는 방식 속에 는 인생에 대한 자신의 모든 신념이 담겨 있다.

문장분석

One's style is one's signature always. The best style is (that) which seems an
thing
unconscious result rather than a conscious aim. In the mode of the knotting of
one's necktie or the conduct of one's cane/ there is an entire creed of life.

signature [sígnətʃər] 서명(하기)
unconscious [ʌnkάnʃəs] 무의식의, 부지중의
result [rizʌ́lt] 결과, 결말, 성과
knot [nɑt] 매듭, 매다, 묶다

conduct [kάndʌkt] 행위, 행동
cane [kein] 지팡이
entire [entáiər] 전체의, 완전한
creed [kri:d] 교의(敎義), 신조, 신념

The future belongs to the dandy and it is the exquisites who are going to rule

미래는 댄디의 것이고 세상을 다스리게 될 사람들은 바로 멋쟁이들이다

Looking good and dressing well is a necessity. Having a purpose in life is not. A man who can dominate a London dinner-table can dominate the world. The future belongs to the dandy. It is the exquisites who are going to rule.

매력적으로 보이고 옷을 잘 입는 건 필수다. 삶의 목표를 갖는 것은 필수가 아니다. 런던의 저녁 식탁을 지배할 수 있는 남자가 세상을 지배할 수 있다. 미래는 댄디의 것이다. 세상을 다스리게 될 사람들은 바로 멋쟁이들이다.

문장분석

Looking good and dressing well is a necessity. Having a purpose in life is not (a necessity). (A man) who can dominate a London dinner-table can dominate the world. The future belongs to the dandy. It is the exquisites who are going to rule.
~의 것이다, ~에 속하다 　강조구문

necessity [nisésəti] 필요(성), 필수품
purpose [pə́:rpəs] 목적(aim), 의도, 용도
dominate [dámənèit] 지배하다(rule)

dandy [dǽndi] 멋쟁이, 훌륭한 물건
exquisite [ikskwízit] 절묘한, 세련된, 멋쟁이

Beauty has its divine right of sovereignty

아름다움은 자기만의 신성한 주권을 지니고 있다

Beauty is a form of Genius – is higher, indeed, than Genius, as it needs no explanation. It is one of the great facts of the world, like sunlight, or spring-time, or the reflection in dark waters of that silver shell we call the moon. It cannot be questioned. It has its divine right of sovereignty.

아름다움은 천재성의 한 형태다. 아니, 천재성보다 더 고귀하다고 할 수 있다. 아름다움은 설명할 필요가 없기 때문이다. 아름다움은 햇빛이나 봄날, 또는 우리가 달이라고 부르는 저 은색 조가비가 어두운 수면 위에 비친 모습같이 세상의 위대한 사실 중 하나다. 아름다움은 의문의 여지도 없다. 아름다움은 자기만의 신성한 주권을 지니고 있기 때문이다.

문장분석

Beauty is a form of Genius – is higher, indeed, than Genius, as it needs no expla-
(because)
nation. It is one of the great facts of the world, like sunlight, or spring-time, or the
reflection in dark waters of (that silver shell) (which) we call the moon. It cannot be
questioned. It has its divine right of sovereignty.

genius [dʒíːnjəs] 천재, 재능
explanation [èksplənéiʃən] 설명, 해설
reflection [riflékʃən] 반사, 반영

shell [ʃel] 껍질, 조가비
divine [diváin] 신의, 신성한
sovereignty [sávərinti] 주권, 종주권, 통치권

160

Moral grounds are the last refuge of people who have no sense of beauty

도덕적 근거는 미적 감각이라곤 조금도 없는 사람들의 마지막 도피처다

Those who find ugly meanings in beautiful things are corrupt without being charming. That is a fault. Those who find beautiful meanings in beautiful things are the cultivated. For these there is hope. ✦ Moral grounds are always the last refuge of people who have no sense of beauty.

아름다운 것들 속에서 추한 의미를 발견하는 이들은 매력이라곤 전혀 없는 타락한 사람들이다. 잘못된 일이다. 아름다운 것들 속에서 아름다운 의미를 발견하는 이들은 교양 있는 사람들이다. 이들에겐 희망이 있다. ✦ 도덕적 근거는 언제나 미적 감각이라곤 조금도 없는 사람들의 마지막 도피처다.

문장분석

(Those) who find ugly meanings in beautiful things are corrupt without being charming. That is a fault. (Those) who find beautiful meanings in beautiful things are the cultivated. For these/ there is hope. ✦ Moral grounds are always the last refuge of (people) who have no sense of beauty.

corrupt [kərʌ́pt] 부정한, 타락한
charming [tʃɑ́:rmin] 매력적인, 아름다운
fault [fɔ:lt] 잘못, 결점

cultivate [kʌ́ltəvèit] (땅을) 갈다, 교양을 쌓다
ground [graund] 근거, 기초, 땅
refuge [réfju:dʒ] 피난, 보호, 은신처

Beauty is the wonder of wonders

아름다움은 경이로움 중의 경이로움이다

People say sometimes that Beauty is only superficial. That may be so. But at least it is not so superficial as Thought is. Beauty is the wonder of wonders. It is only shallow people who do not judge by appearances. The true mystery of the world is the visible, not the invisible.

사람들은 종종 아름다움이 피상적인 것이라고 말한다. 그럴지도 모른다. 그러나 아름다움은 '생각'만큼 그렇게 피상적이지 않다. 아름다움은 경이로움 중의 경이로움이다. 겉모습으로 판단하지 않는 건 생각이 얕은 사람들뿐이다. 세상의 진정한 신비는 눈에 보이지 않는 것이 아니라 눈에 보이는 것이다.

문장분석

People say sometimes that Beauty is only superficial. That may be so. But at least
적어도, 최소한
it is not so superficial as Thought is. Beauty is the wonder of wonders. It is only
강조구문
shallow people who do not judge by appearances. The true mystery of the world
is the visible, not the invisible.

superficial [sùːpərfíʃəl] 표면(상)의, 피상적인
wonder [wʌ́ndər] 불가사의, 경이, 놀라움, 경탄
wander [wάːndər] 헤매다, (걸어서) 돌아다니다, 방랑하다

shallow [ʃǽlou] 얕은, 천박한, 피상적인
visible [vízəbəl] (눈에) 보이는, 명백한
invisible [invízəbəl] 눈에 보이지 않는, 감추어진

Vocabulary Of The Week

MON

signature [sígnətʃər] 서명(하기)
unconscious [ʌnkánʃəs]
무의식의, 부지중의
result [rizʌ́lt] 결과, 결말, 성과
knot [nɑt] 매듭, 매다, 묶다
conduct [kándʌkt] 행위, 행동

cane [kein] 지팡이
entire [entáiər] 전체의, 완전한
creed [kri:d] 교의(敎義), 신조, 신념

TUE

necessity [nisésəti] 필요(성), 필수품
purpose [pə́:rpəs]
목적(aim), 의도, 용도
dominate [dámənèit]
지배하다(rule)

dandy [dǽndi]
멋쟁이, 훌륭한 물건
exquisite [ikskwízit]
절묘한, 세련된, 멋쟁이

WED

genius [dʒíːnjəs] 천재, 재능
explanation [èksplənéiʃən]
설명, 해설
reflection [riflékʃən] 반사, 반영
shell [ʃel] 껍질, 조가비
divine [diváin] 신의, 신성한

sovereignty [sávərinti]
주권, 종주권, 통치권

THU

corrupt [kərʌ́pt] 부정한, 타락한
charming [tʃáːrmiŋ]
매력적인, 아름다운
fault [fɔːlt] 잘못, 결점
cultivate [kʌ́ltəvèit]
(땅을) 갈다, 교양을 쌓다

ground [graund] 근거, 기초, 땅
refuge [réfjuːdʒ] 피난, 보호, 은신처

FRI

superficial [sùːpərfíʃəl]
표면(상)의, 피상적인
wonder [wʌ́ndər]
불가사의, 경이, 놀라움, 경탄
wander [wándər]
헤매다, (걸어서) 돌아다니다,
방랑하다

shallow [ʃǽlou]
얕은, 천박한, 피상적인
visible [vízəbəl]
(눈에) 보이는, 명백한
invisible [invízəbəl]
눈에 보이지 않는, 감추어진

Oscar Wilde *1885~1889*

1885년부터 오스카는 잡지와 언론에 글을 기고하기 시작했다. 그의 문학과 예술에 관한 칼럼은 독자들에게 인기를 끌었고, 오스카 또한 이러한 글이 자신의 적성에 맞음을 느끼며 즐겁게 작업에 임했다. 아일랜드 민족운동가 찰스 파넬이 살인 누명을 쓰자 부모의 민족주의적 성향을 이어 받아 그를 변호하는 글을 기고하기도 했다.

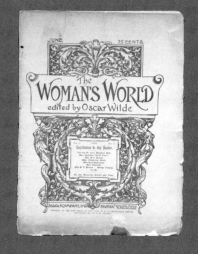

1887년에는 『여성세계』라는 잡지의 편집장이 되었다. 오스카는 처음에는 자신의 문화계 지인들을 직접 섭외하며 정치, 육아, 문화, 패션 등 다양한 분야의 진지한 글들을 수록하는 등 열의를 보였지만, 점차 잡지 행정 업무와 사무실 생활에 염증을 느끼기 시작했다. 그러면서 잡지의 판매량도 급락했고, 끝내 1889년에 『여성세계』를 떠났다. 이는 오스카가 산문에서의 재능을 발견하면서 작가로서 명성을 얻기 시작하던 즈음이었다.

July

07

I am leading a very good life,
and it does not agree with me.
The well bred contradict other
people. The wise contradict themselves.

나는 아주 훌륭한 삶을 살고 있다. 그러나 그런 삶은 나와는 맞지 않는다.
곱게 자란 사람들은 다른 사람들과 부딪치고 현명한 사람들은 자기 자신과
부딪치기 때문이다.

A misanthrope I can understand – a womananthrope, never

난 인간 혐오자는 이해할 수 있지만, 여성 혐오자는 절대 이해할 수 없다

Women forgive adoration; that is quite as much as should be expected from them. Women defend themselves by attacking, just as they attack by sudden and strange surrenders. ✦ If a woman can't make her mistakes charming, she is only a female. A misanthrope I can understand – a womanthrope, never!

여자들은 자신에 대한 숭배는 용서한다. 그것이 여자들에게 기대할 수 있는 전부다. 여성들은 공격함으로써 자신을 방어한다. 갑작스럽고 기이한 항복으로 공격하는 것처럼. ✦ 자신의 실수를 매력으로 만들지 못하는 여자는 그냥 암컷일 뿐이다. 난 인간 혐오자는 이해할 수 있지만, 여성 혐오자는 절대 이해할 수 없다!

문장분석

Women forgive adoration; that is quite as much as should be expected from
~만큼, 최대한
them. Women defend themselves by attacking, just as they attack by sudden
~처럼
and strange surrenders. ✦ If a woman can't make her mistakes charming, she is
only a female. A misanthrope/ I can understand – a womanthrope, never!

adoration [æ̀dəréiʃən] 숭배
adore [ədɔ́ːr] 숭배하다
surrender [səréndər] 항복(하다)
misanthrope [mísənθròup]
  인간을 싫어하는 사람

misogynist [misɑ́dʒənist]
  여성혐오자(womanthrope)
misogamist [misɑ́gəmist] 결혼혐오자

All charming people are spoiled, which is the secret of their attraction

모든 매력적인 사람들은 응석받이다, 그것이 그들 매력의 비결이다

It's a beautiful woman's fate to be the subject of conversation wherever she goes. A gentleman is one who never hurts anyone's feelings unintentionally. All charming people are spoiled. It is the secret of their attraction.

어디를 가든 대화의 주제가 되는 것은 아름다운 여자의 숙명이다. 신사란 결코 본의 아니게 누군가의 감정을 상하게 하지 않는 사람을 말한다. 모든 매력적인 사람들은 응석받이다. 그것이 그들 매력의 비결이다.

문장분석

It is a beautiful woman's fate to be the subject of conversation/ wherever she goes. A gentleman is one who never hurts anyone's feelings unintentionally. All charming people are spoiled. It is the secret of their attraction.

subject [sʌ́bdʒikt] 주제, 대상
intentional [inténʃənəl]
　계획적인, 고의의, 일부러의
spoiled [spɔild] 버릇없이 자란
spoil [spɔil] 망쳐놓다, 손상하다

attraction [ətrǽkʃən]
　(사람을) 끄는 힘, 매력, 유혹
attract [ətrǽkt]
　(주의·흥미 등을) 끌다, 끌어당기다

Go away! I don't want you, You interfere with my life, I can do without you

가! 난 당신이 필요 없어, 당신은 내 인생에 간섭하지 마,
난 당신 없이도 잘 살 수 있어

The real Don Juan is not the vulgar person who goes about making love to all the women he meets, and what novelists call "seducing" them. The real Don Juan is the man who says to women: "Go away! I don't want you. You interfere with my life. I can do without you."

진정한 돈 후안은 만나는 여자들과 사랑질이나 하면서, 소설가들의 표현처럼 그들을 "유혹하는" 천박한 사람이 아니다. 진정한 돈 후안은 여자들에게 이렇게 말한다. "가! 난 당신이 필요 없어. 당신은 내 인생에 간섭하지 마. 난 당신 없이도 잘 살 수 있어."

문장분석

The real Don Juan is not (the vulgar person) who goes about making love to (all the women) (whom) he meets, and what novelists call "seducing" them. The real Don Juan is (the man) who says to women: "Go away! I don't want you. You interfere with my life. I can do without you."
~없이 살다

vulgar [vʌ́lgər] 저속한
burglar [bə́ːrglər] 빈집털이, 밤도둑
seduce [sidjúːs] 유혹하다, 부추기다
interfere [ìntərfíər] 간섭하다

flirt [fləːrt]
　시시덕거리다, 장난삼아 연애하다, 바람둥이
fickle [fíkəl] 변덕스러운, 진심이 없는

We all have our little vanities, Lady

우리 남자들은 모두 자신만의 허영심을 조금씩 갖고 있답니다, 부인

"Believe me, you are better than most other men, and I sometimes think you pretend to be worse."
"We all have our little vanities, Lady."

"정말인데요, 당신은 대부분의 다른 남자들보다 착해요. 그런데 때론 당신이 일부러 나쁜 남자인 척하는 것 같다는 생각이 들어요."
"우리 남자들은 모두 자신만의 허영심을 조금씩은 갖고 있답니다, 부인."

문장분석

"Believe me, you are better than most other men, and I (sometimes) think (that)

you pretend to be worse."

"We all have our little vanities, Lady."

pretend [priténd] …인 체하다, 가장하다
pretense [priténs]
　구실, 핑계, 겉치레, 가면, 거짓
worse [wə:rs]
　(bad, ill의 비교급) 보다 나쁜, 악화된

vanity [vǽnəti] 덧없음, 허무, 허영
vain [vein] 헛된, 보람 없는, 무익한

Each of us has Heaven and Hell in him

우리 안에는 천국과 지옥이 존재한다

When a man loves a woman, then he knows God's secret, and the secret of the world. ✦ My fault was, not that I did not part from you, but that I parted from you far too often. Each of us has Heaven and Hell in him.

남자가 여자를 사랑하게 되면 신의 비밀을 알게 되고 세상의 비밀을 알게 된다. ✦ 내 잘못은 당신과 헤어지지 않았다는 게 아니라, 당신과 너무 자주 헤어졌다는 것이다. 우리 안에는 천국과 지옥이 존재한다.

문장분석

When a man loves a woman, then he knows God's secret, and the secret of the world. ✦ My fault was, not that I did not part from you, but that I parted from you far too often. Each of us has Heaven and Hell in him.
훨씬, 너무

fault [fɔːlt] 과실, 잘못(mistake)
part [pɑːrt] 나누다, 헤어지다
partial [páːrʃəl] 부분적인, 편파적인
separate [sépərèit]
분리하다, 별거하다, 흩어지다

divorce [divɔ́ːrs] 이혼, 결별
confidential [kànfidénʃəl]
은밀한(secret), 기밀의

Vocabulary Of The Week

MON

adoration [æ̀dəréiʃən] 숭배
adore [ədɔ́ːr] 숭배하다
surrender [səréndər] 항복(하다)
misanthrope [mísənθròup]
　인간을 싫어하는 사람

misogynist [misádʒənist]
　여성혐오자(womanthrope)
misogamist [miságəmist]
　결혼혐오자

TUE

subject [sʌ́bdʒikt] 주제, 대상
intentional [inténʃənəl]
　계획적인, 고의의, 일부러의
spoiled [spɔild] 버릇없이 자란
spoil [spɔil] 망쳐놓다, 손상하다

attraction [ətrǽkʃən]
　(사람을) 끄는 힘, 매력, 유혹
attract [ətrǽkt]
　(주의·흥미 등을) 끌다, 끌어당기다

WED

vulgar [vʌ́lgər] 저속한
burglar [bə́ːrglər] 빈집털이, 밤도둑
seduce [sidjúːs] 유혹하다, 부추기다
interfere [intərfíər] 간섭하다

flirt [fləːrt]
　시시덕거리다, 장난삼아 연애하다,
　바람둥이
fickle [fikəl] 변덕스러운, 진심이 없는

THU

pretend [priténd]
　…인 체하다, 가장하다
pretense [priténs]
　구실, 핑계, 겉치레, 가면, 거짓
worse [wəːrs]
　(bad, ill의 비교급) 보다 나쁜, 악화된

vanity [vǽnəti] 덧없음, 허무, 허영
vain [vein] 헛된, 보람 없는, 무익한

FRI

fault [fɔːlt] 과실, 잘못(mistake)
part [pɑːrt] 나누다, 헤어지다
partial [pɑ́ːrʃəl] 부분적인, 편파적인
separate [sépərèit]
　분리하다, 별거하다, 흩어지다
divorce [divɔ́ːrs] 이혼, 결별

confidential [kɑ̀nfidénʃəl]
　은밀한(secret), 기밀의

MON

The ideal Man should always mean much more than he says

이상적인 남자라면 언제나 그가 말하는 것보다 더 많은 것을 의도해야 한다

The ideal Man should talk to us as if we were goddess, and treat us as if we were children. He should refuse all our serious requests, and gratify every one of our whims. He should encourage us to have caprices, and forbid us to have missions. He should always say much more than he means, and always mean much more than he says.

이상적인 남자는 우리가 마치 여신인 것처럼 말하면서 우리를 어린아이처럼 다룹니다. 그리고 우리의 진지한 요구를 거절하면서 우리의 변덕을 충족시켜 줍니다. 또한 우리의 변덕을 부추기면서, 우리가 사명감을 갖지 못하게 합니다. 이상적인 남자라면 언제나 그가 의도하는 것 이상으로 말해야 하고, 그가 말하는 것보다 더 많은 것을 의도해야 합니다.

문장분석

The ideal Man should talk to us as if we were goddess, and treat us <u>as if we were</u>
　　　　　　　　　　　　　　　마치 ~인 것처럼
children. He should refuse all our serious requests, and gratify every one of our

whims. He should encourage us to have caprices, and forbid us to have missions.

He should always say <u>much</u> more than he means, and always mean much more
　　　　　　　　　　훨씬(even, far, much, a lot)
than he says.

serious [síəriəs] 진지한, 엄숙한, 심각한
gratify [grǽtəfài]
　기쁘게 하다, 만족시키다, (욕망을) 채우다
whim [hwim] 잘 변하는 마음, 일시적인 생각, 변덕
encourage [enkə́:ridʒ]
　용기를 돋우다, 격려하다, 고무하다, 권하다

caprice [kəprí:s]
　변덕, 종작 없음(whim), 줏대 없음
forbid [fərbíd] 금하다, 허락하지 않다

We women love with our ears, just as you men love with eyes

우리 여자들은 귀로 사랑을 합니다, 남자들이 눈으로 사랑을 하는 것처럼

"We women, as some one says, love with our ears, just as you men love with eyes, if you ever love at all."
"It seems to me that we men never do anything else."

"우리 여자들은 어떤 사람이 말했듯이, 귀로 사랑을 합니다. 남자들이 눈으로 사랑을 하는 것처럼요. 남자들이 혹시라도 사랑이란 걸 한다면 말이지요."
"제가 보기에 우리 남자들은 사랑 말고는 아무것도 하지 않는 것 같은데요."

문장분석

"We women, as some one says, love with our ears, just as you men love with
~하는 것처럼
eyes, if you ever love at all."
~는 경우가 있다면   조금이라도
"It seems to me that we men never do anything else."
~인 것 같다   그밖의, 다른

whisper [hwíspər]
속삭이다, 작은 소리로 이야기하다
love-hate 격렬한 애증(愛憎)(의)
relationship [riléiʃənʃip] 관계

rupture [rʌ́ptʃər] 파열, 파괴, 불화, 찢다
adorable [ədɔ́:rəbl]
숭배할 만한, 사랑스러운, 귀여운

A bad woman is the sort of woman a man never gets tired of

나쁜 여자는 남자가 절대 싫증 내지 않는 여자죠

"What do you call a bad man?"
"The sort of man who admires innocence."
"And a bad woman?"
"Oh, the sort of woman a man never gets tired of."

"어떤 남자를 나쁜 남자라고 생각하나요?"
"순결을 찬양하는 남자죠."
"나쁜 여자는요?"
"오, 그건 남자가 절대 싫증 내지 않는 여자죠."

문장분석

"What do you call a bad man?"
　　　　~라고 생각하다

"The sort of man who admires innocence."
　　kind

"And (what do you call) a bad woman?"

"Oh, the sort of woman (whom) a man never gets tired of."
　　　　　　　　　　　　　　　　　　　싫증내다

admire [ædmáiər] 찬탄하다, 칭찬하다
innocence [ínəsns] 순진, 청정, 순결
get sick of ~에 신물이 나다

be sick and tired of
　　~에 진절머리 나다(be fed up with)
be tired with ~때문에 피곤하다

Men always want to be a woman's first love, which is their clumsy vanity

남자들은 언제나 여자의 첫사랑이고 싶어 하지만 그건 그들의 어설픈 허영심이다

Men always want to be a woman's first love. That is their clumsy vanity. We women have a more subtle instinct about things. What we like is to be a man's last romance. Men can love what is beneath them – things unworthy, stained, dishonoured. We women worship when we love; and when we lose our worship, we lose everything.

남자들은 언제나 여자의 첫사랑이고 싶어 한다. 그건 그들의 어설픈 허영심이다. 우리 여자들은 세상 물정에 대해 보다 예민한 직감을 갖고 있다. 우리가 원하는 것은 남자의 마지막 사랑이 되는 것이다. 남자들은 자신들보다 수준이 낮은 것을 사랑할 수 있는 것 같다. 사랑받을 자격이 없고, 더럽혀지고, 불명예스러운 것이라 할지라도. 하지만 우리 여자들은 사랑을 할 때면 그 대상을 숭배한다. 그러다 숭배하는 마음이 사라지면 모든 것을 잃고 말지만.

문장분석

Men always want to be a woman's first love. That is their clumsy vanity. We women have a more subtle instinct about things. (What) we like is to be a man's last romance. Men can love (what) is beneath them – (things) (that are) unworthy, stained, dishonoured. We women worship/ when we love; and when we lose our worship, we lose everything.

clumsy [klʌmzi] 솜씨 없는, 서투른
vanity [vǽnəti] 덧없음, 공허, 헛됨, 무익
subtle [sʌtl] 미묘한
instinct [ínstiŋkt] 본능, 직관
beneath [biníːθ] (바로) 아래에

unworthy [ʌnwə́ːrði] 가치 없는
stain [stein] 얼룩, 오점, 더럽히다
dishonour [disánər]
　불명예, 치욕, ~에게 굴욕을 주다
worship [wə́ːrʃip] 예배, 숭배하다

Men marry because they are tired; women, because they are curious

남자들은 지쳐서 결혼하고, 여자들은 호기심 때문에 결혼한다

Every experience is of value, and, whatever one may say against marriage, it is certainly an experience. A man who desires to get married should know either everything or nothing. Men marry because they are tired; women, because they are curious. Both are disappointed.

모든 경험은 나름대로의 가치를 지닌다. 그리고 사람들이 결혼에 대해 어떤 부정적인 말들을 하더라도 결혼이 하나의 경험인 것만은 분명하다. 결혼하기를 원하는 남자는 모든 것을 알거나 아무것도 몰라야 한다. 남자들은 지쳐서 결혼하고, 여자들은 호기심 때문에 결혼한다. 그리고 양쪽 모두 실망한다.

문장분석

Every experience is of value, and, whatever one may say against marriage, it is
valuable   아무리 ~일지라도
certainly an experience. A man who desires to get married should know either
everything or nothing. Men marry because they are tired; women (marry)
because they are curious. Both are disappointed.

experience [ikspíəriəns] 경험, 체험
value [vǽljuː] 가치, 평가
valuable [vǽljuːəbəl] 귀중한, 값비싼
certainly [sə́ːrtənli] 확실히, 꼭

curious [kjúəriəs] 호기심 있는
curiosity [kjùəriɑ́səti] 호기심
disappoint [dìsəpɔ́int] 실망시키다, 좌절시키다

Vocabulary Of The Week

MON

serious [síəriəs]
진지한, 엄숙한, 심각한
gratify [grǽtəfài]
기쁘게 하다, 만족시키다, (욕망을)
채우다
whim [hwim] 잘 변하는 마음,
일시적인 생각, 변덕

encourage [enkə́:ridʒ]
용기를 돋우다, 격려하다, 고무하다,
권하다
caprice [kəprí:s]
변덕, 종작 없음(whim), 줏대 없음
forbid [fərbid] 금하다, 허락하지 않다

TUE

whisper [hwispər]
속삭이다, 작은 소리로 이야기하다
love-hate 격렬한 애증(愛憎)(의)
relationship [riléiʃənʃip] 관계
rupture [rʌ́ptʃər]
파열, 파괴, 불화, 찢다

adorable [ədɔ́:rəbl]
숭배할 만한, 사랑스러운, 귀여운

WED

admire [ædmáiər]
찬탄하다, 칭찬하다
innocence [inəsns] 순진, 청정, 순결
get sick of ~에 신물이 나다
be sick and tired of
~에 진절머리 나다(be fed up with)

be tired with ~때문에 피곤하다

THU

clumsy [klʌ́mzi] 솜씨 없는, 서투른
vanity [vǽnəti]
덧없음, 공허, 헛됨, 무익
subtle [sʌ́tl] 미묘한
instinct [ínstiŋkt] 본능, 직관
beneath [biní:θ] (바로) 아래에

unworthy [ʌnwə́:rði] 가치 없는
stain [stein] 얼룩, 오점, 더럽히다
dishonour [disʌ́nər]
불명예, 치욕, ~에게 굴욕을 주다
worship [wə́:rʃip] 예배, 숭배하다

FRI

experience [ikspíəriəns] 경험, 체험
value [vǽlju:] 가치, 평가
valuable [vǽlju:əbəl] 귀중한, 값비싼
certainly [sə́:rtənli] 확실히, 꼭
curious [kjúəriəs] 호기심 있는
curiosity [kjùəriɑ́səti] 호기심

disappoint [disəpɔ́int]
실망시키다, 좌절시키다

MON

The world has grown so suspicious of anything that looks happy

세상 사람들은 행복하게 보이는 것이라면 무엇이든 의심스럽게 여기게 되었다

It's most dangerous nowadays for a husband to pay any attention to his wife in public. It always makes people think that he beats her when they're alone. The world has grown so suspicious of anything that looks like a happy married life.

남편이 사람들 앞에서 자기 아내에게 자상하게 구는 것은 아주 위험한 일이다. 부부끼리만 있을 때 남편이 아내를 때릴 거라는 생각이 들게 하기 때문이다. 세상 사람들은 행복한 결혼 생활처럼 보이는 것이라면 무엇이든 의심스럽게 여기게 되었다.

문장분석

It is most dangerous nowadays for a husband to pay any attention to his wife in
　　　　　　　　　　　　　　　　주어　　　　　　동사
public. It always makes people think that he beats her when they're alone. The
world has grown so suspicious of anything that looks like a happy married life.
　　　　　　become　　　　　　　　　　　　　　　　　~처럼 보이다

attention [əténʃən] 주의, 배려, 친절　　　suspicious [səspíʃəs] 의심스러운, 수상쩍은
beat [biːt] 치다, 때리다　　　　　　　　suspicion [səspíʃən] 혐의, 의심(쩍음)
alone [əlóun] 홀로

Ordinary women never appeal to one's imagination

평범한 여자들은 결코 우리의 상상력을 자극하지 못한다

Ordinary women never appeal to one's imagination. They are limited to their century. No glamour ever transfigures them. One knows their minds as easily as one knows their bonnets. One can always find them. There is no mystery in any of them.

평범한 여자들은 결코 우리의 상상력을 자극하지 못한다. 그들은 그들이 사는 시대에 한정돼 있기 때문이다. 어떤 화려함도 그들을 변화시키지 못한다. 우리는 그들의 정신을 그들이 머리에 쓴 보닛만큼이나 쉽게 파악할 수 있다. 우린 언제나 그들을 알아볼 수 있다. 그런 여자들에게는 어떤 신비함도 찾아볼 수가 없다.

문장분석

Ordinary women never appeal to one's imagination. They are limited to their century. No glamour ever transfigures them. One knows their minds as easily as
We
one knows their bonnets. One can always find them. There is no mystery/ in any of them.

ordinary [ɔ́ːrdənèri] 보통의, 평범한
extraordinary [ikstrɔ́ːrdənèri]
  대단한, 비상한, 보통이 아닌
appeal [əpíːl] 호소하다

limit [límit] 제한하다, 한계, 한도
transfigure [trænsfígjər] 형상(모양)을 바꾸다
bonnet [bánit]
  (턱 밑에서 끈을 매는 여자·어린이용의) 챙 없는 모자

Women are pictures, men are problems

여자는 그림이고 남자는 문제이지요

"It is very difficult to understand women, is it not?"

"You should never try to understand them. Women are pictures. Men are problems. If you want to know what a woman really means-which, by the way, is always a dangerous thing to do- look at her, don't listen to her."

"여자를 이해하는 건 정말 어려워요, 그렇죠?"

"여자를 이해하려고 하면 안 돼요. 여자는 그림이니까요. 남자는 문제이고요. 여자가 정말로 무슨 말을 하려는 건지 알고 싶으면– 그건 언제나 위험한 일이긴 하지만– 그냥 여자를 보기만 하세요, 그녀가 하는 말을 듣지 말고."

문장분석

"It is very difficult to understand women, is it not?"

"You should never try to understand them. Women are pictures. Men are problems. If you want to know what a woman really means - Which, by the way,
앞 문장 그런데, 덧붙여 말하면
is always a dangerous thing to do- look at her, don't listen to her."

hear 듣다, (저절로) …이 들리다
listen 귀를 기울여 듣다,
misogyny [misɑ́dʒəni] 여성혐오

philogyny [filɑ́dʒəni] 여성 숭배
androphobia [ǽndrəfóubiə]
남성혐오(man-hating)

All women become like their mothers, that is their tragedy

모든 여자들은 자신의 어머니처럼 되는데, 그게 여자들의 비극이다

The strength of women comes from the fact that psychology cannot explain them. Men can be analyzed, women······ merely adored. All women become like their mothers. That is their tragedy. No man does. That's his. ✦ I always pass on good advice. It is the only thing to do with it. It is never of any use to oneself.

여자들의 강점은 심리학으로 설명할 수 없다는 사실에 있다. 남자들은 분석될 수 있지만, 여자들은······ 단지 사랑받을 수 있을 뿐이다. 모든 여자들은 자신의 어머니처럼 된다. 그게 여자들의 비극이다. 어머니를 닮는 남자는 아무도 없다. 그게 남자의 비극이다. ✦ 나는 좋은 충고는 언제나 다른 사람에게 전해 준다. 좋은 충고로 할 수 있는 것은 그것밖에 없기 때문이다. 좋은 충고는 자기 자신에게는 아무런 쓸모가 없다.

문장분석

The strength of women comes from (the fact) that psychology cannot explain them. Men can be analyzed, women······ (can be) merely adored. All women become like their mothers. That is their tragedy. No man does. That's his (tragedy).

✦ I always pass on good advice. It is the only thing to do with it. It is never of any use to oneself.
　　　　　물려주다, 전해주다 　　　　　　　　　　　　　　　　　　　useful

---

strength [streŋkθ] 세기, 힘, 강점
psychology [saikɑ́lədʒi] 심리학
analyze [ǽnəlàiz] 분석하다

analysis [ənǽləsis] 분석, 분해
adore [ədɔ́:r] 숭배하다, 매우 좋아하다
tragedy [trǽdʒədi] 비극

There is only one real tragedy in a woman's life

여자의 일생에는 하나의 진정한 비극만이 존재한다

Women are a fascinatingly wilful sex. Every woman is a rebel, and usually in wild revolt against herself. In the case of very fascinating woman, sex is a challenge, not a defence. ✦ There is only one real tragedy in a woman's life. The fact that her past is always her lover, and her future invariably her husband.

여성은 매혹적일 정도로 고집스런 존재다. 모든 여자에겐 반항아적 기질이 있다. 대체로 자기 자신에 대해 맹렬하게 반항한다. 아주 매력적인 여자의 경우, 섹스는 방어가 아니라 도전이다. ✦ 여자의 일생에는 하나의 진정한 비극만이 존재한다. 과거는 언제나 연인이고, 미래는 언제나 남편이라는 사실이다.

문장분석

Women are a fascinatingly wilful sex. Every woman is a rebel, and usually in wild
　　　　　　　　　　　　　　　　성(性)
revolt against herself. In the case of very fascinating woman, sex is a challenge,

not a defence. ✦ There is only one real tragedy/ in a woman's life. The fact that

her past is always her lover, and her future invariably her husband.

fascinating [fǽsənèitiŋ]
　황홀케 하는, 호리는, 매혹적인
wilful [wilfəl]
　계획적인, 고의의, 외고집의, 제멋대로의

rebel [rébəl] 반역자
usually [júːʒuəli] 보통, 일반적으로, 평소(에는)
tragedy [trǽdʒədi] 비극
invariably [invéəriəbli] 변함 없이, 항상, 반드시

MON

attention [əténʃən] 주의, 배려, 친절
beat [bi:t] 치다, 때리다
alone [əlóun] 홀로
suspicious [səspíʃəs]
　의심스러운, 수상쩍은

suspicion [səspíʃən]
　혐의, 의심(쩍음)

TUE

ordinary [ɔ́ːrdənèri] 보통의, 평범한
extraordinary [ikstrɔ́ːrdənèri]
　대단한, 비상한, 보통이 아닌
appeal [əpíːl] 호소하다
limit [límit] 제한하다, 한계, 한도

transfigure [trænsfígjər]
　형상(모양)을 바꾸다
bonnet [bάnit]
　(턱 밑에서 끈을 매는
　여자·어린이용의) 챙 없는 모자

WED

hear 듣다, (저절로) …이 들리다
listen 귀를 기울여 듣다,
misogyny [misάdʒəni] 여성혐오
philogyny [filάdʒəni] 여성 숭배
androphobia [ǽndrəfóubiə]
　남성혐오(man-hating)

THU

strength [streŋ́kθ] 세기, 힘, 강점
psychology [saikάlədʒi] 심리학
analyze [ǽnəlàiz] 분석하다
analysis [ənǽləsis] 분석, 분해
adore [ədɔ́ːr]
　숭배하다, 매우 좋아하다

tragedy [trǽdʒədi] 비극

FRI

fascinating [fǽsənèitiŋ]
　황홀케 하는, 호리는, 매혹적인
wilful [wílfəl]
　계획적인, 고의의, 외고집의,
　제멋대로의
rebel [rébəl] 반역자

usually [júːʒuəli]
　보통, 일반적으로, 평소(에는)
tragedy [trǽdʒədi] 비극
invariably [invέəriəbli]
　변함 없이, 항상, 반드시

Good looks are a snare that every sensible man would like to be caught in

예쁜 얼굴은 분별 있는 남자라면 누구나 걸려들고 싶어 하는 덫이다

"Miss Prism says that all good looks are a snare."
"They are a snare that every sensible man would like to be caught in."
"How you men stand up for each other!"
"How you women war against each other!"

"프리즘 선생님이 말씀하시길, 예쁜 얼굴은 모두 덫이라던데요."
"맞아요, 분별 있는 남자라면 누구나 걸려들고 싶어 하는 덫이죠."
"남자들은 왜 그렇게 서로를 두둔하는지!"
"여자들은 왜 그렇게 서로 원수같이 구는지!"

문장분석

"Miss Prism says that all good looks are a snare."
용모, 생김새
"They are a snare that every sensible man would like to be caught in."

"How you men stand up for each other!"
옹호(지지)하다
"How you women war against each other!"
반대하여

snare [snɛər] 덫, 올가미, 유혹, 함정
lure [luər] 유혹하다, 끌어들이다
bait [beit] 미끼, 괴롭히다, 유혹
sensible [sénsəbəl] 분별 있는, 사리를 아는, 현명한

tempt [tempt] …의 마음을 끌다, 유혹하다
temptation [temptéiʃən] 유혹, 마음을 끄는 것

184

TUE

The one charm of the past is that it is the past

과거의 매력 중 하나는 그것이 과거라는 데 있다

The one charm of the past is that it is the past. But women never know when the curtain has fallen. They always want a sixth act, and as soon as the interest of the play is entirely over they propose to continue it. If they were allowed their own way, every comedy would have a tragic ending, and every tragedy would culminate in a farce.

과거의 매력 중 하나는 그것이 과거라는 데 있다. 하지만 여자들은 언제 커튼이 내려졌는지 결코 알지 못한다. 그들은 언제나 6막을 원하고, 연극의 흥미가 완전히 사라지자마자 연극을 계속하라고 요구한다. 그들이 원하는 대로 된다면 모든 희극은 비극적 결말로, 모든 비극은 희극으로 끝나고 말 것이다.

문장분석

The one charm of the past is that it is the past. But women never know when the curtain has fallen. They always want a sixth act, and as soon as the interest
~하자마자
of the play is entirely over/ they propose to continue it. If they were allowed their

own way, every comedy would have a tragic ending, and every tragedy would

culminate in a farce.
~로 끝나다

charm [tʃɑːrm] 매력(fascination)
entirely [entáiərli] 아주, 완전히, 오로지
continue [kəntínjuː] 계속하다
allow [əláu] 허락하다

tragic [trǽdʒik] 비극의, 비극적인
culminate [kʌ́lmənèit]
끝나게 하다, 정점에 이르다
farce [fɑːrs] 소극(笑劇), 익살극

Most men are so natural that they have no sense of Beauty

대부분의 남자들은 너무 자연적이라 아름다움에 대한 감각이 없다

A woman's life revolves in curves of emotions. It is upon lines of intellect that a man's life progresses. Most women are so artificial that they have no sense of Art. Most men are so natural that they have no sense of Beauty. ✦ No man should have a secret from his wife. She invariably finds it out. Women have a wonderful instinct about things. They can discover everything except the obvious.

여자의 일생은 감정의 곡선 안에서 회전한다. 남자의 일생이 전진하는 것은 지성의 선 위에서이다. 대부분의 여자들은 너무 인위적이어서 예술에 대한 감각이 없고 대부분의 남자들은 너무 자연적이라 아름다움에 대한 감각이 없다. ✦ 어떤 남자도 아내에게 비밀이 있으면 안 된다. 아내가 반드시 알아내고 말 것이기 때문이다. 여자들은 세상 일에 대한 놀라운 직감을 갖고 있다. 그들은 명백한 것 외에는 뭐든지 찾아낼 수 있다.

문장분석

A woman's life revolves/ in curves of emotions. It is (up)on lines of intellect that
(강조구문)
a man's life progresses. Most women are so artificial that they have no sense
of Art. Most men are so natural that they have no sense of Beauty. ✦ No man
should have a secret from his wife. She invariably finds it out. Women have
a wonderful instinct about things. They can discover everything/ except the
obvious.

---

revolve [riválv] 회전하다
emotion [imóuʃən] 감정, 감동
intellect [íntəlèkt] 지성, 지식인
progress [prəgrés] 전진하다, 진보하다

artificial [à:rtəfíʃəl] 인공의, 인위적인
invariably [invéəriəbli] 변함 없이, 항상, 반드시
instinct [ínstiŋkt] 본능, 직감
obvious [ábviəs] 명백한, 명확한, 명료한

You must admit that women give to men the very gold of their lives

여자들이 그들 인생의 황금기를 남자들에게 바친다는 걸 우린 인정해야 한다

"You must admit, Harry, that women give to men the very gold of their lives."
"Possibly, but they invariably want it back in small changes. That is the worry. Women inspire us with the desire to do masterpieces, and always prevent us from carrying them out."

"해리, 여자들이 그들 인생의 황금기를 남자들에게 바친다는 걸 우린 인정해야 해."
"그런지도 모르지. 하지만 여자들은 어김없이 그걸 잔돈처럼 야금야금 다시 받아 내려고 하지. 그게 문제야. 여자들은 남자들에게 걸작을 쓰기 위한 욕망으로 영감을 주지만, 언제나 그 욕망의 실현을 좌절시켜 버리거든."

문장분석

"You must admit, Harry, that women give the very gold of their lives to men."

"Possibly, but they invariably want it back/ in small changes. That is the worry.

Women inspire us (with the desire) to do masterpieces, and always prevent us

from carrying them out."
수행하다, 실천하다

admit [ædmit] 인정하다, 받아들이다
invariably [invéəriəbli] 변함없이, 항상, 반드시
inspire [inspáiər]
고무(鼓舞)하다, 고무시켜 …하게 하다

desire [dizáiər] 열망, 욕구, 바라다
masterpiece [mǽstərpìːs] 걸작, 명작
prevent [privént]
막다, 방해하다, 막아서 …못 하게 하다

Women's love turns men to angels, the love of man turns women into martyrs

여자의 사랑은 남자를 천사로 만들고 남자의 사랑은 여자를 순교자로 만든다

I see when men love women, they give them but little of their lives. But women when they love give everything. Men do not know what women do for love. ✦ Do you remember saying that women's love turns men to angels? Well, the love of man turns women into martyrs; for its sake we do or suffer anything.

남자는 여자를 사랑할 때 자신의 인생에서 아주 조금만 내줄 뿐이다. 그러나 여자가 사랑할 때는 모든 것을 아낌없이 내준다. 남자들은 여자들이 사랑을 위해 무얼 할 수 있는지도 모른다. ✦ 예전에 당신이 여자의 사랑은 남자를 천사로 만든다고 말했던 걸 기억하나요? 하지만 남자의 사랑은 여자를 순교자로 만듭니다. 그 사랑을 위해 우린 모든 걸 하고, 어떤 고통이든 다 견뎌내거든요.

문장분석

I see when men love women, they give them but little of their lives. But women/
   know
when they love/ give everything. Men do not know what women do for love. ✦
   only

Do you remember saying that women's love turns men to angels? Well, the love

of man turns women into martyrs; for its (own) sake we do or suffer anything.
                           그 자체를 위해   everything

martyr [mάːrtər] 순교자
suffer [sʌ́fər] (고통을) 당하다, 겪다, 견디다
remember to do (미래에) 할 일을 기억하다
remember doing
  (과거에) 했던 일을 기억하다

forget to to (앞으로) 해야할 것을 잊다
forget doing (과거에) 이미 했던 것을 잊다

Vocabulary Of The Week

MON

snare [snɛər] 덫, 올가미, 유혹, 함정
lure [luər] 유혹하다, 끌어들이다
bait [beit] 미끼, 괴롭히다, 유혹
sensible [sénsəbəl]
　분별 있는, 사리를 아는, 현명한

tempt [tempt]
　…의 마음을 끌다, 유혹하다
temptation [temptéiʃən]
　유혹, 마음을 끄는 것

TUE

charm [tʃɑːrm] 매력(fascination)
entirely [entáiərli]
　아주, 완전히, 오로지
continue [kəntinjuː] 계속하다
allow [əláu] 허락하다
tragic [trǽdʒik] 비극의, 비극적인

culminate [kʌlmənèit]
　끝나게 하다, 정점에 이르다
farce [fɑːrs] 소극(笑劇), 익살극

WED

revolve [riválv] 회전하다
emotion [imóuʃən] 감정, 감동
intellect [íntəlèkt] 지성, 지식인
progress [prəgrés]
　전진하다, 진보하다
artificial [àːrtəfíʃəl] 인공의, 인위적인

invariably [invéəriəbli]
　변함 없이, 항상, 반드시
instinct [ínstiŋkt] 본능, 직감
obvious [ábviəs]
　명백한, 명확한, 명료한

THU

admit [ædmít] 인정하다, 받아들이다
invariably [invéəriəbli]
　변함없이, 항상, 반드시
inspire [inspáiər]
　고무(鼓舞)하다, 고무시켜 …하게 하다
desire [dizáiər] 열망, 욕구, 바라다

masterpiece [mǽstərpìːs]
　걸작, 명작
prevent [privént]
　막다, 방해하다, 막아서 …못 하게
하다

FRI

martyr [máːrtər] 순교자
suffer [sʌ́fər]
　(고통을) 당하다, 겪다, 견디다
remember to do
　(미래에) 할 일을 기억하다
remember doing
　(과거에) 했던 일을 기억하다

forget to to
　(앞으로) 해야할 것을 잊다
forget doing
　(과거에) 이미 했던 것을 잊다

Oscar Wilde *1888*

오스카는 1888년에 동화집 『행복한 왕자와 다른 이야기들』을 내면서 작가로서도 큰 인기를 얻기 시작했다. 이 책은 그가 아들에게 책을 읽어 주다가 동화를 써야겠다고 마음 먹은 후 집필한 것이었는데, 단순히 아이들을 위한 동화를 넘어 날카로운 풍자를 담은 걸작으로 평가 받았다.

책에서 가장 유명한 이야기는 역시 '행복한 왕자'이다. 어느 도시에 온갖 보석으로 화려하게 치장한 왕자의 동상이 있었다. 한 제비가 비참한 도시의 모습에 눈물 흘리는 왕자의 부탁을 하나씩 들어주게 되는데, 이는 가난한 사람들에게 왕자를 장식한 보석들을 나눠주는 것이었다. 시의원들은 자신의 모든 것을 내어주고 볼품 없어진 왕자의 동상을 녹여 버리기로 하고, 추운 날씨 탓에 제비도 얼어 죽고 만다. 이때 하나님이 천사에게 이 도시에서 가장 귀한 두 가지를 가져오라고 명령하고, 천사는 왕자의 심장과 죽은 제비를 가져다 바쳤다. 그리하여 그들은 하늘나라에서 행복하게 살게 되었다.

*One's real life is so often the life
that one does not lead.
Wisdom is to have dreams big enough not to lose
sight when we pursue them.*

우리의 진정한 삶은 종종 우리가 현재 살고 있지 않은 삶이다.
꿈을 추구할 때 그 꿈을 놓치지 않을 만큼
크게 보이게 해 주는 것이 지혜다.

MON

Romance never dies, It is like the moon, and lives for ever

로맨스는 결코 죽지 않는다, 마치 달과 같아서 영원히 살아 있다

Romance lives by repetition, and repetition converts an appetite into an art. Besides, each time that one loves is the only time one has ever loved. Romance never dies. It is like the moon, and lives for ever. To be in love is to surpass oneself. ✦ What is romance but humanity?

연애는 반복해서 살고, 반복은 욕구를 예술로 변화시킨다. 게다가 사랑을 할 때마다 그 사랑은 유일무이한 사랑이다. 로맨스는 결코 죽지 않는다. 그것은 마치 달과 같아서 영원히 살아 있다. 사랑에 빠지는 것은 자신을 넘어서는 일이다. ✦ 로맨스가 인류애가 아니라면 무엇이겠는가?

문장분석

Romance lives by repetition, and repetition converts an appetite into an art.

Besides, (each time) that one loves is (the only time) one has ever loved. Romance

never dies. It is like the moon, and lives for ever. To be in love is to surpass

oneself. ✦ What is romance but humanity?
                if ~ not

repetition [rèpətíʃən] 되풀이, 반복
convert [kənvə́ːrt] 전환하다, 바꾸다
appetite [ǽpitàit] 식욕, 욕구
besides [bisáidz] 그 밖에, 게다가

beside [bisáid] ···의 곁에, ···와 나란히
surpass [sərpǽs] ···보다 낫다, ···을 능가하다
humanity [hjuːmǽnəti] 인류, 인간애

When our eyes met, I felt that I was growing pale

우리의 눈이 마주쳤을 때 나는 내 얼굴이 창백해지는 걸 느꼈다

When our eyes met, I felt that I was growing pale. A curious sensation of terror came over me. I knew that I had come face to face with some one whose mere personality was so fascinating that, if I allowed it to do so, it would absorb my whole nature, my whole soul, my very art itself.

우리의 눈이 마주쳤을 때 나는 내 얼굴이 창백해지는 걸 느꼈다. 난 기이한 두려움에 휩싸였다. 그의 인성이 너무 매혹적이어서, 내가 허락하기만 한다면 나의 본성과 영혼 전부, 나의 예술 자체를 다 빨아들이고 말 누군가와 얼굴을 마주하고 있다는 사실을 알았기 때문이다.

문장분석

When our eyes met, I felt that I was growing pale. A curious sensation of terror
                             becoming
came over me. I knew that I had come face to face with some one whose mere
                       얼굴을 마주 하다   어떤
personality was so fascinating that, if I allowed it to do so, it would absorb my
               너무 ~해서 ~하다
whole nature, my whole soul, my very art itself.

pale [peil] 핼쑥한, 창백한
curious [kjúəriəs] 호기심 있는
personality [pə̀:rsənǽləti]
  개성, 인격, 인물, (특히) 매력 있는 성격

fascinating [fǽsənèitiŋ] 황홀케 하는, 매혹적인
allow [əláu] 허락하다, 허가하다(permit)
absorb [æbsɔ́:rb] 흡수하다, 빨아들이다

No one can possibly shut the doors against Love for ever

사랑의 문을 영원히 닫아걸 수 있는 사람은 아무도 없다

I waited month after month to hear from you. Even if I had not been waiting but had shut doors against you, you should have remembered that no one can possibly shut the doors against Love for ever.

나는 매달 당신의 편지를 기다렸다. 설령 내가 기다리지 않고 당신에게서 문을 걸어 잠궈 버렸다 해도, 사랑은 영원히 문을 닫아걸 수 없다는 걸 당신은 기억했어야 했다.

문장분석

I waited (month after month) to hear from you. Even if I had not been waiting
　　　　달이면 달마다, 매달　　　　~로부터 연락을 받다　　　　비록~일지라도

but had shut doors against you, you should have rememvered that no one can
　　　　　　　　~에 반대하여　　　　　　~했어야 했다(하지만 그러지 않았다)

possibly shut the doors against Love/ for ever.

should have pp
　~할 걸 그랬다, ~했어야 했다(후회, 아쉬움)

would have pp
　~했을 거다, ~했을 텐데(실은 하지 않음)

could have pp
　~할 수도 있었다, ~할 수 있었을텐데(실은 하지 못함)

might have pp
　~했을지도 모른다, 아마 ~했나보다(약한 추측)

must have pp
　틀림없이~이었을거야, 분명~했나봐(강한 추측)

194

The memory of our friendship, like a shadow, seems never to leave me

우리가 함께했던 기억은 그림자와도 같아서 결코 나를 떠나지 않는다

The memory of our friendship is the shadow that walks with me here. I remember the street or river down which we passed, the wall or woodland that surrounded, at what figure on the dial stood the hands of the clock, which way went the wings of the wind, the shape and colour of the moon.

우리가 함께했던 순간들의 기억은 이곳에서 나와 함께 걸어 다니는 그림자와도 같아. 우리가 함께 거닐었던 거리나 강가, 우리를 에워쌌던 벽이나 숲, 시곗바늘이 몇 시를 가리켰는지, 바람의 날개가 어디로 향했는지, 우리를 비추던 달의 모양과 색깔까지도 난 기억하고 있어.

문장분석

The memory of our friendship is (the shadow) that walks with me here. I remember (the street or river) which we passed down, (the wall or woodland) that surrounded, at (what figure on the dial) stood the hands of the clock, which way went the wings of the wind, the shape and colour of the moon.

shadow [ʃǽdou] 그림자, 그늘
surround [səráund] 에워싸다, 둘러싸다

figure [fígjər] 숫자, 모양
shape [ʃeip] 모양, 형상, 외형

When he leaned over my waters, I saw the reflection of my waters in his eyes

그가 내 위로 몸을 숙일 때, 그의 눈 속에 비친 내 모습을 보았어요

If all my drops of water were tears, I should not have enough to weep for Narcissus myself. I loved him. If I loved him, it was because, when he leaned over my waters, I saw the reflection of my waters in his eyes.

내 물방울들이 모두 (들꽃의) 눈물이 된다면, 내가 나르키소스를 애도할 물이 충분하지 않을 거예요. 난 그를 사랑했어요. 내가 그를 사랑했다면, 그건 그가 내[물] 위로 몸을 숙일 때, 그의 눈 속에 비친 내 모습을 보았기 때문이예요.

문장분석

If all my drops of water were tears, I should not have enough to weep for
···일 것이다
Narcissus/ myself. I loved him. I loved him, it was because, when he leaned
over my waters, I saw the reflection of my waters/ in his eyes.

tear [tiər] 눈물
tear [tɛər] 찢다
weep [wiːp] 울다, 슬퍼하다

lean [liːn] 기대다, 기울다
reflection [riflékʃən]
(물에 비친) 그림자, 반사, 반영

196

Vocabulary Of The Week

MON

repetition [rèpətíʃən] 되풀이, 반복
convert [kənvə́ːrt] 전환하다, 바꾸다
appetite [ǽpitàit] 식욕, 욕구
besides [bisáidz] 그 밖에, 게다가
beside [bisáid]
  …의 곁에, …와 나란히

surpass [sərpǽs]
  …보다 낫다, …을 능가하다
humanity [hjuːmǽnəti] 인류, 인간애

TUE

pale [peil] 핼쑥한, 창백한
curious [kjúəriəs] 호기심 있는
personality [pə̀ːrsənǽləti]
  개성, 인격, 인물, (특히) 매력 있는
  성격
fascinating [fǽsənèitiŋ]
  황홀케 하는, 매혹적인

allow [əláu]
  허락하다, 허가하다(permit)
absorb [æbsɔ́ːrb]
  흡수하다, 빨아들이다

WED

should have pp ~할 걸 그랬다,
  ~했어야 했다(후회, 아쉬움)
would have pp ~했을 거다,
  ~했을 텐데(실은 하지 않음)
could have pp
  ~할 수도 있었다, ~할 수
  있었을텐데(실은 하지 못함)

might have pp
  ~했을지도 모른다, 아마
  ~했나보다(약한 추측)
must have pp
  틀림없이~이었을거야,
  분명~했나봐(강한 추측)

THU

shadow [ʃǽdou] 그림자, 그늘
surround [səráund]
  에워싸다, 둘러싸다
figure [fígjər] 숫자, 모양
shape [ʃeip] 모양, 형상, 외형

FRI

tear [tiər] 눈물
tear [tɛər] 찢다
weep [wiːp] 울다, 슬퍼하다
lean [liːn] 기대다, 기울다
reflection [riflékʃən]
  (물에 비친) 그림자, 반사, 반영

MON

Life's ideal is Love and its purification is sacrifice

인생의 이상은 사랑이고 그것을 정화하는 것은 희생이다

Nowadays people seem to look on life as a speculation. It is not a speculation. It is a sacrament. Its ideal is Love. Its purification is sacrifice. Oh, what a lesson! And what a pity that in life we only get our lessons when they are of no use to us!

요즘 사람들은 인생을 투기로 생각하는 것 같다. 하지만 인생은 투기가 아니다. 인생은 신성한 의식이다. 인생의 이상은 사랑이고 그것을 정화하는 것은 희생이다. 오, 이 얼마나 큰 교훈인가! 인생에서 교훈이 우리에게 아무 소용이 없을 때에야 깨닫게 되는 교훈은 얼마나 딱한가!

문장분석

Nowadays/ people seem to look on life as a speculation. It is not a speculation. It
　　　　　　　　~인 것 같다　　A를 B로 여기다
is a sacrament. Its ideal is Love. Its purification is sacrifice. Oh, what a lesson! And

what a pity that in life/ we only get our lessons/ when they are of no use to us!
　　　　　　　　　　　　　　　　　　　　　　　　　　　　　　useless

speculation [spèkjuléiʃən]
투기, 추측, 의견, 사색

sacrament [sǽkrəmənt]
성례전(聖禮典), 성사(聖事)

ideal [aidíːəl] 이상, 관념, 숭고한 목적, 이념

purification [pjùərəfikéiʃən] 깨끗이 하기, 정화

sacrifice [sǽkrəfàis] 희생, 제물

lesson [lésn] 학과, 과업, 수업, 연습

pity [píti] 불쌍히 여김, 동정

A life without love is like a sunless garden when the flowers are dead

사랑 없는 삶은 꽃들이 죽어 버린 해가 들지 않는 정원과 같다

Keep love in your heart. A life without it is like a sunless garden when the flowers are dead. The consciousness of loving and being loved brings a warmth and richness to life that nothing else can bring.

당신 마음속에 사랑을 간직하라. 사랑 없는 삶은 꽃들이 죽어 버린 해가 들지 않는 정원과 같다. 사랑하고 사랑받는다는 자각은 우리 삶에 그 어떤 것도 대신할 수 없는 따뜻함과 풍요로움을 선물해 준다.

문장분석

Keep love in your heart. A life without it is like a sunless garden/ when the

flowers are dead. The consciousness of loving and being loved brings a warmth

and richness to life that nothing else can bring.

_{같은}

consciousness [kánʃəsnis]
의식, 자각, 알고 있음

unconscious [ʌnkánʃəs]
무의식의, 부지중의, 의식불명의

coma [kóumə] 혼수 (상태)

warmth [wɔːrmθ] 따뜻함, 온기

wárm-héarted
마음씨가 따뜻한, 온정적인, 친절한

I want a sheer flame of love between a man and a woman

나는 오직 남녀 간에 존재하는 순수한 사랑의 격정을 원한다

I want the sheer passion of love to dominate everything. No morbid self-sacrifice. No renunciation. A sheer flame of love between a man and a woman. If one really loves a woman, all other women in the world become absolutely meaningless to one.

나는 사랑의 순수한 열정이 모든 걸 지배하길 원한다. 음울한 자기희생도, 어떤 포기도 원하지 않는다. 나는 오직 남녀 간에 존재하는 순수한 사랑의 격정을 원할 뿐이다. 남자가 한 여자를 진정으로 사랑하게 되면, 세상의 다른 모든 여자들은 그에게 무의미한 존재가 된다.

문장분석

I want the sheer passion of love to dominate everything. (I want) No morbid self-sacrifice. (I want) No renunciation. (I want) A sheer flame of love between a man and a woman. If one really loves a woman, all other women in the world/ become absolutely meaningless/ to one.

sheer [ʃiər] 섞이지 않은, 물타지 않은, 순수한
dominate [dάmənèit] 지배(통치)하다, 위압하다
morbid [mɔ́ːrbid] 병적인, 불건전한, 음침한
renunciation [rinʌ̀nsiéiʃən] 포기, 단념, 체념

flame [fleim] 불길, 화염, 격정, 정염
absolutely [æbsəlúːtli]
절대적으로, 무조건, 정말로

It is the people who don't know how to play with it who get burned up

불에 홀라당 타 버리는 사람들은 불을 가지고 노는 법을 모르는 사람들이다

"As far as I can make out, the young women of the present day seem to make it the sole object of their lives to be playing with fire."
"The one advantage of playing with fire, Lady, is that one never gets even singed. It is the people who don't know how to play with it who get burned up."

"내가 이해하는 바로는, 요즘 젊은 여자들은 불장난을 인생의 유일한 목적으로 삼는 것 같아요."
"부인, 불장난의 장점 한 가지는 절대 불에 그슬리지 않는다는 겁니다. 불에 홀라당 타 버리는 사람들은 불을 가지고 노는 법을 모르는 사람들입니다."

문장분석

"As far as I can make out, the young women of the present day seem to make it
　~하는 한　　　understand　　　　　　　　　　　　　　　　　　　　　　　~하는 것 같다
the sole object of their lives to be playing with fire."
　　　only
"The one advantage of playing with fire, Lady, is that one never gets even singed.

It is the people who don't know how to play with it who get burned up."
강조구문　　　　　　　　　　　　　　　　　　　　　　　　　　become

present [prézənt] 현재의, (출석하고) 있는　　disadvantage [dìsədvǽntidʒ] 불리, 불이익
object [ábdʒikt] 대상, 목적, 사물　　　　　　singe [sindʒ] 태워 그스르다, 까맣게 타다
advantage [ædvǽntidʒ] 유리, 이익, 편의

Love is two fool things after each other

사랑은 바보 같은 둘이 서로를 찾아 헤매는 일이다

Life is one fool thing after another whereas love is two fool things after each other. First they loved with the love that dies – the love of the soul for soul; and then they loved with the love that never dies – the love of the body for the body.

인생이 바보 같은 하나가 다른 무언가를 찾아 헤매는 것인 반면, 사랑은 바보 같은 둘이 서로를 찾아 헤매는 일이다. 그들은 처음에는 소멸하는 사랑, 영혼을 향한 영혼의 사랑으로 사랑을 했다. 그런 다음에는 결코 죽지 않는 사랑, 육체를 향한 육체의 사랑으로 사랑을 했다.

문장분석

Life is one fool thing after another whereas love is two fool things after each
　　　　　　　　　　…을 찾아　　　　…임에 반하여
other. First they loved with (the love) that dies – the love of the soul for soul; and

then they loved with (the love) that never dies – the love of the body for the body.

obsessive [əbsésiv]
사로잡힌, 집착하는, 망상에 빠진 사람
affectionate [əfékʃənit]
애정 깊은, 사랑에 넘친, 다정한

sensual [sénʃuəl] 관능적인
flesh [fleʃ] 살, 육체
folly [fɑ́li] 어리석음, 어리석은 행위(생각)

Vocabulary Of The Week

MON

speculation [spèkjuléiʃən]
투기, 추측, 의견, 사색

sacrament [sǽkrəmənt]
성례전(聖禮典), 성사(聖事)

ideal [aidíːəl]
이상, 관념, 숭고한 목적, 이념

purification [pjùərəfikéiʃən]
깨끗이 하기, 정화

sacrifice [sǽkrəfàis] 희생, 제물

lesson [lésn] 학과, 과업, 수업, 연습

pity [píti] 불쌍히 여김, 동정

TUE

consciousness [kánʃəsnis]
의식, 자각, 알고 있음

unconscious [ʌnkánʃəs]
무의식의, 부지중의, 의식불명의

coma [kóumə] 혼수 (상태)

warmth [wɔːrmθ] 따뜻함, 온기

wárm-héarted
마음씨가 따뜻한, 온정적인, 친절한

WED

sheer [ʃiər]
섞이지 않은, 물타지 않은, 순수한

dominate [dámənèit]
지배(통치)하다, 위압하다

morbid [mɔ́ːrbid]
병적인, 불건전한, 음침한

renunciation [rinʌ̀nsiéiʃən]
포기, 단념, 체념

flame [fleim] 불길, 화염, 격정, 정염

absolutely [æ̀bsəlúːtli]
절대적으로, 무조건, 정말로

THU

present [prézənt]
현재의, (출석하고) 있는

object [ábdʒikt] 대상, 목적, 사물

advantage [ædvǽntidʒ]
유리, 이익, 편의

disadvantage [disədvǽntidʒ]
불리, 불이익

singe [sindʒ]
태워 그스르다, 까맣게 타다

FRI

obsessive [əbsésiv]
사로잡힌, 집착하는, 망상에 빠진 사람

affectionate [əfékʃənit]
애정 깊은, 사랑에 넘친, 다정한

sensual [sénʃuəl] 관능적인

flesh [fleʃ] 살, 육체

folly [fáli]
어리석음, 어리석은 행위(생각)

MON

He made me see why Love is stronger than Life and Death

그는 내게 왜 사랑이 삶과 죽음보다 강한지를 알게 해 주었다

You should not say the greatest romance of your life. You should say the first romance of your life. You will always be loved, and you will always be in love with love. ✦ He made me see what Life is, and what Death signifies, and why Love is stronger than both.

'당신 생애 가장 멋진 로맨스'라고 말하면 안 된다. 그보다는 '당신 생애 최초의 로맨스'라고 말해야 한다. 그러면 당신은 언제나 사랑받을 것이고 당신은 언제나 사랑과 사랑에 빠져 있을 것이다. ✦ 그는 내게 삶이 무엇인지, 죽음이 무엇을 의미하는지 그리고 왜 사랑이 삶과 죽음보다 강한지를 알게 해 주었다.

문장분석

You should not say the greatest romance of your life. You should say the first

romance of your life. You will always be loved, and you will always be in love with

love. ✦ He made me see what Life is, and what Death signifies, and why Love is
　　　　　　understand

stronger than both.

signify [sígnəfài] 의미하다, 뜻하다(mean)　　　signal [sígnəl] 신호, 계기, 동기, 도화선
significant [signífikənt] 중대한, 의미심장한　　strength [streŋkθ] 세기, 힘, 체력, 장점
signature [sígnətʃər] 서명(하기)

It takes great courage to see the world in all its tainted glory, and still to love it

그 모든 영광이 더럽혀진 세상을 바라보면서 여전히 그 세상을 사랑하는 데는 커다란 용기가 필요하다

It takes great courage to see the world in all its tainted glory, and still to love it. And even more courage to see it in the one you love. The world is changed because you are made of ivory and gold. The curves of your lips rewrite history.

그 모든 영광이 더럽혀진 세상을 바라보면서 여전히 그 세상을 사랑하는 데는 커다란 용기가 필요하다. 그리고 당신이 사랑하는 사람에게서 그런 세상을 발견하는 데는 더욱 더 커다란 용기가 필요하다. 이제 세상은 바뀌었다. 상아와 금으로 만들어진 당신이 있기 때문이다. 당신 입술의 곡선이 역사를 다시 쓰고 있다.

문장분석

It takes great courage to see the world in all its tainted glory, and still to love it. And (it takes) even more courage to see it in the one (whom) you love. The world is changed because you are made of ivory and gold. The curves of your lips
~로 만들어지다
rewrite history.

courage [kə́:ridʒ] 용기, 담력, 배짱
courageous [kəréidʒəs] 용기 있는, 용감한
taint [teint] 더럼, 얼룩, 오점, 더럽히다

glorious [gló:riəs] 영광스러운, 명예로운
ivory [áivəri] 상아, (코끼리·하마 따위의) 엄니
ebony [ébəni] 흑단(黑檀)

WED

Life cannot be understood, cannot be lived without much charity

큰 자비심 없이는 인생을 이해할 수 없으며 인생을 살아갈 수도 없다

All I do know is that life cannot be understood without much charity, cannot be lived without much charity. It is love, and not German philosophy, that is the true explanation of this world, whatever may be the explanation of the next.

정말로 내가 아는 모든 건, 우리는 큰 자비심 없이는 인생을 이해할 수 없으며, 큰 자비심 없이는 인생을 살아갈 수 없다는 사실이다. 다음 세상은 어떻게 설명할 수 있을지 모르겠지만, 지금 세상을 진정으로 설명할 수 있는 것은 독일 철학이 아니라 사랑이다.

문장분석

All I do know is that life cannot be understood without much charity, cannot be
　　강조
lived without much charity. It is love, and not German philosophy, that is the true
　　　　　　　　　　　　　　　　　　　　　　　　강조구문
explanation of this world, whatever may be the explanation of the next.
　　　　　　　　　　　～일지는 몰라도

charity [tʃǽrəti] 자애, 자비, 자선
miser [máizər] 수전노, 구두쇠, 욕심쟁이
stingy [stíndʒi] 인색한, 몹시 아끼는

philosophy [filásəfi] 철학
philosopher [filásəfər] 철학자
explanation [èksplənéiʃən] 설명, 해설

Only what is fine, and finely conceived, can feed Love

오직 아름다운 것과 아름답게 상상된 것만이 사랑을 충족시킬 수 있다

Love is fed by the imagination, by which we become wiser than we know, better than we feel, nobler than we are: by which we see Life as a whole: by which, and by which alone, we can understand others in their real and their ideal relations. Only what is fine, and finely conceived, can feed Love.

사랑은 상상력을 먹고 자란다. 우리는 상상력에 의해 우리가 생각하는 것보다 더 현명해지고, 우리가 느끼는 것보다 더 나아지고, 지금의 우리보다 더 고귀해질 수 있다. 우리는 상상력에 의해 삶을 하나의 전체로 볼 수 있다. 그리고 상상력에 의해, 오직 상상력에 의해서만 실제적이고 이상적인 관계 속에서 다른 사람들을 이해할 수 있다. 오직 아름다운 것과 아름답게 상상된 것만이 사랑을 살찌울 수 있다.

문장분석

Love is fed by the imagination, by which/ we become wiser than we know, better than we feel, nobler than we are: by which/ we see Life as a whole: by which/,
현재의 상태

and by which alone, we can understand others in their real and their ideal
only

relations. Only what is fine, and finely conceived, can feed Love.
~하는 것

feed [fiːd] (fed-fed)음식을 주다, 먹이다
noble [nóubəl] 귀족의, 고상한
whole [houl] 전체, 전부의
ideal [aidíːəl] 이상, 이상적인

relation [riléiʃən] 관계, 관련
conceive [kənsíːv]
마음에 품다, 고안하다, 상상하다

It is Love and the capacity for it that distinguishes one human from another

어느 한 사람을 다른 사람과 구분 짓는 것은 사랑과 사랑을 하는 능력이다

The imagination itself is the world light. The world is made by it, and yet the world cannot understand it: that is because the imagination is a simply manifestation of Love, and it is Love and the capacity for it that distinguishes one human from another.

상상력은 세상을 비추는 빛이다. 이 세상은 상상력에 의해 만들어졌음에도 세상은 상상력을 이해하지 못한다. 상상력은 단지 사랑의 발현이기 때문이며, 어느 한 사람을 다른 사람과 구분 짓는 것도 다름아닌 사랑과 사랑을 하는 능력이기 때문이다.

문장분석

The imagination itself is the world light. The world is made by it, and yet the
그럼에도
world cannot understand it: that is because the imagination is a simply manifes-
only
tation of Love, and it is Love and the capacity for it that distinguishes one human
강조구문
from another (human).

imagination [imǽdʒənéiʃən] 상상(력)
manifestation [mæ̀nəfestéiʃən]
　표현, 명시, 정견발표
capacity [kəpǽsəti] 능력, 재능, 수용량

capable [kéipəbəl]
　유능한, ~할 능력이 있는(able)
distinguish [distíŋwiʃ] 구별하다, 분별하다

Vocabulary Of The Week

MON

signify [sígnəfài]
의미하다, 뜻하다(mean)
significant [signífikənt]
중대한, 의미심장한
signature [sígnətʃər] 서명(하기)

signal [sígnəl]
신호, 계기, 동기, 도화선
strength [streŋƙθ]
세기, 힘, 체력, 장점

TUE

courage [kə́:ridʒ] 용기, 담력, 배짱
courageous [kəréidʒəs]
용기 있는, 용감한
taint [teint]
더럼, 얼룩, 오점, 더럽히다

glorious [gló:riəs]
영광스러운, 명예로운
ivory [áivəri]
상아, (코끼리·하마 따위의) 엄니
ebony [ébəni] 흑단(黑檀)

WED

charity [tʃǽrəti] 자애, 자비, 자선
miser [máizər]
수전노, 구두쇠, 욕심쟁이
stingy [stíndʒi] 인색한, 몹시 아끼는
philosophy [filάsəfi] 철학
philosopher [filάsəfər] 철학자

explanation [èksplənéiʃən]
설명, 해설

THU

feed [fi:d]
(fed-fed)음식을 주다, 먹이다
noble [nóubəl] 귀족의, 고상한
whole [houl] 전체, 전부의
ideal [aidí:əl] 이상, 이상적인
relation [riléiʃən] 관계, 관련

conceive [kənsí:v]
마음에 품다, 고안하다, 상상하다

FRI

imagination [imædʒənéiʃən]
상상(력)
manifestation [mænəfestéiʃən]
표현, 명시, 정견발표
capacity [kəpǽsəti]
능력, 재능, 수용량

capable [kéipəbəl]
유능한, ~할 능력이 있는(able)
distinguish [distíŋwiʃ]
구별하다, 분별하다

MON

The aim of Love is to love: no more, and no less

사랑의 목적은 사랑하는 것이다, 그 이상도 그 이하도 아니다

Love does not traffic in a marketplace, nor use a huckster's scales. Its joy, like the joy of the intellect, is to feel itself alive. The aim of Love is to love: no more, and no less. ✦ Most people live for love and admiration. But it is by love and admiration that we should live.

사랑은 시장에서 거래하지도, 행상꾼의 저울을 사용하지도 않는다. 사랑의 기쁨은 지적인 기쁨처럼 사랑이 살아 있음을 느끼는 것이다. 사랑의 목적은 사랑하는 것이다. 그 이상도 그 이하도 아니다. ✦ 대부분의 사람들은 사랑과 존경을 '위해' 살아간다. 하지만 우린 사랑과 존경에 '의지해' 살아야만 한다.

문장분석

Love does not traffic in a marketplace, nor use a huckster's scales. Its joy, like the
and also not ~처럼
joy of the intellect, is to feel itself alive. The aim of Love is to love: no more, and no
less. ✦ Most people live *for* love and admiration. But it is by love and admiration
강조구문
that we should live.

traffic [trǽfik] 거래하다, 교통
huckster [hʌ́kstər] 소상인, 행상인
scale [skeil] 눈금, 저울, 자

intellect [íntəlèkt] 지성, 지식인
admiration [æ̀dməréiʃən] 감탄, 칭찬

We live in an age when unnecessary things are our only necessities

우리는 불필요한 것들만이 유일하게 필요한 시대에 살고 있다

The people who love only once in their lives are really the shallow people. What they call their loyalty, and their fidelity, I call either the lethargy of custom or their lack of imagination. Old-fashioned people don't realize that we live in an age when unnecessary things are our only necessities.

살면서 단 한 번만 사랑하는 사람들은 정말 생각이 얕은 사람들이다. 사람들이 변치 않는 마음, 변함없는 사랑이라고 부르는 것을 나는 습관의 무기력 상태나 상상력 부족이라고 부르고 싶다. 생각이 고루한 사람들은 불필요한 것들만이 유일하게 필요한 시대에 살고 있다는 사실을 깨닫지 못한다.

문장분석

The people who love only once in their lives are really the shallow people. What they call their loyalty, and their fidelity, I call either the lethargy of custom or their lack of imagination. Old-fashioned people don't realize that we live in an age when unnecessary things are our only necessities.

shallow [ʃǽlou] 얕은, 천박한, 피상적인
loyalty [lɔ́iəlti] 충성, 성실, 충실
fidelity [fidéləti, fai-] 정절, 충실, 성실
lethargy [léθərdʒi] 혼수 (상태), 무기력, 무감각
old-fashioned [óuldfǽʃənd]
 구식의, 시대(유행)에 뒤진

custom [kʌ́stəm] 관습, 풍습, 관행
unnecessary [ʌnnésəsèri] 불필요한, 쓸데없는
necessity [nisésəti] 필요(성), 필수품

True love suffers, and is silent

진실한 사랑은 고통받고, 침묵하고 있다

Love is not fashionable any more, the poets have killed it. They wrote so much about it that nobody believed them, and I am not surprised. True love suffers, and is silent. ✦ There was romance in every place. But Venice, like Oxford, has kept the background for romance, and, to the true romantic nature, background was everything.

사랑은 이미 유행이 지났다. 시인들이 사랑을 죽여 버렸기 때문이다. 시인들이 사랑에 대해 너무 많이 쓰는 바람에 어느 누구도 시인들의 말을 믿지 않는다. 놀랄 만한 일은 아니다. 진실한 사랑은 고통받고, 침묵하고 있다. ✦ 로맨스는 어디에나 존재했다. 하지만 옥스퍼드와 마찬가지로 베네치아는 로맨스를 위한 배경을 보존해 왔다. 진정으로 낭만적인 기질의 사람에게는 배경이 모든 것이었기 때문이다.

문장분석

Love is not fashionable any more, the poets have killed it. They wrote so much about it that nobody believed them, and I am not surprised. True love suffers, and is silent. ✦ There was romance in every place. But Venice, like Oxford, has kept the background for romance, and, to the true romantic nature, background was everything.

fashionable [fǽʃənəbəl] 유행의, 유행을 따른
vogue [voug] (일시적) 유행, 성행
voguey [vóugi] 유행하는

suffer [sʌ́fər] 경험하다, 당하다, 고통 받다
suffering [sʌ́fəriŋ] 괴로움, 고통; 고생
nature [néitʃər] 천성, 본성, 기질, 자연

There was a bitter taste on thy lips, but perchance it was the taste of love

당신의 입술에서는 쓴맛이 났다, 아마 사랑의 맛이었겠지

Ah! I have kissed thy mouth, Iokanaan, I have kissed thy mouth. There was a bitter taste on thy lips. Was it the taste of blood?······ Nay, but perchance it was the taste of love······ But what matter? what matter? I have kissed thy mouth, Iokanaan, I have kissed thy mouth.

아! 내가 당신 입에 키스했어, 요카난, 내가 당신 입에 키스했다고요. 당신의 입술에서는 쓴맛이 났어. 피의 맛이었던가?······아니, 아마도 사랑의 맛이었을 거야······. 사랑에선 쓴맛이 난다고 하잖아······. 하지만 무슨 상관인가? 아무려면 어때? 내가 당신 입에 키스했는데, 요카난, 내가 당신 입에 키스했다는데.

문장분석

Ah! I have kissed thy mouth, Iokanaan, I have kissed thy mouth. There was a
                   your

bitter taste on thy lips. Was it the taste of blood?······ Nay, but perchance it was
                                             No   perhaps

the taste of love······ But what matter? what matter? I have kissed thy mouth,

Iokanaan, I have kissed thy mouth.

bitter [bítər] 쓴, 모진
blood [blʌd] 피
bloody [blʌ́di] 피를 흘리는(bleeding), 유혈의

bleed [bliːd] 피를 흘리다
perchance [pərtʃǽns] 우연히, 아마

I feel that it is only with you that I can do anything at all

난 당신하고 있을 때만 뭐라도 할 수 있을 것 같다

Everyone is furious at me for going back to you, but they don't understand us. I feel that it is only with you that I can do anything at all. Do remake my ruined life for me, and then our friedship and love will have a different meaning to the world.

모든 사람이 내가 당신에게 돌아간다는 사실에 분노하고 있다. 그들은 우리를 이해하지 못한다. 난 당신하고 있을 때만 뭐라도 할 수 있을 것 같다. 나에게, 파산한 내 삶을 다시 살게 한다면, 그땐 우리의 우정과 사랑이 세상 사람들에게 또 다른 의미를 갖게 될지 모른다.

문장분석

Everyone is furious at me/ for going back to you, but they don't understand us.
　　　　　　　　　　　　이유

I feel that it is only with you that I can do anything at all. Do remake my ruined
　　　　　　강조구문　　　　　　　　　　　　　　　조금이라도

life for me, and then our friedship and love will have a different meaning/ to the

world.

furious [fjúəriəs] 성난, 격노한, 화가 치민
fury [fjúəri] 격노, 격분
ruin [rúːin] 파멸, 파산, 몰락, 파괴하다

differentiate [difərénʃièit] 구별짓다, 차별하다
difference [difərənts] 다름, 차이

Vocabulary Of The Week

MON

traffic [trǽfik] 거래하다, 교통
huckster [hʌ́kstər] 소상인, 행상인
scale [skeil] 눈금, 저울, 자
intellect [íntəlèkt] 지성, 지식인
admiration [ædməréiʃən]
감탄, 칭찬

TUE

shallow [ʃǽlou]
얕은, 천박한, 피상적인
loyalty [lɔ́iəlti] 충성, 성실, 충실
fidelity [fidéləti, fai-] 정절, 충실, 성실
lethargy [léθərdʒi]
혼수 (상태), 무기력, 무감각

old-fashioned [óuldfǽʃənd]
구식의, 시대(유행)에 뒤진
custom [kʌ́stəm] 관습, 풍습, 관행
unnecessary [ʌnnésəsèri]
불필요한, 쓸데없는
necessity [nisésəti] 필요(성), 필수품

WED

fashionable [fǽʃənəbəl]
유행의, 유행을 따른
vogue [voug] (일시적) 유행, 성행
voguey [vóugi] 유행하는
suffer [sʌ́fər]
경험하다, 당하다, 고통 받다

suffering [sʌ́fəriŋ]
괴로움, 고통; 고생
nature [néitʃər]
천성, 본성, 기질, 자연

THU

bitter [bítər] 쓴, 모진
blood [blʌd] 피
bloody [blʌ́di]
피를 흘리는(bleeding), 유혈의
bleed [bli:d] 피를 흘리다
perchance [pərtʃǽns] 우연히, 아마

FRI

kite [kait] 연
shrink [ʃriŋk]
줄어들다, 줄어들게 하다
expand [ikspǽnd]
넓어지다, 넓히다

proportion [prəpɔ́:rʃən]
비율, 균형
remain [riméin] ~상태로 남아있다
blossom [blɑ́.səm] 꽃, 꽃을 피우다

Oscar Wilde *1888~1895*

『행복한 왕자와 다른 이야기들』의 출간 이후 오스카는 소설, 동화, 평론 등 다방면에서 집필 활동을 이어 갔다. 특히 위트와 날카로운 풍자가 섞인 희극에서 뛰어난 재능을 보였는데, 『윈더미어 부인의 부채』, 『보잘것 없는 여인』, 『이상적 남편』, 『진지함의 중요성』 등을 연이어 발표·상연했다. 성서 속 헤롯 왕의 의붓딸 살로메를 다룬 비극 『살로메』 또한 논란 속에서도 큰 성공을 거두었다.

1891년에는 그의 유일한 장편소설인 『도리언 그레이의 초상』이 출간되었다. 이 작품은 1890년에 잡지에 먼저 발표되었는데, 지나치게 문란하고 위험하다는 평론가들의 혹평 끝에 많은 표현을 누그러뜨려서 단행본으로 낸 것이었다. 후대에는 오스카가 등장인물들을 통해 자신의 모습을 투영한 작품으로 해석되고 있다. "도덕적인 책도, 부도덕적인 책도 없다. 잘 쓴 책, 잘 쓰지 못한 책이 있을 뿐이다."라는 책의 서문에는 오스카가 평생 추구했던 유미주의적 예술관이 잘 담겨 있다.

September

09

We are all in the gutter, but some
of us are looking at the stars.
Some cause happiness wherever they go; others,
whenever they go.

우리 모두는 시궁창에 있지만 그 중 누군가는 별을 바라보고 있다.
어떤 사람들은 가는 곳마다 행복을 만들어 내고
또 어떤 사람들은 갈 때마다 행복을 만들어 낸다.

MON

Their ending is ordinary: the woman suffers, the man goes free

그들의 결말은 평범했지, 여자는 고통을 당하고 남자는 자유롭게 떠났으니까

I am disgraced: He is not. That is all. It is the usual history of a man and a woman as it usually happens, as it always happens. And the ending is the ordinary endings. The woman suffers. The man goes free.

난 수치를 당했다. 그런데 그 남자는 그렇지 않았다. 그게 다였다. 이건 남녀 간에 흔히, 언제나 벌어지는 일처럼 비슷했다. 그 결말도 평범한 결말이었다. 여자는 고통을 당하고 남자는 자유롭게 떠났으니까.

문장분석

I am disgraced: He is not (disgraced). That is all. It is the usual history/ of a man

and a woman/ as it usually happens, as it always happens. And the ending is the
　　　　　　　　~처럼
ordinary endings. The woman suffers. The man goes free.

disgrace [disgréis] 창피, ~을 망신시키다
usual [júːʒuəl] 보통의, 평범한
unusual [ʌnjúːʒuəl] 이상한, 유별난
ordinary [ɔ́ːrdənèri] 보통의, 평범한

extraordinary [ikstrɔ́ːrdənèri]
　대단한, 비범한, 엄청난
suffer [sʌ́fər] (고통·변화 따위를) 경험하다, 당하다

The world shuts its gateway against me, and the door of Love lies open

세상이 나에게 그 문을 닫아걸었을 때에도 사랑의 문은 여전히 열려 있다

I cannot live without the atmosphere of Love: I must love and be loved, whatever price I pay for it. The world shuts its gateway against me, and the door of Love lies open. Of course I shall often be unhappy, but still I love him: the mere fact that he wrecked my life makes me love him.

나는 사랑의 분위기가 없이는 살 수가 없다. 나는 사랑하고, 사랑받아야만 한다. 그 어떤 대가를 치른다 할지라도. 세상이 나에게 그 문을 닫아걸었을 때에도 사랑의 문은 여전히 열려 있다. 물론 나는 종종 불행할지 모른다. 하지만 난 여전히 그를 사랑한다. 다른 그 어떤 이유도 아닌 단지 그가 내 삶을 파괴했다는 사실이 나로 하여금 그를 사랑하게 만들었다.

문장분석

I cannot live without the atmosphere of Love: I must love and be loved, whatever
어떤 ~이라도

price I pay for it. The world shuts its gateway against me, and the door of Love
~에 반대하여

lies open. Of course/ I shall often be unhappy, but still I love him: the mere fact
~상태에 있다

that he wrecked my life makes me love him.

atmosphere [ǽtməsfiər]
  대기, 분위기, 무드, 주위의 상황
gateway [géitwèi] 문, 출입구, 통로
mere [miər]
  단순한, …에 불과한, 단지, 다른 어떤 것도 아닌

homosexual 동성애의 (사람), 동성의
heterosexual 이성애(異性愛)의 (사람)
bisexual [baisékʃuəl]
  양성(兩性)의, 양성애(愛)의 (사람)

It is a great thing to come across a woman who thoroughly understand one

한 사람을 철저히 꿰뚫어 보는 여자를 만난다는 건 멋진 일이다

"A very clever woman. Knows perfectly well what a damned fool I am- knows it as well as I do myself. Ah! You may laugh, my boy, but it is a great thing to come across a woman who thoroughly understand one."
"It is an awfully dangerous thing. They always end by marrying one."

"그녀는 정말 영리한 여자야. 그녀는 내가 얼마나 형편없는 바보인지도 잘 알고 있어. 나만큼이나 잘 알지. 그래, 웃어도 좋아, 친구. 하지만 한 사람을 철저히 꿰뚫어 보는 여자를 만난다는 건 대단한 일이잖아."
"엄청 위험한 일이기도 해. 여자들은 언제나 누군가와 결혼하는 것으로 끝을 맺으니까."

문장분석

"(She is) A very clever woman. (She) Knows perfectly well what a damned fool I am- (she) knows it as well as I do myself. Ah! You may laugh, my boy, but it is a
<u>know</u>　　　　　　　　　　　　　　　　<u>허가</u>
great thing to come across a woman who thoroughly understand one."
　　　　　　　　<u>encounter</u>
"It is an awfully dangerous thing. They always end by marrying one."
　　　　　<u>very</u>　　　　　　　　　　　　　　　　<u>방법</u>

clever [klévər] 영리한(bright), 똑똑한
damned [dæmd]
　저주받은, 전적인, 완전한, 터무니없는
laugh [læf] (소리를 내어) 웃다, 비웃다

encounter [enkáuntər] ~와 우연히 만나다. 조우
thorough [θʌ́:rou] 철저한, 충분한
awfully [ɔ́:fli] 정말, 몹시, 무섭게

The very essence of romance is uncertainty

로맨스의 본질은 불확실성에 있다

It is romantic to be in love. But there is nothing romantic about a definite proposal. Why, one may be accepted. One usually is, I believe. Then the excitement is all over. The very essence of romance is uncertainty. If I ever get married, I'll certainly try to forget the fact.

사랑에 빠지는 건 굉장히 로맨틱하다. 그러나 결정적인 청혼에는 낭만적인 요소라곤 전혀 없다. 물론 청혼이 받아들여질 수는 있다. 대체로 그럴 것이다. 그러고 나면 모든 흥분은 끝나고 만다. 로맨스의 본질은 불확실성에 있다. 혹시라도 결혼하게 된다면, 난 분명 결혼했다는 사실을 잊고자 애쓸 것이다.

문장분석

It is romantic to be in love. But there is nothing romantic about a definite proposal. Why, one may be accepted. One usually is, I believe. Then the
물론, 뭐
excitement is all over. The very essence of romance is uncertainty. If I ever get
다 끝나다   혹시라도
married, I'll certainly try to forget the fact.

definite [défənit] 뚜렷한, 확실한, 명확한
accept [æksépt] 받아들이다, 수락하다
usually [júːʒuəli]
　보통, 통례적으로, 일반적으로, 평소(에는)

essence [ésəns] 본질, 진수, 정수, 핵심
uncertainty [ʌnsəːrtnti]
　반신반의, 불확정, 불확실
certainly [səːrtənli] 확실히, 꼭, 반드시, 정말

That is the fatality of Faith and the lesson of Romance

그것은 믿음의 숙명이고, 로맨스의 교훈이다

Those who are faithful know only the trivial side of love: it is the faithless who know love's tragedies. The things one feels absolutely certain about are never true. That is the fatality of Faith, and the lesson of Romance. Where there is no exaggeration there is no love, and where there is no love there is no understanding.

정숙한 사람들은 사랑의 사소한 측면만 알 수 있을 뿐이다. 한눈파는 사람들만이 사랑의 비극이 어떤 것인지 알 수 있다. 우리가 전적으로 확신하는 것들은 결코 사실이 아니다. 그것은 믿음의 숙명이고, 로맨스의 교훈이다. 과장이 없으면 사랑도 없고, 사랑 없이는 이해도 없다.

문장분석

Those who are faithful know only the trivial side of love: it is the faithless who know love's tragedies. The things (that) one feels absolutely certain about are never true. That is the fatality of Faith, and the lesson of Romance. Where there is
~할(한) (경우, 곳)
no exaggeration/ there is no love, and where there is no love/ there is no understanding.

faithful [féiθfəl] 충실한, 성실한
trivial [trívial] 하찮은, 사소한
tragedy [trǽdʒədi] 비극
fatality [feitǽləti] 숙명, 불운, 죽음

lesson [lésn] 교훈, 학과, 수업
lessen [lésn] 작게(적게) 하다, 줄이다
exaggeration [igzædʒəréiʃən]
과장, 과장된 표현

Vocabulary Of The Week

MON

disgrace [disgréis]
창피, ~을 망신시키다
usual [júːʒuəl] 보통의, 평범한
unusual [ʌnjúːʒuəl] 이상한, 유별난
ordinary [ɔ́ːrdənèri] 보통의, 평범한

extraordinary [ikstrɔ́ːrdənèri]
대단한, 비범한, 엄청난
suffer [sʌ́fər]
(고통·변화 따위를) 경험하다, 당하다

TUE

atmosphere [ǽtməsfiər]
대기, 분위기, 무드, 주위의 상황
gateway [géitwèi] 문, 출입구, 통로
mere [miər]
단순한, …에 불과한, 단지, 다른 어떤
것도 아닌

homosexual
동성애의 (사람), 동성의
heterosexual
이성애(異性愛)의 (사람)
bisexual [baisékʃuəl]
양성(兩性)의, 양성애(愛)의 (사람)

WED

clever [klévər]
영리한(bright), 똑똑한
damned [dæmd]
저주받은, 전적인, 완전한, 터무니없는
laugh [læf]
(소리를 내어) 웃다, 비웃다

encounter [enkáuntər]
~와 우연히 만나다. 조우
thorough [θə́ːrou] 철저한, 충분한
awfully [ɔ́ːfli] 정말, 몹시, 무섭게

THU

definite [défənit]
뚜렷한, 확실한, 명확한
accept [æksépt]
받아들이다, 수락하다
usually [júːʒuəli]
보통, 통례적으로, 일반적으로,
평소(에는)

essence [ésəns]
본질, 진수, 정수, 핵심
uncertainty [ʌnsə́ːrtnti]
반신반의, 불확정, 불확실
certainly [sə́ːrtənli]
확실히, 꼭, 반드시, 정말

FRI

faithful [féiθfəl] 충실한, 성실한
trivial [tríviəl] 하찮은, 사소한
tragedy [trǽdʒədi] 비극
fatality [feitǽləti] 숙명, 불운, 죽음
lesson [lésn] 교훈, 학과, 수업
lessen [lésn] 작게(적게) 하다, 줄이다

exaggeration [igzædʒəréiʃən]
과장, 과장된 표현

MON

Women spoil every romance by trying to make it last for ever

여자들은 로맨스를 영원히 지속시키려고 시도하다 번번이 망쳐 버리곤 한다

Always! That is a dreadful word. It makes me shudder when I hear it. Women are so fond of using it. They spoil every romance by trying to make it last for ever. It is a meaningless word too. The only difference between a caprice and a life-long passion is that the carprice lasts a little longer.

"언제나!" 그건 정말 무시무시한 단어다. 나는 그 말을 들을 때마다 몸서리를 치게 된다. 여자들은 그 단어 쓰기를 아주 좋아한다. 여자들은 로맨스를 영원히 지속시키려고 시도하다 번번이 망쳐 버리곤 한다. 그건 무의미한 말이기도 하다. 변덕과 평생 지속되는 열정 사이에 다른 점이 있다면 변덕이 좀 더 오래간다는 것이다.

문장분석

Always! That is a dreadful word. It makes me shudder/ when I hear it. Women are (so) fond of using it. They spoil every romance/ by trying to make it last/ for
〜을 좋아하다   방법
ever. It is a meaningless word too. The only difference between a caprice and a life-long passion is that the carprice lasts a little longer.

dreadful [drédfəl] 무서운, 두려운, 무시무시한
shudder [ʃʌ́dər] 떨다, 전율하다
spoil [spɔil]
　망쳐놓다(destroy), 못쓰게 만들다, 손상하다
last [læst, lɑːst]
　계속(지속, 존속)하다, 끌다, 오래 가다

difference [difərəns] 다름, 차이
caprice [kəprí:s]
　변덕, 종작 없음(whim), 줏대 없음

Women try their luck; men risk theirs

여자는 자신의 운을 시험하고, 남자는 자신의 운을 걸고 모험한다

There is something ridiculous about the emotions of people whom one has ceased to love. ✦ When a woman marries again, it is because she detested her first husband. When a man marries again, it is because he adored his first wife. Women try their luck; men risk theirs.

우리가 더 이상 사랑하지 않게 된 사람들의 감정에는 언제나 우스꽝스러운 무언가가 있는 법이다. ✦ 여자가 재혼하는 건 첫 번째 남편을 혐오했기 때문이다. 남자가 재혼하는 건 첫 번째 아내를 매우 사랑했기 때문이다. 여자는 자신의 운을 시험하고, 남자는 자신의 운을 걸고 모험한다.

문장분석

There is something ridiculous about the emotions of (people)(whom) one has ceased to love. ✦ When a woman marries again, it is because she detested her first husband. When a man marries again, it is because he adored his first wife. Women try their luck; men risk theirs.
　　　　　　　　　　　　　　their luck

ridiculous [ridíkjələs] 우스운, 어리석은
emotion [imóuʃən] 감동, 감정
cease [siːs] 그만두다, 멈추다

detest [ditést] 몹시 싫어하다, 혐오하다
adore [ədɔ́ːr] 숭배하다(worship), 존경하다

Happy marriages are apparently are getting remarkably rare

분명 행복한 결혼은 현저히 줄어들고 있다

None of us men may be good enough for the women we marry. Women have become so highly educated that nothing should surprie us nowadays, except happy marriages. They apparently are getting remarkably rare.

결혼하는 여자에게 충분히 훌륭한 남자는 우리들 가운데 아무도 없다. 요즘은 여자들의 교육 수준이 매우 높아져서, 행복한 결혼을 제외하고는 우리를 놀라게 할 만한 일이 거의 없다. 분명 행복한 결혼은 현저히 줄어들고 있다.

문장분석

None of us men may be good enough for the women (that) we marry. Women have become so highly educated that nothing should surprie us/ nowadays,
너무 ~해서   ~하다
except happy marriages. They apparently are getting remarkably rare.
becoming

apparently [əpǽrəntli]
명백히, 외관상으로는, 언뜻 보기에
remarkable [rimá:rkəbəl]
주목할 만한, 현저한, 훌륭한

divorce [divɔ́:rs] 이혼
prenuptial [pri:nʌ́pʃəl] 결혼 전의
prenúptial agréement
결혼 전의 약속(합의 내용)

There are romantic memories and the desire of romance - that is all

로맨틱한 기억들과 로맨스에 대한 욕망이 존재할 뿐이다

There is no such thing as a romantic experience; there are romantic memories, and there is the desire of romance – that is all. Our most fiery moments of ecstasy are merely shadows of what somewhere else we have felt, or of what we long someday to feel.

로맨틱한 경험 같은 건 없다. 로맨틱한 기억들과 로맨스에 대한 욕망이 존재할 뿐이다. 황홀경이 느껴지는 가장 강렬한 순간들은 단지 어디선가 우리가 느꼈거나 언젠가 느끼기를 갈망하는 것의 그림자일 뿐이다.

문장분석

There is no such thing as a romantic experience; there are romantic memories,

and there is the desire of romance – that is all. Our most fiery moments of

ecstasy are merely shadows of what somewhere else/ we have felt, or of what
　　　　　　　　　　only

we long someday to feel.

experience [ikspíəriəns] 경험
desire [dizáiər] 열망(하다), 욕망
fiery [fáiəri] 불의, 불타는

ecstasy [ékstəsi] 무아경, 황홀, 절정
shadow [ʃædou] 그림자, 그늘
long [lɔːŋ] 열망하다

Unselfish people are colourless, who lack individuality

이기적이지 않은 사람들은 색깔이 없는 사람들이다, 그들에겐 개성이 없다

The real drawback to marriage is that it makes one unselfish. And unselfish people are colourless. They lack individuality. Marriage is the triumph of imagination over intelligence. Second marriage is the triumph of hope over experience.

결혼의 진정한 단점은 우리를 이기적이지 않게 만든다는 것이다. 이기적이지 않은 사람들은 색깔이 없는 사람들이다. 그들에겐 개성이 없다. 결혼은 지성에 대한 상상력의 승리다. 재혼은 경험에 대한 희망의 승리다.

문장분석

The real drawback to marriage is that it makes one unselfish. And unselfish
$\underset{\text{you}}{}$
people are colourless. They lack individuality. Marriage is the triumph of
imagination over intelligence. Second marriage is the triumph of hope over
experience.

drawback [drɔ́:bæ̀k] 결점, 단점, 결함
unselfish [ʌnsélfiʃ] 이기적이 아닌, 욕심이 없는
lack [læk] 부족(want), 결핍(하다)

individuality [ìndəvìdʒuǽləti] 개성
triumph [tráiəmf] 승리
experience [ikspíəriəns] 경험(하다)

Vocabulary Of The Week

MON

dreadful [drédfəl]
무서운, 두려운, 무시무시한
shudder [ʃʌdər] 떨다, 전율하다
spoil [spɔil]
망쳐놓다(destroy), 못쓰게 만들다,
손상하다

last [læst, lɑːst]
계속(지속, 존속)하다, 끌다, 오래 가다
difference [dífərəns] 다름, 차이
caprice [kəpríːs]
변덕, 종작 없음(whim), 줏대 없음

TUE

ridiculous [ridíkjələs]
우스운, 어리석은
emotion [imóuʃən] 감동, 감정
cease [siːs] 그만두다, 멈추다
detest [ditést]
몹시 싫어하다, 혐오하다

adore [ədɔ́ːr]
숭배하다(worship), 존경하다

WED

apparently [əpǽrəntli]
명백히, 외관상으로는, 언뜻 보기에
remarkable [rimɑ́ːrkəbəl]
주목할 만한, 현저한, 훌륭한
divorce [divɔ́ːrs] 이혼
prenuptial [priːnʌ́pʃəl] 결혼 전의

prenuptial agréement
결혼 전의 약속(합의 내용)

THU

experience [ikspíəriəns] 경험
desire [dizáiər] 열망(하다), 욕망
fiery [fáiəri] 불의, 불타는
ecstasy [ékstəsi] 무아경, 황홀, 절정
shadow [ʃǽdou] 그림자, 그늘
long [lɔːŋ] 열망하다

FRI

drawback [drɔ́ːbæ̀k]
결점, 단점, 결함
unselfish [ʌnsélfiʃ]
이기적이 아닌, 욕심이 없는
lack [læk] 부족(want), 결핍(하다)
individuality [ìndəvidʒuǽləti] 개성

triumph [tráiəmf] 승리
experience [ikspíəriəns] 경험(하다)

MON

A kiss may ruin a human life; I know that, I know that too well

한 번의 키스가 한 인간의 삶을 망칠 수 있다. 나는 그것을 잘 안다.
아주 잘 알고 있다.

A book of Sonnets, published nearly three hundred years ago, written by a dead hand and in honour of a dead youth, had suddenly explained to me the whole story of my soul's romance. ✦ A kiss may ruin a human life. I know that, I know that too well.

삼백여 년 전에 출간된, 한 죽은 젊은이를 기리기 위해 죽은 이가 쓴 한 권의 소네트집이 순식간에 내 영혼의 로맨스에 대한 모든 이야기를 내게 설명해 주었다. ✦ 한 번의 키스가 한 인간의 삶을 망칠 수 있다. 나는 그것을 잘 안다. 아주 잘 알고 있다.

문장분석

A book of Sonnets, published nearly three hundred years ago, written by a dead
hand and in honour of a dead youth, had suddenly explained (to me) the whole
          ~에게 결과를 표하여
story of my soul's romance. ✦ A kiss may ruin a human life. I know that, I know
that too well.

publish [pʌbliʃ] 발표(공표)하다, 출간하다   whole [houl] 전부의, 모든
honour [ɑ́nər] 명예, 영광, 존경   ruin [rúːin] 파멸, 파산, 파괴하다, 망쳐놓다
explain [ikspléin] 설명하다

The most horrible thing in the world is to see things as they really are

이 세상에서 가장 끔찍한 일은 현실을 있는 그대로 보는 것이다

After the first glass, you see things as you wish they were. After the second, you see things as they are not. Finally, you see things as they really are, and that is the most horrible thing in the world.

첫 잔을 마시면, 당신이 바라는 대로 현실을 바라보게 된다. 두 번째 잔을 마시면, 현실을 벗어난 현실을 바라보게 된다. 그러다가 드디어 당신은 현실을 있는 그대로 보게 되는데, 그것은 이 세상에서 가장 끔찍한 일이다.

문장분석

After the first glass, you see things/ as you **wish they were**. After the second (glass),
　　　　　　　　　　　　　　　　~대로
you see things/ as they are not. Finally, you see things/ as they really are, and
　　　　　　　　　　　　　　현재 상태
that is the most horrible thing in the world.

horrible [hɔ́:rəbəl] 무서운
terrible [térəbəl] 무서운, 지독한
terrific [tərífik] 아주 좋은, 멋진

addict [ǽdikt] 중독자
addict [ədíkt] ~에 빠지게 하다
distort [distɔ́:rt] 왜곡하다, 찡그리다

Those who have much are often greedy but those who have little always share

많이 가진 사람들은 종종 탐욕스럽지만, 가진 게 거의 없는 이들은 늘 뭐라도 나누려 한다

I am quite candid when I tell you that rather than go out from this prison with bitterness in my heart against you or against the world I would gladly and readily beg my bread from door to door. If I got nothing at the house of the rich, I would get something at the house of the poor. Those who have much are often greedy. Those who have little always share.

진심으로 하는 얘기지만, 난 당신이나 세상에 대해 원망을 품고 이 감옥을 나가기보다는, 기꺼이 집집마다 돌면서 빵을 구걸할 거야. 부자들의 집에서 아무것도 얻지 못한다 해도 가난한 이들의 집에선 뭐라도 얻을 수 있겠지. 많이 가진 사람들은 종종 탐욕스럽지만, 가진 게 거의 없는 이들은 늘 뭐라도 나누려 하는 법이니까.

문장분석

I am quite candid/ when I tell you that rather than go out from this prison with
（very）（~일 때）（~보다）
bitterness in my heart against you or against the world/ I would gladly and
（~에 적대하여）
readily beg my bread from door to door. If I got nothing/ at the house of the
（집집마다）（부자들）
rich, I would get something/ at the house of the poor. (Those)who have much are
（가난한 자들）
often greedy. (Those)who have little always share.

bitter [bítər] 쓴, 모진, 냉혹한
gladly [ɡlǽdli] 즐거이, 기꺼이
readily [rédəli] 즉시, 쉽사리, 이의 없이, 기꺼이
greedy [ɡríːdi] 욕심 많은, 탐욕스러운

greed [ɡríːd] 탐욕, 욕심
little/ few 거의 없는(부정의 의미)
a little/ a few 약간 있는(긍정의 의미)

Good resolutions are always made too late

바른 결심은 언제나 너무 늦게 찾아온다

There is a fatality about good resolutions. They are always made too late. They give us, now and then, some of those luxurious sterile emotions that have a certain charm for the weak. That is all that can be said for them. They are simply cheques that men draw on a bank where they have no account.

바른 결심에는 치명적인 숙명 같은 게 존재한다. 언제나 너무 늦는다는 게 바로 그것이다. 바른 결심은 때때로 나약한 사람들에게 어떤 매력을 느끼게 하는 호사스러운 불모의 감정을 우리에게 전해 준다. 바른 결심에 대해 우리가 할 수 있는 말은 이게 전부다. 바른 결심은 계좌도 없는 은행에서 끌어다 쓰는 수표 같은 것이다.

문장분석

There is a fatality about good resolutions. They are always made too late. They give us, now and then, *sometimes* some of those luxurious sterile emotions that have a certain charm for the weak. That is all that can be said for them. They are simply cheques that men draw on a bank where they have no account.

fatality [feitǽləti] 불은, 불행, 숙명, 불가피성
resolution [rèzəlúːʃən] 결심, 결의
luxurious [lʌgʒúəriəs] 사치스러운, 호사스러운

sterile [stéril] 메마른, 불모의, 불임의
draw [drɔː] 끌다, 당기다, 끌어당기다, 인출하다
account [əkáunt] 계산, 청구서, 계정, 예금 계좌

You rich people, you have lost life's secret

부자인 당신들은 삶의 신비를 잃어버렸죠

You rich people in England, you don't know how you are living. How could you know? You love the beauty that you can see and touch and handle, the beauty that you can destroy, and do destroy, but of unseen beauty of life, of the unseen beauty of a higher life, you know nothing. You have lost life's secret.

영국의 부자인 당신들, 당신들은 자신들이 어떻게 살고 있는지 몰라요. 당신들이 어떻게 알겠어요? 당신들은 볼 수 있고, 만질 수 있고, 마음대로 다룰 수 있는 아름다움을 사랑해요. 당신들이 파괴할 수 있고, 파괴하는 아름다움이죠. 하지만 삶의 눈에 보이지 않는 아름다움, 더 높은 차원의 삶의 눈에 보이지 않는 아름다움에 대해서는 아무것도 몰라요. 당신들은 삶의 신비를 잃어버렸으니까요.

문장분석

You rich people in England, you don't know how you are living. How could you know? You love the beauty that you can see and touch and handle, the beauty that you can destroy, and do destroy, but you know nothing of unseen beauty of
강조   ~에 대해 전혀 모르다
life, of the unseen beauty of a higher life. You have lost life's secret.

destroy [distrɔ́i] 파괴하다, 부수다
handle [hǽndl] 다루다, 손잡이
upstart [ʌ́pstɑːrt] 벼락부자, 갑자기 잘된 사람

snobbish [snάbiʃ] 속물의, 거드름 피우는
lose [luːz] (p., pp. lost) 잃다, 상실하다
loose [luːs] 매지 않은, 풀린, 느슨한

Vocabulary Of The Week

MON

publish [pʌbliʃ]
발표(공표)하다, 출간하다
honour [ánər] 명예, 영광, 존경
explain [ikspléin] 설명하다
whole [houl] 전부의, 모든

ruin [rúːin]
파멸, 파산, 파괴하다, 망쳐놓다

TUE

horrible [hɔ́ːrəbəl] 무서운
terrible [térəbəl] 무서운, 지독한
terrific [tərífik] 아주 좋은, 멋진
addict [ǽdikt] 중독자
addict [ədíkt] ~에 빠지게 하다
distort [distɔ́ːrt] 왜곡하다, 찡그리다

WED

bitter [bítər] 쓴, 모진, 냉혹한
gladly [glǽdli] 즐거이, 기꺼이
readily [rédəli]
즉시, 쉽사리, 이의 없이, 기꺼이
greedy [gríːdi] 욕심 많은, 탐욕스러운
greed [griːd] 탐욕, 욕심

little/ few 거의 없는(부정의 의미)
a little/ a few
약간 있는(긍정의 의미)

THU

fatality [feitǽləti]
불운, 불행, 숙명, 불가피성
resolution [rèzəlúːʃən] 결심, 결의
luxurious [lʌgʒúəriəs]
사치스러운, 호사스러운
sterile [stéril] 메마른, 불모의, 불임의

draw [drɔː]
끌다, 당기다, 끌어당기다, 인출하다
account [əkáunt]
계산, 청구서, 계정, 예금 계좌

FRI

destroy [distrɔ́i] 파괴하다, 부수다
handle [hǽndl] 다루다, 손잡이
upstart [ʌ́pstɑːrt]
벼락부자, 갑자기 잘된 사람
snobbish [snábiʃ]
속물의, 거드름 피우는

lose [luːz]
(p., pp. lost) 잃다, 상실하다
loose [luːs] 매지 않은, 풀린, 느슨한

The poor can think of nothing but money, that is the misery of being poor

가난한 사람들은 돈 외에 다른 생각을 할 여유가 없다, 그것이 가난의 비참함이다

The only thing that can console one for being poor is extravagance. The only thing that can console one for being rich is economy. There is only one class in the community that thinks more about money than the rich, and that is the poor. The poor can think of nothing else. That is the misery of being poor.

가난함을 위로받을 수 있는 방법은 사치뿐이다. 부자임을 위로받을 수 있는 방법은 절약뿐이다. 이 사회에서 부자보다 돈에 관해 더 많이 생각하는 계층은 단 하나뿐이다. 바로 가난한 사람들이다. 가난한 사람들은 다른 생각을 할 여유가 없기 때문이다. 그것이 가난의 비참함이다.

문장분석

The only thing that can console one for being poor is extravagance. The only thing that can console one for being rich is economy. There is only one class (in the community) that thinks more about money than the rich, and that is the poor. The poor can think of nothing else. That is the misery of being poor.
그 외에

console [kənsóul] 위로하다
extravagance [ikstrǽvəgəns] 낭비, 사치
economy [ikάnəmi] 절약, 경제

community [kəmjúːnəti] 사회, 공동체
misery [mízəri] 불행, 비참함

In the interest of the rich we must get rid of property

부자들을 위해서라도 재산을 없애야만 한다

Property not merely has duties, but has so many duties that its possession to any extent is a bore. It involves endless claims upon one, endless attention to business, endless bother. If property had simply pleasure we would stand it; but its duties make it unbearable. In the interest of the rich we must get rid of it.

재산은 의무를 포함하고 그것도 아주 많은 의무를 포함하고 있어서 상당한 재산을 소유하고 있다는 것은 아주 지겨운 일이다. 그것은 끊임없는 청탁, 업무에 계속해서 신경 쓰기, 무수히 많은 성가신 일을 포함한다. 재산이 단지 즐거움만을 느끼게 한다면 얼마든지 참을 수 있다. 하지만 그에 따르는 의무들이 그걸 견딜 수 없게 한다. 따라서 부자들을 위해서라도 그것을 없애야만 한다.

문장분석

Property not merely has duties, but (also) has so many duties that its possession (to any extent) is a bore. It involves endless claims upon one, endless attention to business, endless bother. If property had simply pleasure/ we would stand it; but
every
참다
its duties make it unbearable. In the interest of the rich/ we must get rid of it.
For   제거하다

property [prάpərti] 재산
duty [djúːti] 의무, 본분, 관세
possession [pəzéʃən] 소유
involve [invάlv] 관련 시키다, 포함하다
claim [kleim] (당연한 권리로서) 요구하다, 주장

attention [əténʃən] 주의, 돌봄
bother [bάðər] …을 괴롭히다, 성가심
pleasure [pléʒər] 기쁨, 즐거움
unbearable [ʌnbéərəbəl] 참을 수 없는

I had the double misfortune of being well-born and poor

난 좋은 가문에서 태어났고 가난하다는 이중 불행에 처했었다

Rich bachelors should be heavily taxed. It is not fair that some men shoud be happier than others. I had the double misfortune of being well-born and poor, two unforgivable things nowadays. I don't know that women are always rewarded for being charming. I think they are usually punished for it!

부유한 총각들에게는 무겁게 세금을 매겨야 한다. 어떤 사람들이 다른 사람들보다 더 행복해야 한다는 것은 공평하지 않기 때문이다. 난 좋은 가문에서 태어났고 가난하다는 이중 불행에 처했었다, 오늘날 용서받을 수 없는 두 가지 불행에. 여자가 매력적이라는 이유로 항상 보상받는 것 같지는 않다. 보통은 그 매력 때문에 벌을 받지!

문장분석

Rich bachelors should be heavily taxed. It is not fair that some men shoud be happier than others. I had the double misfortune/ of being well-born and poor, two unforgivable things nowadays. I don't know that women are always rewarded for being charming. I think (that) they are usually punished for it!
이유

bachelor [bǽtʃələr] 미혼(독신) 남자
tax [tæks] 세금, 과세하다
misfortune [misfɔ́:rtʃən] 불운, 불행

reward [riwɔ́:rd] 보상, 보답하다
punish [pʌ́niʃ] 벌하다, 응징하다

Why was I born with such contemporaries?

나는 왜 그런 사람들과 동시대에 태어났을까?

When bankers get together for dinner, they discuss Art. When artists get together for dinner, they discuss Money. Young people nowadays imagine that money is everything, and when they grow older they know it. ✦ Why was I born with such contemporaries?

은행가들은 함께 모여 저녁 식사를 하면서 예술에 대해 이야기한다. 예술가들은 함께 모여 저녁 식사를 하면서 돈 이야기를 한다. 요즘 젊은이들은 돈이 전부라고 생각한다. 그리고 나이가 들면 그게 사실이라는 것을 알게 된다. ✦ 나는 왜 그런 사람들과 동시대에 태어났을까?

문장분석

When bankers get together for dinner, they discuss Art. When artists get
               meet

together for dinner, they discuss Money. Young people (nowadays) imagine that

money is everything, and when they grow older/ they know it. ✦ Why was I born
                                      become

with such contemporaries?

banker [bǽŋkər] 은행가
bankrupt [bǽŋkrʌpt] 파산자, 파산한
discuss [diskʌ́s] 토론하다
imaginary [imǽdʒənèri] 상상의, 가상의

contemporary [kəntémpərèri]
동시대의 사람, (…과) 동시대의

temporary [témpərèri]
일시의, 잠깐 동안의, 임시의

The god of this century is wealth

이 시대의 신은 부(富)다

Every man of ambition has to fight his century with its own weapons. What this century worship is wealth. The god of this century is wealth. To succeed one must have wealth. At all costs one must have wealth.

야망이 있는 사람이라면 누구나 자신이 살고 있는 세기 고유의 무기를 가지고 자신의 시대와 싸워야 한다. 이 시대가 숭배하는 것은 부(富)다. 이 세기의 신은 부다. 성공하기 위해서는 부를 가져야만 한다. 어떤 대가를 치르더라도 우리는 부를 가져야만 한다.

문장분석

Every man of ambition has to fight his century/ with its own weapons. What this
　　　　　ambitious　　must　　　　　　　　　　　　　　　　　　　~하는 것
century worship is wealth. The god of this century is wealth. To succeed/ one
　　　　　　　　　　　　　　　　　　　　　　　　　　　　　　　　　　we, you
must have wealth. At all costs/ one one must have wealth.
　　　　　　　　　어떤 대가를 치르더라도

ambition [æmbíʃən] 야망, 야심
ambitious [æmbíʃəs] 야심있는, 열망하는
century [séntʃuri] 1세기, 백년

worship [wə́rʃip] 예배, 숭배
wealth [welθ] 부(富), 재산(riches), 부유

Vocabulary Of The Week

MON

console [kənsóul] 위로하다
extravagance [ikstrǽvəgəns]
낭비, 사치
economy [ikάnəmi] 절약, 경제
community [kəmjúːnəti]
사회, 공동체

misery [mízəri] 불행, 비참함

TUE

property [prάpərti] 재산
duty [djúːti] 의무, 본분, 관세
possession [pəzéʃən] 소유
involve [invάlv]
관련 시키다, 포함하다
claim [kleim]
(당연한 권리로서) 요구하다, 주장

attention [əténʃən] 주의, 돌봄
bother [bάðər]
…을 괴롭히다, 성가심
pleasure [pléʒər] 기쁨, 즐거움
unbearable [ʌnbéərəbəl]
참을 수 없는

WED

bachelor [bǽtʃələr] 미혼(독신) 남자
tax [tæks] 세금, 과세하다
misfortune [misfɔ́ːrtʃən] 불운, 불행
reward [riwɔ́ːrd] 보상, 보답하다
punish [pʌ́niʃ] 벌하다, 응징하다

THU

banker [bǽŋkər] 은행가
bankrupt [bǽŋkrʌpt] 파산자, 파산한
discuss [diskʌ́s] 토론하다
imaginary [imǽdʒənèri]
상상의, 가상의

contemporary [kəntémpərèri]
동시대의 사람, (…과) 동시대의
temporary [témpərèri]
일시의, 잠깐 동안의, 임시의

FRI

ambition [æmbíʃən] 야망, 야심
ambitious [æmbíʃəs]
야심있는, 열망하는
century [séntʃuri] 1세기, 백년
worship [wɔ́ːrʃip] 예배, 숭배

wealth [welθ]
부(富), 재산(riches), 부유

Oscar Wilde *1891~1895*

승승장구할 것만 같았던 오스카는 한 남자를 만나면서 몰락하기 시작했다. 1891년, 오스카는 동성애자이자 시인 라이오넬 존슨의 소개로 퀸즈베리 후작의 막내아들 알프레드 더글라스를 만나게 되었다. 잘생긴 귀족 청년이었던 알프레드는 오스카의 마음을 단숨에 사로잡았고, 둘은 이내 사랑에 빠졌다. 그러나 경박한 성격의 알프레드는 자신이 오스카의 연인임을 공공연하게 떠벌리고 다녔고, 오스카의 명성과 재산을 이용해 사치와 향락을 일삼았다.

오스카는 그런 알프레드에 지쳐 그와 연락을 끊기에 이르렀지만, 알프레드의 맏형이 사고로 죽게 되자 연민을 느낀 오스카가 알프레드에게 편지를 보내면서 다시 둘의 관계는 지속되었다. 안 그래도 알프레드와 사이가 좋지 않았던 아버지 퀸즈베리 후작은 두 사람의 행각에 심한 모욕감을 느끼며 마침내 오스카를 고소하기에 이르렀다.

October

10

Nothing should be out of the reach of hope. Life is a hope. Life is far too important a thing ever to talk seriously about.

희망할 수 없는 것은 없다. 삶이 희망이기 때문이다.
인생이란 진지하게 이야기하기에는
너무나 중요한 것이다.

Anybody can make history, only a great man can write it

누구나 역사를 만들 수 있다, 하지만 위대한 사람만이 역사를 쓸 수 있다

It is much more difficult to talk about a thing than to do it. Anybody can make history. Only a great man can write it. There is no mode of action, no form of emotion, that we do not share with the lower animals. It is only by language that we rise above them, or above each other – by language, which is the parent, and not the child, of thought.

어떤 행동을 하는 것보다 그것에 대해 이야기하는 게 훨씬 더 어려운 법이다. 누구나 역사를 만들 수 있다. 하지만 위대한 사람만이 역사를 쓸 수 있다. 우리가 하등 동물과 공유할 수 없는 행동 양식이나 감정 양식은 없다. 인간은 오직 언어에 의해서만 동물보다 우월할 수 있거나 동물과 서로 우열을 가릴 수 있다. 생각의 자녀가 아닌, 생각의 부모인 언어에 의해서.

문장분석

It is much more difficult to talk about a thing than to do it. Anybody can make
훨씬(even, far, much, a lot)
history. Only a great man can write it. There is no mode of action, no form of
emotion, that we do not share with the lower animals. It is only by language that
강조구문
we rise above them, or above each other – by language, which is the parent, and

not the child, of thought.

mode [moud] 양식, 형식
emotion [imóuʃən] 감동, 감정
language [lǽŋgwidʒ] 언어, 말
rise [raiz] 일어나다, 오르다, 높아지다

raise [reiz] (위로) 올리다, 일으키다
thought [θɔːt] 생각하기, 사색, 사고
though [ðou] …이긴 하지만(although)

One must talk about the world of Art, because otherwise it would not exist

우리가 이야기해야 하는 건 바로 예술 세계다, 그렇지 않으면 존재할 수 없기 때문이다

There are two worlds – the one exists and is never talked about; it is called the real world because there is no need to talk about it in order to see it. The other is the world of Art; one must talk about that, because otherwise it would not exist.

두 종류의 세상이 있다. 하나는, 이미 존재하기 때문에 결코 이야기되지 않는 세상이다. 우리는 그것을 현실 세계라고 부른다. 보려고 굳이 이야기할 필요가 없기 때문이다. 다른 하나는, 예술 세계이다. 우리가 이야기해야 하는 건 바로 이 세상이다. 이야기하지 않으면 존재할 수 없는 세상이기 때문이다.

문장분석

There are two worlds – the one exists and is never talked about; it is called the real world/ because there is no need to talk about it/ (in order) to see it. The other is the world of Art; one must talk about that, because otherwise it would not

we 그렇지 않으면
exist.

exist [igzíst] 존재하다, 실재하다
existence [igzístəns] 존재, 실존
existent [igzístənt] 존재하는, 현재의

artifact [á:rtəfækt] 인공물, 가공품
artificial [à:rtəfíʃəl] 인공의, 인위적인

The necessity for a career forces every one to take sides

사람들은 출세하기 위해 어느 한쪽 편에 서도록 강요받고 있다

Each of the professions means a prejudice. The necessity for a career forces every one to take sides. We live in the age of the overworked, and the undereducated; the age in which people are so industrious that they become absolutely stupid. The sure way of knowing nothing about life is to try to make oneself useful.

모든 직업은 편견에 물들어 있고, 사람들은 출세하기 위해 어느 한쪽 편에 서도록 강요받고 있다. 우리는 과도하게 일하면서 제대로 교육받지 못하는 시대에 살고 있다. 사람들은 너무나 부지런한 나머지 완전히 바보가 되고 만다. 삶에 관해 무지할 수 있는 가장 확실한 방법은, 자신을 유용한 존재로 만들려고 노력하는 것이다.

문장분석

Each of the professions means a prejudice. The necessity/ for a career forces every one to take sides. We live in the age of the overworked, and the undereducated; the age in which people are so industrious that they become absolutely stupid. The sure way of knowing nothing about life is to try to make oneself useful.

profession [prəféʃən] 직업, (특히) 지적 직업
prejudice [prédʒədis] 편견, 선입관
necessity [nisésəti] 필요, 필요성
career [kəríər] (직업상의) 경력, 생애, 출세, 성공

industrious [indʌ́striəs] 근면한, 부지런한
industrial [indʌ́striəl] 공업(상)의, 산업용의
industry [índəstri] 공업, 산업, 근면
absolutely [æbsəlúːtli] 절대적으로, 정말로

I have a right to share in Sorrow with you

나는 당신과 슬픔을 함께 나눌 자격이 있다

I have a right to share in Sorrow, and he who can look at the loveliness of the world, and share its sorrow, and realize something of the wonder of both, is in immediate contact with divine things, and has got as near to God's secret as anyone can get.

나는 슬픔을 함께 나눌 자격이 있다. 세상의 아름다움을 관조하고 세상의 슬픔을 함께 나누면서 그 둘의 경이로움을 조금이라도 깨달을 수 있는 사람은, 신성한 것들과 직접 접촉하면서 그 누구보다 신의 비밀에 가까이 다가가는 사람이라고 할 수 있다.

문장분석

I have a right to share in Sorrow, and he who can look at the loveliness of the world, and share its sorrow, and realize something of the wonder of both, is in immediate contact with divine things, and (he) has got as near to God's secret as anyone can get.

sorrow [sɑ́rou] 슬픔, 비애
wonder [wʌ́ndər] 불가사의, 놀라움
wander [wɑ́ndər] 헤매다, 방랑하다
immediate [imíːdiət] 직접의, 즉시의

mediate [míːdièit] 중재하다, 화해시키다
divine [diváin] 신의, 신성한
vine [vain] 덩굴, 포도나무

Good and evil, sin and innocence, go through the world hand in hand

선과 악, 죄와 순수가 나란히 손을 잡은 채 이 세상을 헤쳐 나간다

There is the same world for all of us, and good and evil, sin and innocence, go through it hand in hand. To shut one's eyes to half of life that one may live securely is as though one blinded oneself that one might walk with more safety in a land of pit and precipice.

우리 모두에겐 똑같은 세상이 주어졌고 선과 악, 죄와 순수가 나란히 손을 잡은 채 그 세상을 헤쳐 나간다. 안전하게 살 수 있을 거라 믿으면서 세상의 반쪽에 눈을 감는 것은, 구덩이와 낭떠러지로 이루어진 땅에서 좀 더 안전하게 걸으려고 눈을 감는 것과 같다.

문장분석

There is the same world/ for all of us, and good and evil, sin and innocence, go through it/ hand in hand. To shut one's eyes to half of life that one may live
~을 지나서　　　　　　　　주어　　　목적·의도
securely is as though one blinded oneself/ that one might walk/ with more
마치 …인 것처럼(as if)　　　　목적·의도
safety/ in a land of pit and precipice.

evil [íːvəl] 나쁜, 사악한
sin [sin] (종교·도덕상의) 죄, 죄악
sin tax 술·담배·도박 등에 붙는 세(稅)
crime [kraim] (법률상의) 죄, 범죄(행위)

innocence [ínəsns] 순수, 무지
blind [blaind] 눈멀게 하다, 보고도 못 본 체하다
pit [pit] (땅의) 구덩이, 구멍
precipice [présəpis] 절벽, 벼랑, 위기

Vocabulary Of The Week

MON

mode [moud] 양식, 형식
emotion [imóuʃən] 감동, 감정
language [læŋgwidʒ] 언어, 말
rise [raiz] 일어나다, 오르다, 높아지다
raise [reiz] (위로) 올리다, 일으키다
thought [θɔːt] 생각하기, 사색, 사고

though [ðou]
 …이긴 하지만(although)

TUE

exist [igzíst] 존재하다, 실재하다
existence [igzístəns] 존재, 실존
existent [igzístənt] 존재하는, 현재의
artifact [ɑ́ːrtəfækt] 인공물, 가공품
artificial [ɑ̀ːrtəfíʃəl] 인공의, 인위적인

WED

profession [prəféʃən]
 직업, (특히) 지적 직업
prejudice [prédʒədis] 편견, 선입관
necessity [nisésəti] 필요, 필요성
career [kəríər]
 (직업상의) 경력, 생애, 출세, 성공

industrious [indʌ́striəs]
 근면한, 부지런한
industrial [indʌ́striəl]
 공업(상)의, 산업용의
industry [índəstri] 공업, 산업, 근면
absolutely [æbsəlúːtli]
 절대적으로, 정말로

THU

sorrow [sɑ́rou] 슬픔, 비애
wonder [wʌ́ndər] 불가사의, 놀라움
wander [wɑ́ndər] 헤매다, 방랑하다
immediate [imíːdiət] 직접의, 즉시의
mediate [míːdièit]
 중재하다, 화해시키다

divine [diváin] 신의, 신성한
vine [vain] 덩굴, 포도나무

FRI

evil [íːvəl] 나쁜, 사악한
sin [sin] (종교·도덕상의) 죄, 죄악
sin tax 술·담배·도박 등에 붙는 세(稅)
crime [kraim]
 (법률상의) 죄, 범죄 (행위)
innocence [ínəsns] 순수, 무지

blind [blaind]
 눈멀게 하다, 보고도 못 본 체하다
pit [pit] (땅의) 구덩이, 구멍
precipice [présəpis] 절벽, 벼랑, 위기

MON

We are each our own devil, and we make this world our hell

우리 각자는 저마다의 악마다, 그런 우리가 이 세상을 지옥으로 만든다

As for omens, there is no such thing as an omen. Destiny does not send us heralds. She is too wise or too cruel for that. We are each our own devil, and we make this world our hell. God would grow weary if I told my sins.

징조에 대해 말하자면, 징조 같은 건 없다. 운명의 여신은 우리에게 전령을 보내지 않는다. 그런 점에서 운명의 여신은 지나치게 현명하거나 지나치게 잔인하다. 우리 각자는 저마다의 악마다. 그런 우리가 이 세상을 지옥으로 만든다. 내가 지은 죄를 모두 고백하면 신은 지루해 죽을지도 모른다.

문장분석

As for omens, there is no such thing as an omen. Destiny does not send us
~에 관해서는
heralds. She is too wise or too cruel for that. We are each our own devil, and we
~의 점에서는   각각, 각자
make this world our hell. God would grow weary if I told my sins.
                              become

omen [óumən] 전조, 징조	cruel [krúːəl] 잔인한
destiny [déstəni] 운명, 숙명, 운	devil [dévl] 악마
herald [hérəld] 선구자, 사자(使者), 보도자	weary [wíəri] 피로한, 지쳐 있는, 싫증나는, 따분한

Man can reach civilization by being cultured or by being corrupt

인간이 문명 단계에 도달할 수 있는 방법은 둘뿐이다, 교양을 쌓거나 타락하거나

Civilization is not by any means an easy thing to attain to. There are only two ways by which man can reach it. One is by being cultured, the other is by being corrupt. Country people have no opportunity of being either, so they stagnate.

문명은 결코 성취하기 쉬운 것이 아니다. 인간이 문명 단계에 도달할 수 있는 방법은 둘뿐이다. 하나는 교양을 쌓는 것이고, 다른 하나는 타락하는 것이다. 시골 사람들에게는 이 두 가지 기회가 없다. 그래서 그들이 (선한 상태로) 정체돼 있는 것이다.

문장분석

Civilization is not by any means an easy thing to attain to. There are only two
　　　　　　not at all(전혀 ~아닌)
ways which man can reach it by. One is by being cultured, the other is by being
　　　　　　　　　　　　　　　　　　방법
corrupt. Country people have no opportunity of being either, so they stagnate.
　　　　　　　　　　　　　　　　　　　　　어느 한쪽의

civilization [sìvəlizéiʃən] 문명(文明), 문화
attain [ətéin] 이르다, 도달하다, 획득하다
culture [kʌ́ltʃər] 문화, 교양(을 쌓다)
cultivate [kʌ́ltəvèit] 경작하다, 수련하다

corrupt [kərʌ́pt] 부정한, 타락한
opportunity [ɑ̀pərtjúːnəti] 기회
stagnate [stǽgneit]
　썩다, 침체되다, 불경기가 되다

There are three kinds of despots: Prince, Pope, and People

세상에는 세 종류의 독재자가 있다, 군주와 교황 그리고 민중이다

There are three kinds of despots. There is the despot who tyrannizes over the body. There is the despot who tyrannizes over soul. There is the despot who tyrannizes over soul and body alike. The first is called the Prince. The second is called the Pope. The third is called the People.

세상에는 세 종류의 독재자가 있다. 인간의 신체를 억압하는 독재자, 영혼을 억압하는 독재자, 그리고 영혼과 신체를 전부 억압하는 독재자가 있다. 첫 번째 독재자는 군주이고, 두 번째는 교황이고, 세 번째 독재자는 민중이다.

There are three kinds of despots. There is the despot who tyrannizes over the body. There is the despot who tyrannizes over soul. There is the despot who tyrannizes over soul and body alike. The first is called the Prince. The second is called the Pope. The third is called the People.

despot [déspət] 전제 군주, 독재자, 폭군
tyrannize [tírənàiz]
 학정을 펼치다, 압제하다, 학대하다
tyranny [tírəni] 학대, 폭정, 전제 정치

tyrant [táiərənt] 폭군, 압제자; 전제군주
prince [prins] 왕자, 군주
pope [poup] 로마 교황

It is very sad thing that nowadays there is so little useless information

오늘날 무익한 정보가 거의 없다는 것은 매우 슬픈 일이다

Philosophy may teach us to bear with equanimity the misfortunes of our neighbours, and science resolve the moral sense into secretion of sugar, but art is what makes the life of each citizen a sacrament. It is very sad thing that nowadays there is so little useless information.

철학은 우리 이웃들의 불운을 침착하게 견디는 법을 우리에게 가르쳐 줄 수 있고, 과학은 도덕적 감각을 당분의 분비로 변화시킬 수 있지만, 예술은 각 시민의 삶을 하나의 신성한 의식이 되게 하는 그것이다. 오늘날 무익한 정보가 거의 없다는 것은 매우 슬픈 일이다.

문장분석

Philosophy may teach us to bear (with equanimity) the misfortunes of our
stand
neighbours, and science resolve the moral sense into secretion of sugar, but

art is what makes the life of each citizen a sacrament. It is very sad thing that

nowadays there is so little useless information.

philosophy [filɑ́səfi] 철학
equanimity [ìːkwənímə̀ti]
  (마음의) 평정(平靜), 침착
misfortune [misfɔ́ːrtʃən] 불운, 불행
neighbour [néibər] 이웃(사람)

neighbourhood [néibərhùd]
  근처, 이웃, 인근
secretion [sikríːʃən] 분비, 분비물
sacrament [sǽkrəmənt] 성사(聖事), 성찬, 세례

There is no evolution except towards Individualism

개인주의로 발전하지 않는 진화는 없다

To ask whether Individualism is practical is like asking whether Evolution is practical. Evolution is the law of life, and there is no evolution except towards Individualism. Where this tendency is not expressed, it is a case of artificially arrested growth, of disease, or of death.

개인주의가 실용적인지를 묻는 건 진화가 실용적인지를 묻는 것과 같다. 진화는 생명의 법칙이다. 그리고 개인주의로 발전하지 않는 진화는 없다. 이런 경향이 나타나지 않는 것은 인위적으로 억제된 성장이나 질병이나 죽음의 경우에 해당한다.

문장분석

To ask whether Individualism is practical is like asking whether Evolution is practical. Evolution is the law of life, and there is no evolution/ except towards
<u>같은</u>   ~이 아니면

Individualism. Where this tendency is not expressed, it is a case of artificially arrested growth, of disease, or of death.

whether [hwéðər] …인지 아닌지
weather [wéðər] 기후, 날씨
evolution [èvəlúːʃən] 전개, 발전, 진화
tendency [téndənsi] 경향, 풍조, 추세
express [iksprés] 표현하다, 나타내다

artificial [ὰːrtəfíʃəl] 인공의, 인위적인
arrest [ərést] 체포하다, 억제하다
growth [grouθ] 성장, 발육, 발전
disease [dizíːz] 병, 질병

Vocabulary Of The Week

MON

omen [óumən] 전조, 징조
destiny [déstəni] 운명, 숙명, 운
herald [hérəld]
선구자, 사자(使者), 보도자
cruel [krúːəl] 잔인한
devil [dévl] 악마

weary [wíəri]
피로한, 지쳐 있는, 싫증나는, 따분한

TUE

civilization [sivəlizéiʃən]
문명(文明), 문화
attain [ətéin]
이르다, 도달하다, 획득하다
culture [kʌ́ltʃər] 문화, 교양(을 쌓다)
cultivate [kʌ́ltəvèit]
경작하다, 수련하다

corrupt [kərʌ́pt] 부정한, 타락한
opportunity [àpərtjúːnəti] 기회
stagnate [stǽgneit]
썩다, 침체되다, 불경기가 되다

WED

despot [déspət]
전제 군주, 독재자, 폭군
tyrannize [tírənàiz]
학정을 펼치다, 압제하다, 학대하다
tyranny [tírəni] 학대, 폭정, 전제 정치

tyrant [táiərənt]
폭군, 압제자; 전제군주
prince [prins] 왕자, 군주
pope [poup] 로마 교황

THU

philosophy [filásəfi] 철학
equanimity [ìːkwəníməti]
(마음의) 평정(平靜), 침착
misfortune [misfóːrtʃən] 불운, 불행
neighbour [néibər] 이웃(사람)

neighbourhood [néibərhùd]
근처, 이웃, 인근
secretion [sikríːʃən] 분비, 분비물
sacrament [sǽkrəmənt]
성사(聖事), 성찬, 세례

FRI

whether [hwéðər] …인지 아닌지
weather [wéðər] 기후, 날씨
evolution [èvəlúːʃən]
전개, 발전, 진화
tendency [téndənsi]
경향, 풍조, 추세

express [iksprés]
표현하다, 나타내다
artificial [àːrtəfíʃəl] 인공의, 인위적인
arrest [ərést] 체포하다, 억제하다
growth [grouθ] 성장, 발육, 발전
disease [dizíːz] 병, 질병

MON

The mind of the thoroughly well-informed man is a dreadful thing

모르는 게 없는 사람의 정신은 정말 끔찍하다

In the wild struggle for existence, we want to have something that endures, and so we fill our minds with rubbish and facts, in the silly hope of keeping our place. The thoroughly well-informed man - that is the modern ideal. And the mind of the thoroughly well-informed man is a dreadful thing. It is like a bric-A-brac shop.

치열한 생존경쟁에서 살아남기 위해 우리는 오래 지속될 수 있는 무언가를 갖길 원하고, 따라서 우리 자리를 지킬 수 있으리라는 헛된 희망으로 우리의 정신을 쓰레기와 다름없는 것들로 채워 나간다. 모르는 게 없는 사람, 이것이 오늘날의 이상이다. 모르는 게 없는 사람의 정신은 정말 끔찍하다. 그것은 마치 허접쓰레기들을 파는 가게와 같다.

문장분석

In the wild struggle for existence, we want to have something that endures, and so we fill our minds with rubbish and facts, in the silly hope of keeping our place.

The thoroughly well-informed man - that is the modern ideal. And the mind of
정보에 밝은, 잘 알고 있는
the thoroughly well-informed man is a dreadful thing. It is like a bric-A-brac shop.

struggle [strʌ́gəl] 버둥질, 노력, 고투, 투쟁
existence [igzístəns] 생존, 존재
endure [endjúər] 견디다, 참다
rubbish [rʌ́biʃ] 쓰레기, 잡동사니
silly [síli] 어리석은(stupid)

thorough [θə́:rou]
철저한, 충분한, 완벽한, 완전한
dreadful [drédfəl] 무서운, 두려운, 무시무시한
bric-à-brac [bríkəbræk]
(F.) 골동품, 고물, 장식품

To everyone who has even one friend, God has given two worlds

친구가 단 한 명밖에 없는 사람에게도 신은 두 개의 세상을 나눠주었다

Friendship is not something you can learn in school, but if you haven't learned the meaning of friendship you really haven't learned anything. I used to estimate friends by their number: now I know that to everyone who has even *one* friend, God has given *two* worlds.

우정은 학교에서 배울 수 있는 게 아니다. 하지만 학교에서 우정의 의미를 배우지 못했다면 사실상 아무것도 배우지 못한 것이나 다름없다. 예전에 나는 친구의 가치를 그 수로 평가하곤 했다. 하지만 이젠 친구가 단 한 명밖에 없는 사람에게도 신이 두 개의 세상을 나눠줬음을 알게 되었다.

문장분석

Friendship is not (something) you can learn in school, but if you haven't learned the meaning of friendship, you really haven't learned anything. I used to
과거의 습관/상태

estimate friends by their number: now I know that to (everyone) who has even
근거

one friend, God has given *two* worlds.

friendship [fréndʃip] 우정, 호의
fríendship price
　우호가격(석유·곡물 등에 대해 우호적으로 제공되는
　할인가격)

friend·ly [fréndli] 친한, 우호적인
estimate [éstəmèit] 어림잡다, 판단(평가)하다
evaluate [ivæljuèit]
　평가하다, 측정하다, 고려하다

The terror of society and the terror of God are the two things that govern us

사회가 조성하는 공포와 신에 대한 두려움, 이 두 가지가 우리를 지배한다

I never knew what terror was before; I know it now. It is as if a hand of ice were laid upon one's heart. It is as if one's heart were beating itself to death in some empty hollow. ✦ The terror of society, which is the basis of morals, the terror of God, which is the secret of religion – these are the two things that govern us.

난 전에는 공포가 무엇인지 결코 알지 못했다. 이젠 그게 어떤 것인지를 알게 되었다. 그건 마치 차가운 얼음 손이 심장에 얹혀진 느낌 같은 것이다. 마치 어느 텅 빈 공간에서 죽을 때까지 심장이 홀로 뛰는 것과 같은 것이다. ✦ 사회가 조성하는 공포는 도덕의 토대고, 신에 대한 두려움은 종교의 비밀이다. 이 두 가지가 우리를 지배한다.

문장분석

I never knew what terror was before; I know it now. It is as if a hand of ice were
마치 ~같은

laid upon one's heart. It is as if one's heart were beating itself to death in some

empty hollow. ✦ The terror of society, which is the basis of morals, the terror of
and that

God, which is the secret of religion – these are the two things that govern us.

lay [lei] (p., pp. laid [leid]) 놓다, 눕히다
lie [lai] (lay [lei]; lain [lein]; ly·ing [láiiŋ])
놓여 있다, 눕다
empty [émpti] 빈, 공허한

hollow [hálou] 속이 빈, 분지, 구멍
religion [rilídʒən] 종교
region [rí:dʒən] 지방, 영역
govern [gʌ́vərn] 통치하다, 다스리다

Society abandons him at the moment when its highest duty towards you begins

개인을 향한 사회의 가장 큰 의무가 시작되는 순간에 사회는 그를 내팽개쳐 버린다

Society takes upon itself the right to inflict appalling punishments on the individual, but it also has the supreme vice of shallowness, and fails to realize what it has done. When the man's punishment is over, it leaves him to himself: that is to say it abandons him at the very moment when its highest duty towards him begins.

사회는 개인에게 끔찍한 형벌을 가할 권리를 휘두르지만 천박함이라는 최고의 악덕을 지니고 있고, 자신이 무슨 짓을 했는지도 깨닫지 못한다. 누군가가 벌 받는 일이 끝나고 나면 사회는 그를 방치하고 만다. 말하자면 그를 향한 사회의 가장 큰 의무가 시작되는 순간에 사회는 그를 내팽개쳐 버리는 것이다.

문장분석

Society takes upon itself the right to inflict appalling punishments on the
떠맡다
individual, but it also has the supreme vice of shallowness, and fails to realize

what it has done. When the man's punishment is over, it leaves him to himself:

that is to say/ it abandons him/ at the very moment when its highest duty
말하자면
towards him begins.

inflict [inflíkt]
(타격·상처·고통을) 주다, 입히다, 가하다
appall [əpɔ́ːl]
오싹 소름끼치게 하다, 섬뜩하게 하다
punishment [pʌ́niʃmənt] 벌, 형벌, 처벌

supreme [səprí:m] 최고의, 최상의
vice [vais] 악덕, 악, 부도덕
shallow [ʃǽlou] 얕은, 천박한, 피상적인
abandon [əbǽndən]
버리다, 버려 두다, 단념하다

Society often forgives the criminal; it never forgives the dreamer

사회는 종종 범죄자를 용서하지만 꿈꾸는 사람을 결코 용서하지 않는다

Life goes faster than Realism, but Romanticism is always in front of Life. ✦ Society often forgives the criminal; it never forgives the dreamer. The beautiful sterile emotions that art excites in us are hateful in its eyes.

삶은 사실주의보다 훨씬 더 빨리 달려간다. 그러나 낭만주의는 언제나 삶보다 앞서 있다. ✦ 사회는 종종 범죄자를 용서하지만 꿈꾸는 사람을 결코 용서하지 않는다. 우리 마음속에 불러일으키는 아름답고 무익한 감정들이 사회의 눈에는 증오스럽기 때문이다.

Life goes faster than Realism, but Romanticism is always in front of Life. ✦ Society
~의 앞에
often forgives the criminal; it never forgives the dreamer. The beautiful sterile
emotions that art excites in us are hateful in its eyes.

society [səsáiəti] 사회, 공동체, 세상
criminal [krímənl] 범죄자, 범죄의
sterile [stéril] 메마른, 불모의, 불임의

fertile [fə́:rtl] 비옥한, 가임의, 다산의
futile [fjú:tl] 헛된, 쓸데없는, 시시한
excite [iksáit] 흥분시키다, 자극하다

Vocabulary Of The Week

MON

struggle [strʌ́gəl]
버둥질, 노력, 고투, 투쟁
existence [igzístəns] 생존, 존재
endure [endjúər] 견디다, 참다
rubbish [rʌ́biʃ] 쓰레기, 잡동사니
silly [síli] 어리석은(stupid)

thorough [θə́:rou]
철저한, 충분한, 완벽한, 완전한
dreadful [drédfəl]
무서운, 두려운, 무시무시한
bric-à-brac [bríkəbræ̀k]
(F.) 골동품, 고물, 장식품

TUE

friendship [fréndʃip] 우정, 호의
fríendship price
우호가격(석유·곡물 등에 대해
우호적으로 제공되는 할인가격)
friend·ly [fréndli] 친한, 우호적인

estimate [éstəmèit]
어림잡다, 판단(평가)하다
evaluate [ivǽljuèit]
평가하다, 측정하다, 고려하다

WED

lay [lei]
(p., pp. laid [leid]) 놓다, 눕히다
lie [lai]
(lay [lei]; lain [lein]; ly·ing [láiiŋ])
놓여 있다, 눕다
empty [émpti] 빈, 공허한

hollow [há lou] 속이 빈, 분지, 구멍
religion [rilídʒən] 종교
region [rí:dʒən] 지방, 영역
govern [gʌ́vərn] 통치하다, 다스리다

THU

inflict [inflíkt]
(타격·상처·고통을) 주다, 입히다,
가하다
appall [əpɔ́:l]
오싹 소름끼치게 하다, 섬뜩하게 하다
punishment [pʌ́niʃmənt]
벌, 형벌, 처벌

supreme [səprí:m] 최고의, 최상의
vice [vais] 악덕, 악, 부도덕
shallow [ʃǽlou]
얕은, 천박한, 피상적인
abandon [əbǽndən]
버리다, 버려 두다, 단념하다

FRI

society [səsáiəti] 사회, 공동체, 세상
criminal [krímənl] 범죄자, 범죄의
sterile [stéril] 메마른, 불모의, 불임의
fertile [fə́:rtl] 비옥한, 가임의, 다산의
futile [fjú:tl] 헛된, 쓸데없는, 시시한
excite [iksáit] 흥분시키다, 자극하다

MON

Indifference is the revenge the world takes on mediocrities

무관심은 세상이 하찮은 존재들에게 하는 복수다

She thought that, because he was stupid, he would be kindly, when, of course, kindness requires imagination and intellect. ✦ He is fond of being misunderstood. It gives him a post of vantage. Indifference is the revenge the world takes on mediocrities.

물론, 친절이 상상력과 지성을 필요로 하는 것인데도 불구하고 그녀는 그가 무지해서 친절하리라고 생각했다. ✦ 그는 오해받는 것을 좋아한다. 그로 하여금 유리한 위치에 설 수 있게 해 주기 때문이다. 무관심은 세상이 하찮은 존재들에게 하는 복수다.

문장분석

She thought that, because he was stupid, he would be kindly, when, of course,
···에도 불구하고
kindness requires imagination and intellect. ✦ He is fond of being misunder-
~을 좋아하다
stood. It gives him a post of vantage. Indifference is the revenge the world takes
on mediocrities.

require [rikwáiər] 요구하다
imagination [imædʒənéiʃən] 상상(력)
intellect [íntəlèkt] 지성, 지식인
vantage [væntidʒ] 우월, 유리한 상태

indifference [indífərəns] 무관심, 냉담
revenge [rivéndʒ] 보복, 복수
mediocrity [mìːdiɑ́krəti] 평범, 평범한 사람

Democracy is the bludgeoning of the people for the people by the people

민주주의는 국민의, 국민에 의한, 국민을 위한 강압통치다.

As a wise man once said many centuries before Christ, there is such a thing as leaving mankind alone; there is no such thing as governing mankind. All modes of government are failures. High hopes were once formed of democracy; but democracy means simply the bludgeoning of the people for the people by the people.

기원전 몇 세기에 한 현자가 말했던 것처럼, 인류를 그냥 자유롭게 놔두는 건 가능해도 통치한다는 건 있을 수 없다. 모든 방식의 통치는 결국 실패나 다름없다. 한때 민주주의에 커다란 희망을 걸었던 적이 있다. 하지만 민주주의는 단지 국민의, 국민에 의한, 국민을 위한 강압통치를 의미할 뿐이다.

문장분석

As a wise man once said many centuries before Christ, there is such a thing as leaving mankind alone; there is no such thing as governing mankind. All modes of government are failures. There were once high hopes of democracy; but democracy means simply the bludgeoning of the people for the people by the people.

mankind [mǽnkàind] 인류, 인간
govern [gʌ́vərn] 통치하다, 다스리다(rule)
governance [gʌ́vərnəns] 통치, 관리, 지배

failure [féiljər] 실패
bludgeon [blʌ́dʒən] 곤봉, 강제로 …하게 하다

Progress is the realization of Utopias

진보란 유토피아를 하나씩 실현해 가는 것이다

A map of the world that does not include Utopia is not worth even glancing at, for it leaves out the one country at which Humanity is always landing. And when Humanity lands there, it looks out, and, seeing a better country, sets sail. Progress is the realization of Utopias.

유토피아를 포함하지 않은 세계 지도는 쳐다볼 가치조차 없다. 왜냐하면 그 지도에는 인류가 언제나 도달하고 싶어 하는 단 하나의 나라가 빠져 있기 때문이다. 그리고 유토피아에 도달한 인류는 주위를 살펴보고 더 나은 나라를 발견하게 되면 또 다시 돛을 올릴 것이다. 이렇듯 진보란 유토피아를 하나씩 실현해 가는 것이다.

문장분석

A map of the world that does not include Utopia is not worth even glancing at, for it leaves out the one country which Humanity is always landing at. And
because   ~을 빠뜨리다
when Humanity lands there, it looks out, and, seeing a better country, sets sail.
상륙하다   돛을 올리다
Progress is the realization of Utopias.

include [inklúːd] 포함하다, 포함시키다
worth [wəːrθ]
···의 가치가 있는, ···할 만한 가치가 있는
glance [ɡlæns] 흘긋 봄, 슬쩍 보다

humanity [hjuːmǽnəti] 인류, 인간성, 인류애
progress [prάɡres] 전진, 진행, 진보
realization [rìːəlizéiʃən] 실현, 사실로 깨달음

It is not the moment that makes the man, but the man who creates the age

시대가 인간을 만드는 게 아니라 인간이 시대를 창조한다

The longer one studies life and literature, the more strongly one feels that behind everything that is wonderful stands the individual, and that it is not the moment that makes the man, but the man who creates the age.

삶과 문학을 연구하면 할수록, 모든 환상적인 것들 뒤에는 개인이 있고, 시대가 인간을 만드는 게 아니라 인간이 시대를 창조한다는 느낌이 더욱더 확실해진다.

The longer one studies life and literature, the more strongly one feels that
~하면 할수록   더 ~하다
behind everything that is wonderful/ stands the individual, and (feels) that it is
                                                    주어   강조구문
not the moment that makes the man, (it is) but the man who creates the age.

literature [lítərətʃər] 문학
literary [lítərèri] 문학의
literally [lítərəli] 글자 뜻 그대로
literacy [lítərəsi] 읽고 쓰는 능력

illiterate [ilítərit] 무식한, 문맹의
individual [indəvídʒuəl] 개인, 개개의, 개인적인
create [kriːéit] 창조하다

We live in the age of shallow and emotional virtues

우리는 천박하고 감정적인 미덕의 시대에 살고 있다

It takes a thoroughly selfish age, like our own, to deify self-sacrifice. It takes a thoroughly grasping age, such as that in which we live, to set above the fine intellectual virtues, those shallow and emotional virtues that are an immediate practical benefit to itself.

우리 시대처럼 철저히 이기적인 시대는 자기희생을 신격화한다. 또한 우리가 사는 시대처럼 철저하게 탐욕적인 시대에는, 그 시대에 즉각적이고 실제적인 이익이 되는 천박하고 감정적인 미덕들이 훌륭하고 지적인 미덕들보다 더 위에 놓인다.

문장분석

It <u>takes</u> a thoroughly selfish age, like our own, <u>to</u> deify self-sacrifice. It <u>takes</u> a thoroughly grasping age, such as <u>that</u> in which we live, <u>to set</u> <u>those shallow and</u> <u>emotional virtues</u> that are an immediate practical benefit to itself <u>above</u> the fine intellectual virtues.

thorough [θə́ːrou] 철저한, 완벽한
selfish [sélfiʃ] 이기적인, 이기주의의
deify [díːəfài] 신격화하다
grasping [ɡrǽspin] 욕심 많은, 쥐는, 잡는
grasp [ɡræsp] 붙잡다(grip), 움켜쥐다

virtue [vɚ́ːrtʃuː] 미덕, 덕
shallow [ʃǽlou] 얕은, 천박한, 피상적인
immediate [imíːdiət] 직접의, 즉시의
benefit [bénəfit] 이익, 은혜

Vocabulary Of The Week

MON

require [rikwáiər] 요구하다
imagination [imæ̀dʒənéiʃən]
 상상(력)
intellect [íntəlèkt] 지성, 지식인
vantage [væntidʒ]
 우월, 유리한 상태

indifference [indífərəns]
 무관심, 냉담
revenge [rivéndʒ] 보복, 복수
mediocrity [mìːdiɑ́krəti]
 평범, 평범한 사람

TUE

mankind [mæ̀nkáind] 인류, 인간
govern [gʌ́vərn]
 통치하다, 다스리다(rule)
governance [gʌ́vərnəns]
 통치, 관리, 지배
failure [féiljər] 실패

bludgeon [blʌ́dʒən]
 곤봉, 강제로 …하게 하다

WED

include [inklúːd]
 포함하다, 포함시키다
worth [wəːrθ]
 …의 가치가 있는, …할 만한 가치가
 있는
glance [glæns] 흘긋 봄, 슬쩍 보다

humanity [hjuːmǽnəti]
 인류, 인간성, 인류애
progress [prɑ́gres] 전진, 진행, 진보
realization [rìːəlizéiʃən]
 실현, 사실로 깨달음

THU

literature [lítərətʃər] 문학
literary [lítərèri] 문학의
literally [lítərəli] 글자 뜻 그대로
literacy [lítərəsi] 읽고 쓰는 능력
illiterate [ilítərit] 무식한, 문맹의

individual [ìndəvídʒuəl]
 개인, 개개의, 개인적인
create [kriéit]창조하다

FRI

thorough [θə́ːrou] 철저한, 완벽한
selfish [sélfiʃ] 이기적인, 이기주의의
deify [díːəfài] 신격화하다
grasping [grǽspiŋ]
 욕심 많은, 쥐는, 잡는
grasp [græsp]
 붙잡다(grip), 움켜쥐다

virtue [və́ːrtʃuː] 미덕, 덕
shallow [ʃǽlou]
 얕은, 천박한, 피상적인
immediate [imíːdiət] 직접의, 즉시의
benefit [bénəfit] 이익, 은혜

Oscar Wilde 1895

오스카는 자기 가문의 이름에 먹칠을 당했다고 여긴 퀸즈베리 후작에게 미성년자들과의 동성연애 혐의로 고소를 당했고, 오스카 또한 그런 퀸즈베리 후작을 명예훼손죄로 고소했다. 그런데 오스카는 자신의 달변과 논리만으로 충분히 승소할 수 있다는 자만심으로 변호사를 선임하지 않고 홀로 재판정에 섰고, 이는 그에게 치명적인 결과로 되돌아왔다.

아무리 화려한 언변으로 유명해도 법적인 지식은 대단치 않았던 오스카는 자신에게 도움이 되지 않을 실수를 거듭했다. 불리한 상황을 유머로 넘겨 버리곤 했고, 동성애가 고대 그리스로부터 이어져 온 유산이라고 주장하며 자신의 동성애적 행위를 인정하는 발언을 하기도 했다. 당시 사회에서 동성애는 용납될 수 없는 중범죄였고, 끝내 오스카는 2년형을 받으며 패소하고 말았다.

November

11

**The heart was made to be broken.
Hearts Live By Being Wounded.**

우리의 마음은 상처받도록 만들어졌다.
마음은 상처받음으로써 살아간다.

MON

I could not bear my sufferings to be meaningless

내 고통이 의미가 없다고 생각하면 난 견딜 수가 없었다

While there were times when I rejoiced in the idea that my sufferings were to be endless, I could not bear them to be without meaning. Now I find hidden away in my nature something that tells me that nothing in the world is meaningless, and suffering least of all. That something hidden away in my nature, like a treasure in a field, is Humility.

난 내 고통이 영원하리라는 생각에 때론 기쁨을 느끼기도 했지만, 내 고통이 의미가 없다고 생각하면 난 견딜 수가 없었다. 이제 난 이 세상에 무의미한 것은 하나도 없으며, 그중에서도 고통은 가장 무의미하지 않다고 내게 속삭여 주는 무언가가 나의 내면에 숨겨져 있음을 알게 되었다. 들판의 보물처럼 내 본성 안에 숨겨져 있던 그 무엇은 다름아닌 겸손이었다.

문장분석

While there were times when I rejoiced in the idea that my sufferings were to be endless, I could not bear them to be without meaning. Now I find something
                            stand
hidden away in my nature/ something that tells me that nothing in the world is meaningless, and suffering least of all. That something hidden away in my
                                                    가장 ~아니다
nature, like a treasure in a field, is Humility.

rejoice [ridʒɔ́is] 기뻐하다
suffering [sʌ́fəriŋ] 괴로움, 고통
bear [bɛər] 참다, 몸에 지니다

least [liːst] (little의 최상급) 가장 작은, 가장 적은
treasure [tréʒər] 보물
humility [hjuːmíləti] 겸손, 비하(卑下)

When the gods wish to punish us, they answer our prayers

신은 우리를 벌하고자 할 때 우리의 기도를 들어준다

The gods are strange. It is not our vices only they make instruments to scourge us. They bring us to ruin through what in us is good, gentle, humane, loving. When the gods wish to punish us, they answer our prayers.

신들은 참 이상하다. 우리를 벌할 때 우리의 악행을 도구로 사용하는 것으로는 부족한지, 우리 안의 선하고 다정하고 인간적이고 사랑스러운 것들을 이용해 우리를 파멸로 이끈다. 신은 우리를 벌하고자 할 때 우리의 기도를 들어준다.

문장분석

The gods are strange. It is not our vices only they make instruments to scourge us. They bring us to ruin/ through what (in us) is good, gentle, humane, loving. When the gods wish to punish us, they answer our prayers.

strange [streindʒ] 이상한
vice [vais] 악덕, 악, 비행
instrument [instrəmənt] 기계, 도구
scourge [skə:rdʒ] 천벌, 징계하다

ruin [rúːin] 파멸(시키다)
humane [hjuːméin] 자비로운, 인간적인
prayer [prɛər] 기도
pray [prei] 기도하다

In her dealings with man Destiny never closes her accounts

인간과 거래하는 동안 운명의 여신은 결코 그녀의 거래장부를 덮지 않는다

One's days are too brief to take the burden of another's errors on one's shoulders. Each man lives his own life, and pays his own price for living it. The only pity is one has to pay so often for a single fault. One has to pay over and over again, indeed. In her dealings with man Destiny never closes her accounts.

다른 사람의 과오를 대신 짊어질 만큼 우리의 인생은 길지 않다. 인간은 각자 자신의 삶을 살아가고, 삶을 살기 위해 필요한 대가 역시 각자 지불해야 한다. 정말 불쌍한 것은, 단 한 번의 잘못 때문에 너무 자주 대가를 치러야 한다는 것이다. 실제로 우리는 대가를 치르고 또 치른다. 인간과 거래하는 동안 운명의 여신은 결코 그녀의 거래 장부를 덮지 않는다.

문장분석

One's days are too brief to take the burden of another's errors on one's
　　　　　　　　　　　　　　　　　　　　　　　　　　　　　Our
shoulders. Each man lives his own life, and pays his own price for living it. The

only pity is (that) one has to pay so often for a single fault. One has to pay/ over
　　　　　　　　　　 we　　　　　　　　　　　　　　　　　　　　　　　　　　　　must
and over again, indeed. In her dealings with man/ Destiny never closes her

accounts.

brief [bri:f] 짧은, 간결한
burden [bə́:rdn] 무거운 짐, 부담
shoulder [ʃóuldər] 어깨
pity [píti] 불쌍히 여김, 동정

fault [fɔ:lt] 잘못, 결함
indeed [indi:d] 실로, 참으로
destiny [déstəni] 운명, 숙명, 운
account [əkáunt] 계산, 계산서, 청구서, 계좌

Life cheats us with shadows, like a puppet-master

삶은 마치 꼭두각시 조종사가 그러하듯 그림자들로 우리를 속인다

When one look back upon the life that was so vivid in its emotional intensity, and filled with such fervent moments of ecstasy or of joy, it all seems to be a dream and an illusion. Life cheats us with shadows, like a puppet-master. We ask it for pleasure. It gives it to us, with bitterness and disappointment in its train.

강렬한 감정을 느꼈던, 환희나 기쁨의 열렬한 순간들로 채워진 시절들을 돌이켜 보면 모든 게 꿈만 같고 환상인 듯하다. 삶은 마치 꼭두각시 조종사가 그러하듯 그림자들로 우리를 속인다. 우린 삶에 기쁨을 달라고 요청하지만, 삶은 우리에게 기쁨과 함께 그 과정에서 씁쓸함과 실망도 안겨준다.

문장분석

When one look back upon the life that was so vivid in its emotional intensity, and
   we

filled with such fervent moments of ecstasy or of joy, it all seems to be a dream

and an illusion. Life cheats us with shadows, like a puppet-master. We ask it for
                                         life

pleasure. It gives it to us, with bitterness and disappointment in its train.
     pleasure

vivid [vívid] 생생한, 원기 왕성한
intensity [inténsəti] 강렬, 격렬
fervent [fə́:rvənt] 뜨거운, 열렬한
ecstasy [ékstəsi] 무아경, 황홀, 희열
illusion [ilú:ʒən] 환영(幻影), 환각, 환상

cheat [tʃi:t] 기만하다, 속이다
puppet [pʌ́pit] 작은 인형, 꼭두각시
pleasure [pléʒər] 기쁨, 쾌감
bitterness [bítərnis] 쓴맛, 괴로움, 쓰라림
disappointment [disəpɔ́intmənt] 실망

Pain, unlike Pleasure, wears no mask

기쁨과 달리 고통은 가면을 쓰지 않는다

Out of Sorrow have the worlds been built, and at the birth of a child or a star there is pain. Behind Joy and Laughter there may be a temperament, coarse, hard and callous. But behind Sorrow there is always Sorrow. Pain, unlike Pleasure, wears no mask.

세상은 슬픔으로부터 만들어졌고, 어린아이나 별의 탄생에는 고통이 함께한다. 즐거움과 웃음 뒤에는 거칠고 냉혹하고 냉담한 기질이 있을 수 있다. 하지만 슬픔 뒤에는 언제나 슬픔이 있을 뿐이다. 기쁨과 달리 고통은 가면을 쓰지 않는다.

문장분석

Out of Sorrow/ have the worlds been built, and at the birth of a child or a star/
　　　　　　　　　　주어
there is pain. Behind Joy and Laughter/ there may be a temperament, coarse,

hard and callous. But behind Sorrow/ there is always Sorrow. Pain, unlike

Pleasure, wears no mask.

sorrow [sɑ́ɹou] 슬픔, 비애
painful [péinfəl] 아픈, 괴로운
laughter [læftər] 웃음, 웃음소리
temperament [témpərəmənt]
　기질, 성질, 성미, 체질

coarse [kɔːrs] 조잡한, 상스러운
callous [kǽləs] 굳은, 못이 박힌, 냉담한

Vocabulary Of The Week

MON

rejoice [ridʒɔ́is] 기뻐하다
suffering [sʌ́fəriŋ] 괴로움, 고통
bear [bɛər] 참다, 몸에 지니다
least [liːst]
　(little의 최상급) 가장 작은, 가장 적은
treasure [tréʒər] 보물

humility [hjuːmíləti] 겸손, 비하(卑下)

TUE

strange [streindʒ] 이상한
vice [vais] 악덕, 악, 비행
instrument [ínstrəmənt] 기계, 도구
scourge [skəːrdʒ] 천벌, 징계하다
ruin [rúːin] 파멸(시키다)

humane [hjuːméin]
　자비로운, 인간적인
prayer [prɛər] 기도
pray [prei] 기도하다

WED

brief [briːf] 짧은, 간결한
burden [bə́ːrdn] 무거운 짐, 부담
shoulder [ʃóuldər] 어깨
pity [píti] 불쌍히 여김, 동정
fault [fɔːlt] 잘못, 결함
indeed [indíːd] 실로, 참으로

destiny [déstəni] 운명, 숙명, 운
account [əkáunt]
　계산, 계산서, 청구서, 계좌

THU

vivid [vívid] 생생한, 원기 왕성한
intensity [inténsəti] 강렬, 격렬
fervent [fə́ːrvənt] 뜨거운, 열렬한
ecstasy [ékstəsi] 무아경, 황홀, 희열
illusion [ilúːʒən]
　환영(幻影), 환각, 환상

cheat [tʃiːt] 기만하다, 속이다
puppet [pʌ́pit] 작은 인형, 꼭두각시
pleasure [pléʒər] 기쁨, 쾌감
bitterness [bítərnis]
　쓴맛, 괴로움, 쓰라림
disappointment [dìsəpɔ́intmənt]
　실망

FRI

sorrow [sɑ́rou] 슬픔, 비애
painful [péinfəl] 아픈, 괴로운
laughter [lǽftər] 웃음, 웃음소리
temperament [témpərəmənt]
　기질, 성질, 성미, 체질
coarse [kɔːrs] 조잡한, 상스러운

callous [kǽləs]
　굳은, 못이 박힌, 냉담한

With us time itself seems to circle round one centre of pain

우리에게 시간은 고통의 한 중심부를 따라 빙빙 도는 것일지도 모른다

The strong passions slay man, or themselves die. Shallow sorrows and shallow loves live on. The loves and sorrows that are great are destroyed by their own plenitude. Suffering is one long moment. We cannot divide it by seasons. We can only record its moods, and chronicle their return. With us time itself does not progress. It revolves. It seems to circle round one centre of pain.

강렬한 열정은 사람을 죽게 하거나 스스로 죽어 간다. 얄팍한 슬픔과 천박한 사랑은 끈질기게 살아남는다. 위대한 사랑과 슬픔은 스스로의 충만함 때문에 파멸하고 만다. 고통은 하나의 긴 순간이다. 우리는 고통을 계절로 나눌 수 없다. 우린 다만 그 다양한 순간들을 기록하고, 그 순간들이 다시 돌아오는 것을 기록할 수 있을 뿐이다. 우리에게 시간은 전진하는 게 아니다. 순환할 뿐이다. 그것은 고통의 한 중심부를 따라 빙빙 도는 것일지도 모른다.

문장분석

The strong passions slay man, or themselves die. Shallow sorrows and shallow loves live on. The loves and sorrows that are great are destroyed by their own
계속하여
plenitude. Suffering is one long moment. We cannot divide it by seasons. We can only record its moods, and chronicle their return. With us/ time itself does not progress. It revolves. It seems to circle round one centre of pain.
...것 같다   선회하다, 감돌다

slay [slei] 죽이다, 살해하다
shallow [ʃǽlou] 얕은, 천박한
sorrow [sɑ́rou] 슬픔, 비애
destroy [distrɔ́i] 파괴하다, 부수다
plenitude [plénətjùːd] 충만, 완전, 풍부, 절정

suffering [sʌ́fəriŋ] 괴로움, 고통; 고생
chronicle [krɑ́nikl]
　기록에 남기다, 열거하다, 연대기(年代記)
progress [prəgrés] 전진하다, 진보하다
revolve [rivɑ́lv] 회전하다, 순환하다

We shall all suffer for what the gods have given us, suffer terribly

우리 모두 신들에게 받은 것으로 인해 고통을 받게 될 거야, 그것도 아주 혹독하게

To speak the truth is a painful thing. To be forced to tell lies is much worse. ✦ Your rank and wealth, Harry; my brains, such as they are – my art, whatever it may be worth; Dorian Gray's good looks – we shall all suffer for what the gods have given us, suffer terribly.

진실을 말하는 것은 고통스러운 일이다. 하지만 거짓을 말하도록 강요받는 것은 훨씬 더 고통스러운 일이다. ✦ 해리, 너에겐 지위와 재산이 있고, 나에겐 변변치 못하지만 어느 정도의 두뇌와 나름의 가치를 지닌 예술이 있어. 그리고 도리언 그레이에겐 아름다운 외모가 있고. 우리 모두 신들이 우리에게 준 것으로 인해 고통을 받게 될 거야, 그것도 아주 혹독하게.

문장분석

To speak the truth is a painful thing. To be forced to tell lies is much worse. ✦
훨씬
Your rank and wealth, Harry; my brains, such as they are – my art, whatever it
변변치 못하지만   무엇이든 간에
may be worth; Dorian Gray's good looks – we shall all suffer for what the gods
이유
have given us, suffer terribly.

worse [wə:rs]
　(bad, ill의 비교급) 보다 나쁜, 악화된
rank [ræŋk] 지위, 신분, 계급, 사회층

worth [wə:rθ]
　…의 가치가 있는, …할 만한 가치가 있는
suffer [sʌfər] 경험하다, 입다, 받다

The only things one never regrets are one's mistakes

우리가 결코 후회하지 않을 유일한 것은 우리의 실수뿐이다

To get back one's youth, one has merely to repeat one's follies. That is one of the great secrets of life. Nowadays most people die of a sort of creeping common sense, and discover when it is too late that the only things one never regrets are one's mistakes.

젊음을 되찾고 싶다면, 젊었을 때 했던 바보짓을 다시 반복하기만 하면 된다. 그것이 삶의 위대한 비밀 중 하나다. 요즘 사람들은 일종의 비굴한 상식 때문에 죽어 간다. 그리고 그들은 결코 후회하지 않을 유일한 것은 자신의 실수뿐이라는 걸 너무 늦게서야 깨닫는다.

문장분석

To get back one's youth, one has merely to repeat one's follies. That is one of the
      only
great secrets of life. Nowadays/ most people die of a sort of creeping common
                                          ~으로 죽다   상식
sense, and discover (when it is too late) that the only things one never regrets

are one's mistakes.

youth [ju:θ] 젊음, 혈기, 청년시절
folly [fáli] 어리석음, 우둔, 어리석은 행위
creeping [krí:piŋ]
천천히 기어가는, 몰래 다가가는, 비굴한, 아첨하는

creep [kri:p] 기다, 살금살금 걷다
common [kámən]
공통의, 공동의, 일반의, 보통의
regret [rigrét] 유감, 후회, 뉘우치다

No man dies for what he knows to be true

어느 누구도 진실이라고 알고 있는 것을 위해 죽지는 않는다

Martyrdom was to me merely a tragic form of skepticism, an attempt to realize by fire what one had failed to do by faith. No man dies for what he knows to be true. Men die for what they want to be true, for what some terror in their hearts tells them is not true.

내게 순교는 회의론의 한 비극적 형태, 즉 신념으로 이루지 못한 것을 불로써 실현하기 위한 하나의 시도에 불과했다. 어느 누구도 진실이라고 알고 있는 것을 위해 죽지는 않는다. 인간은 진실이기를 바라는 것을 위해서 혹은 그의 마음속 어떤 두려움이 진실이 아니라고 말하는 것을 위해 목숨을 버리는 것이다.

문장분석

Martyrdom was (to me) merely a tragic form of skepticism, an attempt to realize (by fire) what one had failed to do by faith. No man dies for what he knows to be true. Men die for what they want to be true, for what some terror/ in their hearts/ tells them/ is not true.

martyrdom [mάːrtərdəm] 순교
martyr [mάːrtər] 순교자
tragic [trǽdʒik] 비극의
tragedy [trǽdʒədi] 비극

skepticism [sképtəsizəm] 회의(론)
attempt [ətémpt] 시도, 노리다
realize [ríːəlàiz] 실현하다, 깨닫다

The tragedy of old age is not that one is old, but that one is young

노인의 비극은 늙었다는 데 있는 게 아니라 여전히 젊다는 데 있다

"I never intend to grow old. The soul is born old but grows young. That is the comedy of life."
"And the body is born young and grows old. That is life's tragedy."
✦ The tragedy of old age is not that one is old, but that one is young.

"난 절대 나이 들 생각이 없어. 영혼은 늙게 태어나 점점 젊어지지. 그게 인생의 희극이야."
"그리고 몸은 젊게 태어나 점점 늙어 가고. 그게 인생의 비극이지."
✦ 노인의 비극은 늙었다는 데 있는 게 아니라 여전히 젊다는 데 있다.

문장분석

"I never intend to grow old. The soul is born old but grows young. That is the
become
comedy of life."

"And the body is born young and grows old. That is life's tragedy."

✦ The tragedy of old age is not that one is old, but that one is young.
we

intend [inténd] …할 작정이다, …하려고 생각하다　　tragic [trǽdʒik] 비극의, 비극적인
intent [intént] 의향, 목적, 의지, 의도　　prodigy [prɑ́dədʒi] 불가사의, 천재
tragedy [trǽdʒədi] 비극

Vocabulary Of The Week

MON

slay [slei] 죽이다, 살해하다
shallow [ʃǽlou] 얕은, 천박한
sorrow [sɑ́rou] 슬픔, 비애
destroy [distrɔ́i] 파괴하다, 부수다
plenitude [plénətjùːd]
　충만, 완전, 풍부, 절정

suffering [sʌ́fəriŋ]
　괴로움, 고통; 고생

TUE

worse [wəːrs]
　(bad, ill의 비교급) 보다 나쁜, 악화된
rank [ræŋk] 지위, 신분, 계급, 사회층
worth [wəːrθ]
　…의 가치가 있는, …할 만한 가치가
　있는

suffer [sʌ́fər] 경험하다, 입다, 받다

WED

youth [juːθ] 젊음, 혈기, 청년시절
folly [fɑ́li]
　어리석음, 우둔, 어리석은 행위
creeping [kríːpiŋ]
　천천히 기어가는, 몰래 다가가는,
　비굴한, 아첨하는

creep [kriːp] 기다, 살금살금 걷다
common [kɑ́mən]
　공통의, 공동의, 일반의, 보통의
regret [rigrét] 유감, 후회, 뉘우치다

THU

martyrdom [mɑ́ːrtərdəm] 순교
martyr [mɑ́ːrtər] 순교자
tragic [trǽdʒik] 비극의
tragedy [trǽdʒədi] 비극
skepticism [sképtəsìzəm] 회의(론)
attempt [ətémpt] 시도, 노리다

realize [ríːəlàiz] 실현하다, 깨닫다

FRI

intend [inténd]
　…할 작정이다, …하려고 생각하다
intent [intént] 의향, 목적, 의지, 의도
tragedy [trǽdʒədi] 비극
tragic [trǽdʒik] 비극의, 비극적인
prodigy [prɑ́dədʒi] 불가사의, 천재

MON

The secret of remaining young is never to have an emotion that is unbecoming

젊음을 유지하는 비결은 자신에게 어울리지 않는 감정을 절대 느끼지 않는 것이다

Youth smiles without any reason. It is one of its chiefest charms. The secret of remaining young is never to have an emotion that is unbecoming. There is something tragic about the enormous number of young men there are in England at the present moment who start life with perfect profiles, and end by adopting some useful profession.

청춘은 아무런 이유 없이도 웃을 줄 안다. 그것이 젊음이 지닌 가장 큰 매력 중 하나다. 젊음을 유지하는 비결은 자신에게 어울리지 않는 감정을 절대 느끼지 않는 것이다. 지금 영국에 완벽한 외모로 인생을 시작해서 결국에는 몇몇 유용한 직업을 선택하는 것으로 끝나고 마는 젊은이들이 엄청나게 많다는 사실에는 비극적인 요소가 있다.

문장분석

Youth smiles/ without any reason. It is one of its chiefest charms. The secret
~중 하나
of remaining young is never to have (an emotion) that is unbecoming. There is

something tragic/ about (the enormous number of young men) (there are/ in

England/ at the present moment) who start life with perfect profiles, and end by

adopting some useful profession.

---

remain [riméin] 남다, 남아 있다
emotion [imóuʃən] 감동, 감격, 흥분, 감정
tragic [trǽdʒik] 비극의, 비극적인
enormous [inɔ́ːrməs]
　거대한, 엄청난, 매우 큰(immense)

adopt [ədɑ́pt] 입양하다, 채택하다, 골라잡다
adapt [ədǽpt] 적용시키다, 길들이다
profession [prəféʃən] 직업, (특히) 지적 직업

Misery and poverty exercise a paralyzing effect over the nature of men

고통과 빈곤은 인간의 본성을 마비시키는 힘을 발휘한다

Misery and poverty are so absolutely degrading, and exercise such a paralyzing effect over the nature of men, that no class is ever really conscious of its own suffering. They have to be told of it by other people, and they often entirely disbelieve them.

고통과 빈곤은 사람을 매우 비천하게 만들고 인간의 본성을 마비시키는 힘이 있어서 어떤 계층의 사람들도 자신의 고통을 진정으로 의식하지 못한다. 다른 사람들이 그것에 대해 이야기해 줘야만 한다. 그런데도 그들은 종종 전혀 믿으려 하지도 않는다.

문장분석

Misery and poverty are so absolutely degrading, and exercise such a paralyzing
effect over the nature of men, that no class is ever really conscious of its own
~을 의식하고 있는
suffering. They have to be told of it/ by other people, and they often entirely
must ~에 대하여 말하다
disbelieve them.

misery [mízəri] 비참, 불행, 고통, 고뇌
poverty [pávərti] 가난, 빈곤, 결핍
absolutely [æbsəlúːtli]
　절대적으로, 단호히, 정말로

exercise [éksərsàiz] 발휘하다, 훈련하다
conscious [kánʃəs] 의식하고 있는, 알고 있는
suffering [sʌ́fəriŋ] 괴로움, 고통, 고생, 피해
disbelieve [disbilíːv] 믿지 않다, 의심하다

Youth is the Lord of Life and Youth has a kingdom waiting for it

젊음은 인생의 왕이야, 그리고 젊음에겐 그를 위해 준비된 왕국이 있지

Don't be afraid, Gerald. Remember that you've got on your side the most wonderful thing in the world – youth! There is nothing like youth. Youth is the Lord of Life. Youth has a kingdom waiting for it. ✦ It is a kind of genius to be twenty-one.

두려워하지 마, 제럴드. 넌 세상에서 가장 멋진 걸 갖고 있다는 사실을 잊지 마. 그건 바로 젊음! 젊음에 견줄 만한 것은 아무것도 없어. 젊음은 인생의 왕이야. 젊음에겐 그를 위해 준비된 왕국이 있지. ✦ 스물한 살이라는 것은 아주 놀라운 재능이야.

문장분석

Don't be afraid, Gerald. Remember that you have got on your side the most
~을 이점으로 갖다

wonderful thing in the world – youth! There is nothing like youth. Youth is the
~같은

Lord of Life. Youth has a kingdom (that is) waiting for it. ✦ It is a kind of genius to

be twenty-one.

---

afraid [əfréid] 두려워하는
kingdom [kíŋdəm] 왕국, 분야
genius [dʒíːnjəs] 천재, 비범한 재능

genuine [dʒénjuin] 진짜의, 순종의
wander [wándər] 헤매다, 방랑하다

Freedom, pleasure, amusements, a life of ease have been your lot, and you are not worthy of it

자유, 쾌락, 재미, 여유로움은 네 운명의 몫으로 주어졌지만
너는 그런 삶을 누릴 자격이 없어

To each of us different fates have been meted out. Freedom, pleasure, amusements, a life of ease have been your lot, and you are not worthy of it. My lot has been one of public infamy, of long imprisonment, of misery, of ruin, of disgrace, and I am not worthy of it either – not yet, at any rate.

우리 각자에게는 서로 다른 운명이 할당되었어. 자유, 쾌락, 재미, 여유로움은 너의 몫으로 주어졌지만 너는 그런 삶을 누릴 자격이 없어. 내 몫은 공개적인 불명예, 오랜 감옥 생활, 빈곤, 파산, 실추였지. 그리고 나 역시 그런 삶과는 어울리지 않아. 적어도 아직까지는 아냐.

문장분석

To each of us/ different fates have been meted out. Freedom, pleasure, amuse-

ments, a life of ease have been your lot, and you are not worthy of it. My lot has
              easy

been one of public infamy, of long imprisonment, of misery, of ruin, of disgrace,

and I am not worthy of it either – not yet, at any rate.
                       (부정문에서) 또한 …아니다   어쨌든, 적어도

fate [feit] 운명, 숙명
mete [miːt] (형벌·보수 따위를) 할당하다, 주다
amusement [əmjúːzmənt] 즐거움, 오락
lot [lɑt] 제비뽑기, 추첨, 몫(share), 구획, 부지
worthy [wə́ːrði] 가치 있는, 어울리는

infamy [ínfəmi] 악평, 불명예
imprisonment [impríznmənt] 투옥, 감금
misery [mízəri] 불행, 고통
ruin [rúːin] 파멸, 몰락, 폐허
disgrace [disgréis] 창피, 불명예

To leave life as one leaves a feast is not merely philosophy but romance

축제를 떠나듯 삶을 떠나는 것이 철학이자 로맨스다

Don't tell me that you have exhausted Life. When a man says that one knows that Life has exhausted him. One can live for years sometimes without living at all, and then all life comes crowding into one single hour. To leave life as one leaves a feast is not merely philosophy but romance.

인생의 모든 걸 통달했다고 내게 말하지 말라. 남자가 인생의 모든 걸 알았다고 말할 때는, 삶이 그를 끝장냈다는 뜻이니까. 우리는 때때로 삶이라 부를 수 없는 상태로 수년간을 살기도 한다. 그러다가 단 한 시간 만에 모든 삶을 몰아넣듯이 살기도 한다. 축제를 떠나듯 삶을 떠나는 것이 철학이자 로맨스다.

문장분석

Don't tell me that you have exhausted Life. When a man says that, one knows
앞의 내용   he

that Life has exhausted him. One can live for years (sometimes) without living

at all, and then/ all life comes crowding into one single hour. To leave life as one
전혀   ~의 안으로 몰려들어가다   ~같이

leaves a feast is not merely philosophy but (also) romance.

exhaust [igzɔ́:st]
다 써버리다(use up), 자세히 연구하다, 지쳐빠지게
하다

exhausted [igzɔ́:stid]
기진맥진한, 다 써버린, 소모된

exhausting [igzɔ́:stin]
심신을 지치게 하는, 소모적인

exhort [igzɔ́:rt] 훈계하다, 열심히 권하다

crowd [kraud]
군중, 빽빽이 들어차다, ~에 밀어닥치다

crowded [kráudid] 붐비는, 혼잡한, 꽉 찬

Vocabulary Of The Week

MON

remain [riméin] 남다, 남아 있다
emotion [imóuʃən]
　감동, 감격, 흥분, 감정
tragic [trǽdʒik] 비극의, 비극적인
enormous [inɔ́:rməs]
　거대한, 엄청난, 매우 큰(immense)

adopt [ədápt]
　입양하다, 채택하다, 골라잡다
adapt [ədǽpt] 적응시키다, 길들이다
profession [prəféʃən]
　직업, (특히) 지적 직업

TUE

misery [mízəri]
　비참, 불행, 고통, 고뇌
poverty [pávərti] 가난, 빈곤, 결핍
absolutely [æ̀bsəlú:tli]
　절대적으로, 단호히, 정말로
exercise [éksərsàiz]
　발휘하다, 훈련하다

conscious [kánʃəs]
　의식하고 있는, 알고 있는
suffering [sʌ́fəriŋ]
　괴로움, 고통, 고생, 피해
disbelieve [dìsbilí:v]
　믿지 않다, 의심하다

WED

afraid [əfréid] 두려워하는
kingdom [kíŋdəm] 왕국, 분야
genius [dʒí:njəs] 천재, 비범한 재능
genuine [dʒénjuin] 진짜의, 순종의
wander [wándər] 헤매다, 방랑하다

THU

fate [feit] 운명, 숙명
mete [mi:t]
　(형벌·보수 따위를) 할당하다, 주다
amusement [əmjú:zmənt]
　즐거움, 오락
lot [lat]
　제비뽑기, 추첨, 몫(share), 구획, 부지

worthy [wɔ́:rði] 가치 있는, 어울리는
infamy [ínfəmi] 악평, 불명예
imprisonment [impríznmənt]
　투옥, 감금
misery [mízəri] 불행, 고통
ruin [rú:in] 파멸, 몰락, 폐허
disgrace [disgréis] 창피, 불명예

FRI

exhaust [igzɔ́:st]
　다 써버리다(use up), 자세히
　연구하다, 지쳐빠지게 하다
exhausted [igzɔ́:stid]
　기진맥진한, 다 써버린, 소모된
exhausting [igzɔ́:stiŋ]
　심신을 지치게 하는, 소모적인

exhort [igzɔ́:rt]
　훈계하다, 열심히 권하다
crowd [kraud]
　군중, 빽빽이 들어차다, ~에
　밀어닥치다
crowded [kráudid]
　붐비는, 혼잡한, 꽉 찬

The secret of life is to reproduce great experiences as often as possible

삶의 비밀은 위대한 경험을 되도록 자주 되풀이하는 것이다

We can have in life but one great experience at best, and the secret of life is to reproduce that experience as often as possible. Even when one has been wounded by it, and especially when one has been wounded by it.

우리는 살면서 위대한 경험은 기껏해야 한 번밖에 할 수 없다. 삶의 비밀은 그 경험을 되도록 자주 되풀이하는 것이다. 그 경험으로 상처받았을 때도, 특히 그 경험으로 인해 상처를 받았을 때면 더더욱 그래야 한다.

문장분석

We can have (in life) but one great experience at best, and the secret of life is
　　　　　　　　　　 only　　　　　　　　　　　　　　　　 기껏해야
to reproduce that experience/ as often as possible. Even when one has been
　　　　　　　　　　　　　　　　　　　　　　　　　　　　　　　　　　 we
wounded by it, and especially when one has been wounded by it.

experience [ikspíəriəns] 경험, 체험
reproduce [rì:prədjú:s] 재생하다; 재현하다
wound [wu:nd] 부상, 상처, 상처를 입히다
wind [waind]
(p., pp. wound [waund]) (강·길이) 구부러지다, 굽이치다, 감(기)다

especially [ispéʃəli]
특히, 특별히 (구어에서는 specially)

Life has revealed to youth her latest wonder

인생은 젊은이들에게 자신이 갖고 있는 최신의 신비를 보여 준다

To get back my youth, I would do anything in the world, except take exercise, get up early, or be respectable. Youth! There is nothing like it. It's absurd to talk of the ignorance of youth. The only people to whose opinions I listen now with any respect are people much younger than myself. They seem in front of me. Life has revealed to them her latest wonder.

내 젊음을 되찾을 수만 있다면 난 무엇이든 할 거야. 운동을 하고 아침에 일찍 일어나고 존경받을 만해야 한다는 것만 아니라면. 청춘! 청춘과 닮은 것은 없어. 젊은이들이 무지하다는 건 말도 안 되는 소리야. 지금 내가 경의를 표하며 귀 기울여 듣는 것은 나보다 훨씬 젊은 사람들의 의견이야. 그들은 나보다 더 앞서가는 것 같아. 인생이 그들에게 자신이 갖고 있는 최신의 신비를 보여 주고 있으니까.

문장분석

To get back my youth, I would do anything in the world, except take exercise, get up early, or be respectable. Youth! There is nothing like it. It's absurd to talk of the ignorance of youth. The only people whose opinions I listen to now with any respect are people (who are) much younger than myself. They seem in front of
~인 것 같다
me. Life has revealed to them her latest wonder.

youth [ju:θ] 젊음, 청년
respectable [rispéktəbəl] 존경할 만한, 훌륭한
respect [rispékt] 존경, 경의
absurd [æbsə́:rd] 불합리한, 부조리한, 터무니없는

ignorance [ígnərəns] 무지, 모름
opinion [əpínjən] 의견, 견해
wonder [wʌ́ndər] 불가사의, 경이, 놀라움, 경탄

Maturity is one long career of saying what one ought not to say

성년기는 우리가 말해서는 안 되는 것을 말하는 순간들로 이루어진 하나의 긴 과정이다

Childhod is one long career of innocent eavesdropping, of hearing what one ought not to hear. Maturity is one long career of saying what one ought not to say. It is only when we have learned to love forgetfulness, that we have learned the art of living.

어린 시절은 우리가 들어서는 안 되는 것을 듣게 되는, 순수한 엿듣기로 이루어진 하나의 긴 과정이다. 성년기는 우리가 말해서는 안 되는 것을 말하는 순간들로 이루어진 하나의 긴 과정이다. 망각을 사랑하는 법을 터득하게 되었을 때 비로소 우리는 삶의 기술을 터득했다고 할 수 있다.

문장분석

Childhod is one long career of innocent eavesdropping, (career) of hearing what one ought not to hear. Maturity is one long career of saying what one ought
should not
not to say. It is only when we have learned to love forgetfulness, that we have
강조 구문
learned the art of living.

career [kəríər] 경력, 이력, 생애　　maturity [mətjúərəti] 성숙, 숙성, 원숙
innocent [ínəsnt] 순진한, 천진난만한　immature [imətjúər] 미숙한, 미완성의
eavesdropping [í:vzdrɑ̀piŋ] 엿듣기, 도청하기

Pleasure hides love from us but pain reveals it in its essence

쾌락은 우리에게서 사랑을 감추고, 고통은 사랑의 본질을 드러내 보인다

When one is in love, one begins by deceiving oneself. And one ends by deceiving others. That is what the world calls a romance. Lovers are happiest when they are in doubt. Pleasure hides love from us but pain reveals it in its essence.

사랑에 빠지면 사람들은 우선 자기 자신을 속이기 시작한다. 그리고 남들을 속이는 것으로 끝난다. 세상 사람들은 그것을 로맨스라고 부른다. 연인들은 의문 속에 있을 때 가장 행복하다. 쾌락은 우리에게서 사랑을 감추고, 고통은 사랑의 본질을 드러내 보인다.

문장분석

When one is in love, one begins by deceiving oneself. And one ends by deceiving
일반인
others. That is(what)the world calls a romance. Lovers are happiest/ when they
are in doubt. Pleasure hides love from us/ but pain reveals it in its essence.
의심하는, 불확실하여

deceive [disíːv] 속이다, 기만하다
doubt [daut] 의심, 의혹, 회의, 불신
pleasure [pléʒər]
기쁨, 즐거움, 쾌감, 만족(satisfaction)

hide [haid] 숨기다, 보이지 않게 하다
pain [pein] 아픔, 고통, 괴로움, 고뇌
reveal [rivíːl] 드러내다, 누설하다, 폭로하다
essence [ésəns] 본질, 진수, 정수; 핵심

Passions are False Gods that will have victims at all costs

열정은 기필코 희생자를 만들어 내고야 마는 거짓된 신이다

For my own sake I must forgive you. One cannot always keep an adder in one's breast to feed on one, nor rise up every night to sow thorns in the garden of one's soul. Passions are False Gods that will have victims at all costs.

난 나 자신을 위해 당신을 용서할 수밖에 없다. 가슴속에 독뱀으로 하여금 자신을 갉아먹고 살도록 할 수도 없고, 매일 밤 일어나 자기 영혼의 정원에 가시를 심을 수도 없기에. 열정은 기필코 희생자를 만들어 내고야 마는 거짓된 신이다.

문장분석

For my own sake/ I must forgive you. One cannot always keep an adder in one's
    We   ~을 ~하게 하다
breast to feed on one, nor rise up every night/ to sow thorns/ in the garden of
    ~을 먹고 살다
one's soul. Passions are False Gods that will have victims at all costs.
                                                                반드시

adder [ǽdər] 독사의 일종(살무사류)   thorn [θɔːrn] (식물의) 가시
breast [brest] 가슴   false [fɔːls] 그릇된, 틀린, 거짓의
sow [sou] (씨를) 뿌리다   victim [víktim] 희생(자)

Vocabulary Of The Week

MON

experience [ikspíəriəns] 경험, 체험
reproduce [rìːprədjúːs]
재생하다; 재현하다
wound [wuːnd]
부상, 상처, 상처를 입히다

wind [waind]
(p., pp. wound [waund]) (강·길이)
구부러지다, 굽이치다, 감(기)다
especially [ispéʃəli]
특히, 특별히 (구어에서는 specially)

TUE

youth [juːθ] 젊음, 청년
respectable [rispéktəbəl]
존경할 만한, 훌륭한
respect [rispékt] 존경, 경의
absurd [æbsə́ːrd]
불합리한, 부조리한, 터무니없는

ignorance [ignərəns] 무지, 모름
opinion [əpínjən] 의견, 견해
wonder [wʌ́ndər]
불가사의, 경이, 놀라움, 경탄

WED

career [kəríər] 경력, 이력, 생애
innocent [ínəsnt]
순진한, 천진난만한
eavesdropping [íːvzdràpiŋ]
엿듣기, 도청하기

maturity [mətjúərəti]
성숙, 숙성, 원숙
immature [imətjúər]
미숙한, 미완성의

THU

deceive [disíːv] 속이다, 기만하다
doubt [daut] 의심, 의혹, 회의, 불신
pleasure [pléʒər]
기쁨, 즐거움, 쾌감, 만족(satisfaction)
hide [haid] 숨기다, 보이지 않게 하다
pain [pein] 아픔, 고통, 괴로움, 고뇌

reveal [rivíːl]
드러내다, 누설하다, 폭로하다
essence [ésəns]
본질, 진수, 정수; 핵심

FRI

adder [ǽdər] 독사의 일종(살무사류)
breast [brest] 가슴
sow [sou] (씨를) 뿌리다
thorn [θɔːrn] (식물의) 가시
false [fɔːls] 그릇된, 틀린, 거짓의
victim [víktim] 희생(자)

Oscar Wilde *1895~1900*

재판에서 패하면서 오스카는 2년 동안 교도소에 수감되어 강제노동을 했고, 사회적 지위와 명예, 재산도 모두 잃고 말았다. 뿐만 아니라 교도소 바닥에 쓰러지면서 오른쪽 귀를 크게 다치는 불의의 사고를 당하기도 했다. 옥중에서 특별히 독서와 집필을 허락받은 오스카는 알프레드를 원망하고 참회하는 내용의 『옥중기』를 썼다.

1897년 출소한 오스카는 곧바로 프랑스로 추방되었고 다시는 영국 땅을 밟지 못했다. 무엇보다도 아내에게 별거를 선언 당한 타격이 가장 컸다. 아이들을 지극히 사랑했던 오스카는 아이들을 만날 수 있는 권리를 얻으려 애썼지만 끝내 실패하고 쓸쓸한 여생을 보내야 했다. 파리에서 지인들의 도움으로 근근이 연명하던 오스카는 1900년 11월 30일, 교도소에서 얻은 귓병이 재발하면서 뇌수막염으로 악화되어 사망했다.

December

12

**The world belongs to you
for a season. Create yourself.
Be yourself your poem.**

세상은 한 철 동안만 네 편이다. 너 자신을 창조하라.
너 스스로 너의 시(詩)가 되어라.

MON

As life is a problem to me, I am no less a problem to Life

삶이 내게 문제가 되는 것처럼 나 역시 삶에 문제가 된다

And if life be, as it surely is, a problem to me, I am no less a problem to Life. People must adopt some attitude towards me, and so pass judgement both on themselves and me. My wish isn't to mean everything to everyone but something to someone.

그리고 삶이 내게 문제가 된다면(분명 그렇기도 하지만) 나 역시 삶에 문제가 되는 것도 사실이다. 사람들은 나에 대해 어떤 태도를 취해야 하고, 그들 자신과 나에 대해 어떤 판단을 내려야 하기 때문이다. 나의 소망은 모든 이에게 대단한 존재가 되는 것이 아니라 누군가에게 의미 있는 존재가 되는 것이다.

문장분석

And if life be, as it surely is (a problem to me), a problem to me, I am no less a
가정   그 정도로
problem to Life. People must adopt some attitude towards me, and so pass
judgement both on themselves and me. My wish is not to mean everything to
~에 대해 판단을 내리다
everyone/ but (to mean) something to someone.

adopt [ədάpt] 채택하다, 입양하다   judge [dʒʌdʒ] 재판과, 심판하다, 판결을 내리다
adapt [ədǽpt] (적응)시키다, 길들이다, 개조하다   jersey [dʒə́ːrzi] 유니폼, 운동 셔츠, 저지
attitude [ǽtitjùːd] 태도, 마음가짐

Over the portal of the new world, 'Be Thyself' shall be written

새로운 세계의 입구에는 '너 자신이 되어라'가 쓰여 있게 될 것이다

'Know Thyself' was written over the portal of the antique world. Over the portal of the new world, 'Be Thyself' shall be written. And the message of Christ to man was simply 'Be thyself.' That is the secret of Christ.

'너 자신을 알라'는 말은 고대 세계의 신전 입구에 쓰여 있었다. 새로운 세계의 입구에는 '너 자신이 되어라'가 쓰여 있게 될 것이다. 그리스도가 인간에게 전한 메시지가 바로 '너 자신이 되어라'였다. 그것이 그리스도의 비밀이다.

문장분석

'Know Thyself' was written over the portal of the antique world. Over the portal
Yourself

of the new world, 'Be Thyself' shall be written. And the message of Christ to man
말하는 사람의 의지

was simply 'Be thyself.' That is the secret of Christ.

portal [pɔ́ːrtl] (우람한) 문, 입구, 정문
antique [æntíːk] 고대의
thyself [ðaisélf] 너 자신, 그대 자신

thy [ðai] 너의(your), 그대의
thou [ðau] 너(는), 그대(는), 당신(은).
thee [ðiː] (thou의 목적어) 그대에게, 그대를(you)

A dreamer is one who can only find his way by moonlight

몽상가는 달빛으로만 길을 찾을 수 있는 사람이다

Yes; I am a dreamer. For a dreamer is one who can only find his way by moonlight, and his punishment(and his reward) is that he sees the dawn before the rest of the world. ✦ London is too full of fogs and serious people. Whether the fogs produce the serious people or the serious people produce the fogs, I don't know.

그렇습니다. 나는 몽상가입니다. 몽상가는 달빛으로만 길을 찾을 수 있는 사람이며, 다른 사람들보다 먼저 새벽을 맞이하는 벌(그리고 보상)을 받는 사람이기 때문입니다. ✦ 런던에는 안개와 진지한 사람들이 너무 많다. 안개가 진지한 사람들을 만들어 내는지 진지한 사람들이 안개를 만들어 내는 것인지는 잘 모르겠지만.

문장분석

Yes; I am a dreamer. For a dreamer is one who can only find his way by
              Because

moonlight, and his punishment(and his reward) is that he sees the dawn/ before

the rest of the world. ✦ London is too full of fogs and serious people. Whether

the fogs produce the serious people or the serious people produce the fogs, I

don't know.

punishment [pʌ́niʃmənt] 벌, 형벌, 처벌
reward [riwɔ́:rd] 보상, 보답
dawn [dɔ:n] 새벽, 동틀녘, 여명
rest [rest] 나머지, 휴식

serious [siəriəs] 진지한, 심각한
whether [hwéðər] …인지 어떤지
weather [wéðər] 일기, 기후, 기상, 날씨
produce [prədjú:s] 생산하다

I want to eat of the fruit of all the trees in the garden of the world

나는 세상의 정원에 있는 모든 나무의 열매를 먹고 싶다

I remember when I was at Oxford saying to one of my friends that I wanted to eat of the fruit of all the trees in the garden of the world, and that I was going out into the world with that passion in my soul. And so, indeed, I went out, and so I lived. My only mistake was that I confined myself so exclusively to the trees of what seemed to me the sun-lit side of the garden, and shunned the other side for its shadow and its gloom.

옥스포드에 다닐 때 어떤 친구에게 이렇게 말했던 기억이 난다. 나는 세상의 정원에 있는 모든 나무의 열매를 먹고 싶고, 마음속에 그런 열정을 품고 세상으로 나갈 거라고. 그리고 난 실제로 그렇게 세상 속으로 걸어갔고, 그렇게 살았다. 나의 유일한 잘못은, 오직 정원의 양지 쪽에서 자란 것 같은 나무에만 관심을 갖고, 어둠과 우울함이 느껴지는 또 다른 쪽의 나무를 외면했다는 것이다.

문장분석

I remember /when I was at Oxford/ saying (to one of my friends) that I wanted

to eat of the fruit of all the trees/ in the garden of the world, and that I was going
　　~을 먹다

out into the world/ with that passion in my soul. And so, indeed, I went out, and

so I lived. My only mistake was that I confined myself so exclusively to the trees

of (what) seemed (to me) the sun-lit side of the garden, and shunned the other

side/ for its shadow and its gloom.
　　이유

passionate [pǽʃənit] 열렬한, 정열을 품은
confine [kənfáin] 제한하다, 한정하다
exclusive [iksklú:siv]
　배타적인, 양립할 수 없는, 독점적인

shun [ʃʌn] 피하다, 비키다
shadow [ʃǽdou] 그림자, 그늘
gloom [glu:m] 어둑어둑함, 우울

At the moment life feels most complete it finds some secret sacred niche

가장 완벽하다고 느끼는 순간 삶은 어떤 은밀하고 신성한 틈새를 발견한다

There is at least this beautiful mystery in life, that at the moment it feels most complete it finds some secret sacred niche in its shrine empty and waiting. Then comes a time of exquisite expectancy.

삶에는 적어도 다음과 같은 아름다운 미스테리가 존재한다. 삶은 가장 완벽하다고 느끼는 순간에, 비어 있어서 채워지기를 기다리는 성소 안에 어떤 은밀하고 신성한 틈새가 있음을 알게 된다. 그리곤 아주 강렬한 기대의 시간이 찾아오게 된다.

문장분석

There is (at least) this beautiful mystery in life, that at the moment it feels most
　　　　　　　적어도, 최소한
complete, it finds some secret sacred niche/ in its shrine (that is) empty and

waiting. Then comes a time of exquisite expectancy.

complete [kəmplíːt] 완전한, 완벽한　　　　empty [émpti] 빈, 공허한
sacred [séikrid] 신성한(holy)　　　　　　exquisite [ikskwízit] 절묘한
niche [nitʃ] 적소(適所), (특정) 분야, 틈새　　expectancy [ikspéktənsi] 기다림, 예기, 기대
shrine [ʃrain] 성골함(聖骨函), 성소(聖所)

Vocabulary Of The Week

MON

adopt [ədάpt] 채택하다, 입양하다
adapt [ədǽpt]
 (적응)시키다, 길들이다, 개조하다
attitude [ǽtitjùːd] 태도, 마음가짐
judge [dʒʌ́dʒ]
 재판과, 심판하다, 판결을 내리다

jersey [dʒə́ːrzi]
 유니폼, 운동 셔츠, 저지

TUE

portal [pɔ́ːrtl] (우람한) 문, 입구, 정문
antique [æntíːk] 고대의
thyself [ðaisélf] 너 자신, 그대 자신
thy [ðai] 너의(your), 그대의
thou [ðau] 너(는), 그대(는), 당신(은).

thee [ðiː]
 (thou의 목적어) 그대에게,
 그대를(you)

WED

punishment [pʌ́niʃmənt]
 벌, 형벌, 처벌
reward [riwɔ́ːrd] 보상, 보답
dawn [dɔːn] 새벽, 동틀녘, 여명
rest [rest] 나머지, 휴식
serious [síəriəs] 진지한, 심각한

whether [hwéðər] ···인지 어떤지
weather [wéðər]
 일기, 기후, 기상, 날씨
produce [prədjúːs] 생산하다

THU

passionate [pǽʃənit]
 열렬한, 정열을 품은
confine [kənfáin] 제한하다, 한정하다
exclusive [iksklúːsiv]
 배타적인, 양립할 수 없는, 독점적인
shun [ʃʌn] 피하다, 비키다

shadow [ʃǽdou] 그림자, 그늘
gloom [gluːm] 어둑어둑함, 우울

FRI

complete [kəmplíːt] 완전한, 완벽한
sacred [séikrid] 신성한(holy)
niche [nitʃ]
 적소(適所), (특정) 분야, 틈새
shrine [ʃrain]
 성골함(聖骨函), 성소(聖所)

empty [émpti] 빈, 공허한
exquisite [ikskwízit] 절묘한
expectancy [ikspéktənsi]
 기다림, 예기, 기대

MON

The true personality of man will love others because they will be different

인간의 진정한 개성은 자신과 다르다는 이유로 타인을 사랑할 것이다

It[The true personality of man] will know everything. And yet it will not busy itself about knowledge. It will have wisdom. Its value will not be measured by material things. It will not be always meddling with others, or asking them to be like itself. It will love them because they will be different. And yet while it will not meddle with others it will help all, as a beautiful thing help us, by being what it is.

인간의 진정한 개성은 모든 것을 알지만 그렇다고 지식에 연연하지는 않을 것이다. 그것은 지혜로우며 물질적인 것들로 그 가치가 평가되지는 않을 것이다. 언제나 다른 사람들의 일에 간섭하지 않을 것이며 그들에게 자신과 같을 것을 요구하지도 않을 것이다. 그리고 자신과 다르다는 이유로 그들을 사랑할 것이다. 아름다운 것이 그 존재 자체로 우리를 돕는 것처럼 그것은 다른 이들의 삶에 개입하지 않으면서도 모두를 도울 것이다.

문장분석

It[The true personality of man] will know everything. And yet it will not busy itself
　　　　　　　　　　　　　　　　　　　　　　　　그럼에도　　　　　　바쁘게 하다

about knowledge. It will have wisdom. Its value will not be measured by material

things. It will not be always meddling with others, or asking them to be like itself.
　　　　　　　　　　　　　　　　　　　　　　　　　　　　　　　　　　　~같은

It will love them because they will be different. And yet while it will not meddle
　　　　　　　　　　　　　　　　　　　　　　　　그러면서도

with others/ it will help all, as a beautiful thing help us, by being what it is.
　　　　　　　　　　　　　　　~처럼　　　　　　　　　　　~됨으로써

knowledge [nálidʒ] 지식　　　　　　measure [méʒər] 측정하다, 판단하다
wisdom [wizdəm] 현명함, 지혜　　　　meddle [médl] 쓸데없이 참견하다, 간섭하다

Our faces are masks given to us to conceal our minds with

우리 얼굴은 우리 마음을 숨기기 위해 우리에게 주어진 가면이다

It is quite a mistake to believe, as many people do, that the mind shows itself in the face. Vice may sometimes write itself in lines and changes of contour, but that is all. Our faces are really masks given to us to conceal our minds with.

많은 사람들이 그러듯이, 우리 마음이 얼굴에 저절로 드러난다고 믿는 것은 엄청난 착각이다. 때로는 악행이 얼굴에 주름살을 만들고 얼굴의 윤곽을 변형시킬 수도 있지만 단지 그뿐이다. 우리 얼굴은 사실 우리 마음을 숨기기 위해 우리에게 주어진 가면이기 때문이다.

문장분석

It is quite a mistake to believe, as many people do, that the mind shows itself in the face. Vice may (sometimes) write itself in lines and changes of contour, but that is all. Our faces are really masks (that are) given to us to conceal our minds with.

vice [vais] 악덕, 악행
virtue [və́:rtʃu:] 미덕, 덕, 덕행
contour [kɑ́ntuər] 윤곽, 외형, 형세

conceal [kənsí:l] 숨기다, 숨다
reveal [riví:l]
　드러내다, 알리다, 누설하다, 폭로하다

I can't bear the idea of my soul being hideous

난 내 영혼이 추악하다는 생각을 견딜 수 없다

When I think of all the harm that book[the Bible] has done, I despair of ever writing anything to equal it. I don't want to earn my living, I want to live. I want to be good. I can't bear the idea of my soul being hideous.

그 책[성경]이 여태껏 끼친 모든 해악을 생각할 때마다, 나는 그에 필적할 만한 어떤 것도 쓸 수 없으리라는 절망감에 사로잡히곤 한다. 나는 단지 생계를 꾸리기 위한 것이 아니라, 진정한 삶을 살고 싶다. 나는 선하게 살고 싶다. 왜냐하면 난 내 영혼이 추악하다는 생각을 견딜 수 없기 때문이다.

문장분석

When I think of all the harm (which) that book[the Bible] has done, I despair of

ever writing anything to equal it. I don't want to earn my living, I want to live. I

want to be good. I can't bear the idea of my soul being hideous.
stand

harm [hɑːrm] (정신적·물질적인) 해(害), 손상
despair [dispéər] 절망하다, 자포자기
earn [əːrn] (생활비를) 벌다, 얻다

bear [bɛər] 참다, 부담하다, 맺다, 곰
hideous [hídiəs] 무시무시한, 소름끼치는

I am a Greek born out of due time

난 시대를 잘못 타고난 그리스인이다

I am a Greek born out of due time. To be Greek one should have no clothes: to be medieval one should have no body: to be modern one should have no soul. ✦ Live! Live the wonderful life that is in you! Be always searching for new sensations. Be afraid of nothing.

난 시대를 잘못 타고난 그리스인이다. 그리스인이 되려면 옷을 입지 말아야 한다. 중세 사람이 되려면 육체를 버려야 한다. 현대인이 되려면 영혼을 버려야 한다. ✦ 그저 존재하지만 말고 너의 삶을 살라! 당신 안에 있는 놀라운 삶을 살라! 언제나 새로운 감각을 찾으며 살라. 그 무엇도 두려워 마라.

문장분석

I am a Greek (who was) born out of due time. To be Greek/ one should have no
　　　　　　　　　　　벗어나서　　　　　　　　　　　we

clothes: to be medieval/ one should have no body: to be modern/ one should

have no soul. ✦ Live! Live the wonderful life that is in you! Be always searching

for new sensations. Be afraid of nothing.
　　　　　　　　　　　~을 두려워하다

due [dju:] 정당한, 당연한, 주어져야 할
medieval [mì:dií:vəl] 중세(풍)의
Mediterranean [mèdətəréiniən]
　지중해의; 지중해 연안(특유)의

ancient [éinʃənt] 옛날의, 고대의
ruins [rúːin]
　파멸, 파산, 몰락, (pl.) 폐허, 잔해(remains)

My ruin came, not from too great individualism of life, but from too little

나의 몰락은 삶에 개인주의를 지나치게 요구해서가 아니라 너무 적게 요구한 결과였다

People used to say of me that I was too individualistic. I must be far more of an individualist than I ever was. I must get far more out of myself than I ever got, and ask far less of the world than I ever asked. Indeed my ruin came, not from too great individualism of life, but from too little.

예전엔 사람들이 내가 지나치게 개인주의적이라고들 했다. 하지만 지금 나는 그 어느 때보다 훨씬 더 개인주의자가 되어야만 한다. 그리고 그 어느 때보다 나 자신으로부터 많은 것을 끄집어내고, 그 어느 때보다 세상에는 적게 요구를 해야만 한다. 사실, 나의 몰락은 삶에 개인주의를 지나치게 요구해서가 아니라 너무 적게 요구한 결과였다.

문장분석

People used to say of me that I was too individualistic. I must be far more of an
　　　　　과거의 습관/상태　　　　　　　　　　　　　　　　　　　　　　　훨씬(even, far, much, a lot)

individualist than I ever was. I must get far more out of myself than I ever got (out

of myself), and ask far less of the world than I ever asked. Indeed my ruin came,

not from (asking) too great individualism of life, but from (asking) too little (of

life).

individual [ìndəvídʒuəl] 개개의, 개인적인　　　less [les] (little의 비교급) 더 적은, 보다 적은
indeed [indí:d] (강조) 실로, 참으로　　　　　　ruin [rú:in] 파멸, 파산, 몰락, 황폐
deed [di:d] 행위, 행동, 소행

Vocabulary Of The Week

MON

knowledge [nɑ́lidʒ] 지식
wisdom [wízdəm] 현명함, 지혜
measure [méʒər]
측정하다, 판단하다
meddle [médl]
쓸데없이 참견하다, 간섭하다

TUE

vice [vais] 악덕, 악행
virtue [və́:rtʃu:] 미덕, 덕, 덕행
contour [kɑ́ntuər] 윤곽, 외형, 형세
conceal [kənsí:l] 숨기다, 숨다
reveal [rivíːl]
드러내다, 알리다, 누설하다, 폭로하다

WED

harm [hɑːrm]
(정신적·물질적인) 해(害), 손상
despair [dispɛ́ər] 절망하다, 자포자기
earn [əːrn] (생활비를) 벌다, 얻다
bear [bɛər] 참다, 부담하다, 맺다, 곰

hideous [hídiəs]
무시무시한, 소름끼치는

THU

due [djuː]
정당한, 당연한, 주어져야 할
medieval [mìːdíːvəl] 중세(풍)의
Mediterranean [mèdətəréiniən]
지중해의; 지중해 연안(특유)의
ancient [éinʃənt] 옛날의, 고대의

ruins [rúːin]
파멸, 파산, 몰락, (pl.) 폐허,
잔해(remains)

FRI

individual [indəvídʒuəl]
개개의, 개인적인
indeed [indíːd] (강조) 실로, 참으로
deed [diːd] 행위, 행동, 소행
less [les]
(little의 비교급) 더 적은, 보다 적은

ruin [rúːin] 파멸, 파산, 몰락, 황폐

I am tired of myself tonight. I should like to be somebody else

오늘 밤 나는 나 자신이 지겹게 느껴진다. 내가 아닌 다른 누구이고 싶다

I don't say we all ought to misbehave. But we ought to look as if we could. I am not at all cynical, I have merely got experience, which, however, is very the same thing. ✦ I am tired of myself tonight. I should like to be somebody else.

나는 우리 모두가 비행을 저질러야 한다고 말하는 게 아니다. 그러나 우리는 그럴 수 있는 것처럼 남들에게 보여야 한다. 나는 결코 냉소적인 사람이 아니다. 난 단지 많이 체험했을 뿐이다. 사실 그 말이 똑같은 것이기는 하다. ✦ 오늘 밤 나는 나 자신에 싫증이 난다. 나는 내가 아닌 다른 누구였으면 싶다.

문장분석

I don't say (that) we all ought to misbehave. But we ought to look as if we
　　　　　　　　　　　　should　　　　　　　　　　　　　　　　　　　　마치 ~처럼
could (misbehave). I am not at all cynical, I have merely got experience, which,
　　　　　　　　　　　　　　전혀　　　　　　　　　　　　　only　　　　　　앞에 말한 내용
however, is very the same thing. ✦ I am tired of myself tonight. I should like to be
　　　　　　　　　　　　　　　　　　　　　　~에 질리다, 실증 나다
somebody else.
　　　나를 제외한

misbehave [misbihéiv]
　버릇없는 짓을 하다, 부정을 저지르다, 예상외의 행동
　을 하다

behave [bihéiv] 행동하다, 처신하다, 작용하다

cynical [sínikəl] 냉소적인, 빈정대는, 비꼬는

cynic [sínik] 냉소적인, 비꼬는 사람

experience [ikspíəriəns]
　경험, 체험, 겪다, 느끼다, 경력

tired of sick of, sick and tired of, fed up with

When one has lost all things, one knows that one possesses humility

우리는 모든 것을 잃고 나서야 비로소 자신에게 겸손이 있음을 깨닫게 된다

Of all things humility is the strangest. One cannot give it away, and another may not give it to one. One cannot acquire it, except by surrendering everything that one has. It is only when one has lost all things, that one knows that one possesses it.

모든 것 중에서 겸손이 가장 이상하다. 누군가에게 그것을 줄 수도 없고, 누군가 가 그것을 줄 수도 없다. 자신이 가진 모든 걸 포기하지 않으면 그것을 얻을 수 도 없다. 우리는 모든 것을 잃고 나서야 비로소 자신에게 겸손이 있음을 깨닫게 된다.

문장분석

Of all things/ humility is the strangest. One cannot give it away, and another
~중에서
may not give it to one. One cannot acquire it, except by surrendering everything
방법
that one has. It is only when one has lost all things, that one knows that one
강조구문
possesses it.

humility [hjuːmíləti] 겸손, 겸양, 비하(卑下)
acquire [əkwáiər] 손에 넣다, 획득하다, 얻다
except [iksépt] …을 제외하고, …외에는(but)

surrender [səréndər] 항복하다, 포기하다
possess [pəzés] 소유하다(own)

You need to know how to be alone and not to be defined by another person

우리는 혼자 있으면서 다른 사람에 의해 규정되지 않는 법을 배울 필요가 있다

I think it's very healthy to spend time alone. You need to know how to be alone and not to be defined by another person. If we're always guided by other people's thoughts, what's the point in having our own?

홀로 시간을 보내는 것은 매우 건강한 일이라고 생각한다. 우리는 혼자 있으면서 다른 사람에 의해 규정되지 않는 법을 배울 필요가 있다. 우리가 언제나 다른 사람들의 생각에 좌우된다면 우리 자신의 생각을 가지는 게 무슨 소용이 있을까?

I think (that) it is very healthy to spend time alone. You need to know how to be alone and not to be defined by another person. If we're always guided by other people's thoughts, what's the point in having our own (thought)?

~한들 무슨 소용이 있을까?

healthy [hélθi] 건강한, 유익한
healthful [hélθfəl] 건강에 좋은, 위생적인
alone [əlóun] 혼자서, ~일 뿐(only)

define [difáin] 규정짓다, 정의를 내리다
thought [θɔːt] 생각하기, 사고
own [oun] 자기자신의, 고유한, 소유하다

Now and then a complex personality took the place of art

이따금씩 복합적인 개성을 지닌 사람이 나타나 예술의 자리를 차지한다

Ordinary people waited till life disclosed to them its secrets, but to the few, to the elect, the mysteries of life were revealed before the veil was drawn away. Now and then a complex personality took the place and assumed the office of art, was indeed, in its way, a real work of art.

평범한 사람들은 삶이 자신에게 삶의 비밀을 드러내 보여줄 때까지 기다리기만 했다. 그러나 소수의 선택된 사람들에게는 베일이 걷히기도 전에 삶의 신비가 자신의 모습을 드러내 주었다. 이따금씩 복합적인 개성을 지닌 사람이 나타나 예술의 자리를 차지하고 예술의 역할을 대신하여 자신의 방식으로 진정한 예술 작품이 되기도 했다.

문장분석

Ordinary people waited/ till (life) disclosed (its) secrets to them, but the mysteries of life were revealed to the few, to the elect/ before the veil was drawn away. Now and then/ a complex personality took the place and assumed the office of art,
Sometimes
(and) was (indeed, in its way,) a real work of art.

ordinary [ɔ́:rdənèri] 보통의, 평범한
disclose [disklóuz]
　나타내다, 드러내다, 들추어내다, 폭로하다
reveal [rivíːl] 드러내다, 누설하다, 폭로하다
elect [ilékt]
　당선된, 뽑힌, 선정된, 선거하다, 뽑다, 선임하다

assume [əsjúːm]
　당연한 것으로 여기다, (임무·책임 따위를) 떠맡다
office [ɔ́(ː)fis] 임무, 직무, 직책; 역할

But their own souls starve, and are naked

하지만 정작 그들 자신의 영혼은 헐벗은 채 굶주리고 있다

People are afraid of themselves nowadays. They have forgotten the highest of all duties, the duty that one owes to oneself. Of course they are charitable. They feed the hungry and clothe the beggar. But their own souls starve, and are naked.

요즘 사람들은 자기 자신을 두려워한다. 그들은 가장 숭고한 의무, 스스로에게 빚진 의무를 잊어버렸다. 물론 그들은 자비롭다. 배고픈 사람들에게 먹을 것을 주고 걸인들에게 입을 것을 제공한다. 하지만 정작 그들 자신의 영혼은 헐벗은 채 굶주리고 있다.

문장분석

People are afraid of themselves/ nowadays. They have forgotten the highest
(duty) of all duties, (the duty) that one owes to oneself. Of course/ they are chari-
table. They feed the hungry and clothe the beggar. But their own souls starve,

and are naked.

duty [djúːti] 의무, 본분, 관세, 조세
owe [ou] 빚지고 있다, 지불할 의무가 있다
charitable [tʃǽrətəbəl]
  자비로운, 관대한, 자선의

clothe [klouð]
  …에게 옷을 주다, …에게 옷을 입히다
beggar [bégər] 거지, 가난뱅이
starve [staːrv] 굶주리다, 배고프다, 굶어 죽다

Vocabulary Of The Week

December WEEK 3

MON

misbehave [mìsbihéiv]
버릇없는 짓을 하다, 부정을 저지르다,
예상외의 행동을 하다
behave [bihéiv]
행동하다, 처신하다, 작용하다
cynical [sínikəl]
냉소적인, 빈정대는, 비꼬는

cynic [sínik] 냉소적인, 비꼬는 사람
experience [ikspíəriəns]
경험, 체험, 겪다, 느끼다, 경력
tired of
sick of, sick and tired of, fed up with

TUE

humility [hju:míləti]
겸손, 겸양, 비하(卑下)
acquire [əkwáiər]
손에 넣다, 획득하다, 얻다
except [iksépt]
…을 제외하고, …외에는(but)

surrender [səréndər]
항복하다, 포기하다
possess [pəzés] 소유하다(own)

WED

healthy [hélθi] 건강한, 유익한
healthful [hélθfəl]
건강에 좋은, 위생적인
alone [əlóun] 혼자서, ~일 뿐(only)
define [difáin]
규정짓다, 정의를 내리다

thought [θɔːt] 생각하기, 사고
own [oun]
자기자신의, 고유한, 소유하다

THU

ordinary [ɔ́:rdənèri] 보통의, 평범한
disclose [disklóuz]
나타내다, 드러내다, 들추어내다,
폭로하다
reveal [rivíːl]
드러내다, 누설하다, 폭로하다

elect [ilékt]
당선된, 뽑힌, 선정된, 선거하다, 뽑다,
선임하다
assume [əsjúːm]
당연한 것으로 여기다, (임무·책임
따위를) 떠맡다
office [ɔ́(ː)fis] 임무, 직무, 직책; 역할

FRI

duty [djúːti] 의무, 본분, 관세, 조세
owe [ou]
빚지고 있다, 지불할 의무가 있다
charitable [tʃǽrətəbəl]
자비로운, 관대한, 자선의

clothe [klouð]
…에게 옷을 주다, …에게 옷을 입히다
beggar [bégər] 거지, 가난뱅이
starve [stɑːrv]
굶주리다, 배고프다, 굶어 죽다

December 313

MON

The real fool is he who does not know himself

진정한 바보는 자기 자신을 알지 못하는 자다

Remember that the fool in the eyes of the gods and the fool in the eyes of man are very different. The real fool, such as the gods mock or mar, is he who does not know himself. ✦ A man who takes himself too seriously will find that no one else takes him seriously.

신들의 눈에 비친 바보와 인간의 눈에 비친 바보는 아주 다르다는 걸 기억하라. 신들이 조롱하거나 망쳐 놓는 진정한 바보는 자기 자신을 알지 못하는 자다. ✦ 스스로를 지나치게 진지하게 받아들이는 사람은 아무도 그를 진지하게 받아들이지 않는다는 걸 알게 될 것이다.

문장분석

Remember that the fool/ in the eyes of the gods and the fool/ in the eyes of man are very different. The real fool, such as the gods mock or mar, is he who does
         like
not know himself. ✦ A man who takes himself too seriously will find that no one
else takes him seriously.
그 밖에, 다른

silly [síli] 바보, 어리석은
mock [mɑk] 조롱하다, 모방하다, 가짜(의)
mar [mɑːr] 손상시키다, 망쳐놓다

seriously [síəriəsli] 진지하게, 심각하게
differentiate [difərénʃièit] 구별짓다, 차별하다

When we blame ourselves we feel that no one else has a right to blame us

스스로를 비난할 때, 우리는 다른 그 누구도 우리를 비난할 권리가 없다고 느낀다

There is a luxury in self-reproach. When we blame ourselves we feel that no one else has a right to blame us. It is the confession, not the priest, that gives us absolution. Humanity will always love Rousseau for having confessed his sins, not to a priest, but to the world.

자책에는 어떤 사치스러운 요소가 포함되어 있다. 스스로를 비난할 때, 우리는 다른 그 누구도 우리를 비난할 권리가 없다고 느낀다. 우리의 죄를 사해 주는 건 신부가 아니라 우리의 고백 그 자체라는 뜻이다. 인류가 루소를 언제나 사랑하게 될 이유는 그가 사제가 아닌 세상 사람들 앞에 자신의 죄를 고백했기 때문이다.

문장분석

There is a luxury in self-reproach. When we blame ourselves/ we feel that no one else has a right to blame us. It is the confession, not the priest, that gives us

강조구문
absolution. Humanity will always love Rousseau for having confessed his sins,

이유
not to a priest, but to the world.

luxury [lʌ́kʃəri] 사치, 호사
reproach [ripróutʃ] 비난, 나무라다, 꾸짖다
blame [bleim] 나무라다, 비난

confession [kənféʃən] 고백, 실토, 자백
priest [priːst] 성직자, 사제
absolution [æbsəlúːʃən] 면제, 석방, 면죄(免罪)

A man cannot always be estimated by what he does

인간은 반드시 그가 한 행위로 평가되지 않는다

Personality is a very mysterious thing. A man cannot always be estimated by what he does. He may keep the law, and yet be worthless. He may break the law, and yet be fine. He may be bad, without ever doing anything bad. He may commit a sin against society, and yet realize through that sin his true perfection.

개성은 매우 신비하다. 인간은 반드시 그가 한 행위로 평가되지 않는다. 인간은 법을 잘 지키면서도 하잘것없는 존재일 수 있다. 법을 어기면서도 고결한 존재일 수 있다. 한 번도 나쁜 짓을 한 적이 없는데도 나쁜 사람일 수 있다. 사회에 반하는 죄악을 저질렀음에도 그 죄악을 통해 자신의 완벽한 자아를 실현할 수도 있다.

문장분석

Personality is a very mysterious thing. A man cannot always be estimated by what he does. He may keep the law, and yet be worthless. He may break the
그럼에도

law, and yet be fine. He may be bad, without ever doing anything bad. He may

commit a sin against society, and yet realize (through that sin) his true perfection.
반(대)하는

personality [pə̀ːrsənǽləti]
개성, 성격, 인격, 인물

estimate [éstəmèit]
어림잡다, 견적하다, 평가하다

worthless [wə́ːrθlis]
가치 없는, 하잘것 없는, 쓸모없는

commit [kəmít] 범하다, 저지르다, 위임하다

sin [sin] (종교·도덕상의) 죄, 죄악

perfection [pərfékʃən] 완전, 완벽, 극치

A poor man who is rebellious is probably a real personality, and has much in him

반항심 가득한 가난한 사람은 아마도 개성이 뚜렷하고 가슴속에 많은 걸 품고
있는 사람일 것이다

A poor man who is ungrateful, unthrifty, discontented and rebellious is probably a real personality, and has much in him. He is at any rate a healthy protest. As for the virtuous poor, one can pity them, of course, but one cannot possibly admire them. They have made private terms with the enemy, and sold their birthright for very bad pottage.

은혜를 모르고, 검약할 줄 모르고, 불만과 반항심으로 가득하면서도 가난한 사
람은 아마도 개성이 뚜렷하고 가슴속에 많은 걸 품고 있는 사람일 것이다. 어쨌
든 그는 강건한 반항아일 것이다. 덕망이 있고 가난한 이들로 말할 것 같으면,
사람들이 그들을 동정할 수는 있지만 감탄할 수는 없을 것이다. 그들은 은밀히
적과 타협해서 하찮은 수프 한 그릇에 자신의 타고난 권리를 팔아 버렸기 때문
이다.

문장분석

A poor man who is ungrateful, unthrifty, discontented and rebellious is probably
a real personality, and has much in him. He is (at any rate) a healthy protest.
어쨌든
As for the virtuous poor, one can pity them, of course, but one cannot possibly
~에 대해 말하자면
admire them. They have made (private) term with the enemy, and sold their
~와 타협하다
birthright for very bad pottage.

---

grateful [gréitfəl] 감사하고 있는, 고마워 하는
thrifty [θrífti] 검소한, 절약하는, 알뜰한
discontent [dìskəntént]
　불만, 불평, 불만을 품게 하다
rebellious [ribéljəs] 반역하는, 반항적인

virtuous [və́:rtʃuəs]
　덕이 높은, 덕행이 있는, 고결한
admire [ædmáiər] 찬탄하다, 칭찬하다
pottage [pátidʒ] 스튜, 수프

Who can calculate the orbit of his own soul?

어느 누가 자기 영혼의 궤도를 측정할 수 있을까?

The final mystery is oneself. When one has weighed the sun in a balance, and measured the steps of the moon, and mapped out the seven heavens star by star, there still remains oneself. Who can calculate the orbit of his own soul?

최후의 신비는 바로 자기 자신이다. 우리가 아무리 태양의 무게를 저울로 달고, 달의 이동 거리를 재고, 일곱 하늘의 별 하나하나를 지도에 담아 낸다 하더라도 자기 자신은 여전히 남는다. 어느 누가 자기 영혼의 궤도를 측정할 수 있을까?

문장분석

The final mystery is oneself. When one has weighed the sun in a balance, and

measured the steps of the moon, and mapped out the seven heavens/ star by
　　　　　　　　　　　　　　　　　…을 세밀히 나타내다　　　　　　　　　　one by one

star, there still remains oneself. Who can calculate the orbit of his own soul?

weigh [wei]
　…의 무게를 달다, 무게를 재다, 숙고하다, 평가하다
measure [méʒər] 재다, 측정하다
map [mæp]
　…의 지도를 만들다, …을 정확히 서술하다

remain [riméin] 남다, 남아 있다
calculate [kǽlkjəlèit] 계산하다
orbit [ɔ́ːrbit] 궤도, 활동 범위, (인생) 행로

Vocabulary Of The Week

MON

silly [síli] 바보, 어리석은
mock [mɑk]
　조롱하다, 모방하다, 가짜(의)
mar [mɑːr] 손상시키다, 망쳐놓다
seriously [síəriəsli]
　진지하게, 심각하게

differentiate [difərénʃièit]
구별짓다, 차별하다

TUE

luxury [lʌ́kʃəri] 사치, 호사
reproach [ripróutʃ]
　비난, 나무라다, 꾸짖다
blame [bleim] 나무라다, 비난
confession [kənféʃən]
　고백, 실토, 자백

priest [priːst] 성직자, 사제
absolution [æbsəlúːʃən]
면제, 석방, 면죄(免罪)

WED

personality [pàːrsənǽləti]
　개성, 성격, 인격, 인물
estimate [éstəmèit]
　어림잡다, 견적하다, 평가하다
worthless [wə́ːrθlis]
　가치 없는, 하잖것 없는, 쓸모없는

commit [kəmít]
범하다, 저지르다, 위임하다
sin [sin] (종교·도덕상의) 죄, 죄악
perfection [pərfékʃən]
완전, 완벽, 극치

THU

grateful [gréitfəl]
　감사하고 있는, 고마워 하는
thrifty [θrífti]
　검소한, 절약하는, 알뜰한
discontent [dìskəntént]
　불만, 불평, 불만을 품게 하다

rebellious [ribéljəs]
반역하는, 반항적인
virtuous [və́ːrtʃuəs]
덕이 높은, 덕행이 있는, 고결한
admire [ædmáiər]
찬탄하다, 칭찬하다
pottage [pɑ́tidʒ] 스튜, 수프

FRI

weigh [wei]
　…의 무게를 달다, 무게를 재다,
　숙고하다, 평가하다
measure [méʒər] 재다, 측정하다
map [mæp]
　…의 지도를 만들다, …을 정확히
　서술하다

remain [riméin] 남다, 남아 있다
calculate [kǽlkjəlèit] 계산하다
orbit [ɔ́ːrbit]
궤도, 활동 범위, (인생) 행로

Oscar Wilde *1854~1900*

오스카 와일드는 빅토리아 여왕 시대 영국에서 가장 성공한 극작가였다. 다방면의 글 솜씨가 빼어났을 뿐 아니라 화려한 달변가였고, 재기 넘치는 희극과 강연들로 많은 관객을 끌어 모은 스타 작가였다. 유복한 집안에서 자라나 빼어난 외모, 190cm를 넘는 큰 키, 독특한 패션으로 당대의 유행을 선도하면서 사교계에서도 매우 인기 있는 존재였다. 특히 교묘한 화법과 경구들로 지금까지도 회자되는 많은 어록을 남겼다. 그런 오스카는 자신을 매우 특별한 존재로 여겼다. '평범'하다는 평가를 받는 것을 매우 수치스럽게 여겼고, 언제나 타인의 이목을 즐겼다.

비록 그 말로는 비참했지만, 사후에 오스카의 작품들이 재조명되며 전 세계 독자들의 사랑을 받았고, 2017년에는 영국 정부의 동성애자 사후 사면 조치로 복권이 되기도 했다. 오스카 와일드는 예술에서 아름다움 이외의 다른 목적을 단호히 거부했고, 그런 태도를 자신의 삶에서도 견지하며 지금까지도 퇴폐적이지만 아름다운 생을 살았던 위대한 인물로 기억되고 있다.